Ennenbach

befreit
verbunden

Matthias Ennenbach

befreit verbunden

Der buddhistische Weg zu einer glücklichen Liebesbeziehung

1. Auflage 2011

Umschlaggestaltung:
KplusH Agentur für Kommunikation und Design, CH-Amden
Bildrechte für das Covermotiv: iStockphoto
Lektorat: Sylvia Luetjohann
Layout: Marx Grafik & ArtWork
Illustrationen: Matthias Ennenbach
Gesetzt aus der Adobe Garamond Pro
Druck: Himmer AG, Augsburg

Printed in Germany
ISBN 978-3-89385-666-4
www.windpferd.de

Inhalt

Für Kirsten

Einleitung

> Es ist lebenswichtig, in den Beziehungen zum anderen viel Raum für Wandel zu lassen. Zu solchen Änderungen kommt es in Übergangsphasen, in denen die Liebe tatsächlich reifen und sich ausweiten kann. Dann ist man in der Lage, den anderen wirklich zu kennen – ihn zu sehen, wie er ist, mit seinen Fehlern und Schwächen, ein menschliches Wesen wie man selbst. Erst in diesem Stadium ist man so weit, dass man sich ehrlich für den anderen entscheiden kann – ein wahrer Akt der Liebe.
>
> – Dalai Lama XIV –

Was Liebe und Partnerschaft bedeuten können, ist von so vielen Erwartungen, Bedürfnissen, Ängsten, Sorgen, schmerzlichen und schönen Erfahrungen, aber auch mit Klischees, Rollenbildern, Begierden, Begehrlichkeiten und Sehnsüchten umwoben, dass es für uns nicht leicht ist, hier den eigenen Weg zu finden und dann auch praktisch umzusetzen. Selbst wenn wir meinen, herausgefunden zu haben, wie *wir* uns eine gelungene Liebesbeziehung vorstellen, müssen wir damit in unserer Partnerschaft achtsam umgehen und schauen, wie wir die eigenen Wünsche mit denen des Partners zusammenbringen können.

Leider kennen wir hier wohl alle die schmerzliche Diskrepanz zwischen Theorie und Praxis. Theoretisch wissen wir zwar das Nötigste vielleicht schon und erkennen das Notwendige ebenfalls zügig, doch die Verinnerlichung und insbesondere die Verwirklichung, die Umsetzung in die Praxis, sind dann oftmals die Schwachstelle. Wieso können wir Dinge, die wir für gut und wichtig halten, so schwer in unseren Alltag integrieren? Wieso fällt uns die Umsetzung so schwer? Ist es wirklich nur Pech, dass wir eben nicht den „richtigen" Partner gefunden haben?

Oder ist es vielleicht schon der oder die Richtige, doch leider mit vielen, für uns vielleicht zu vielen Schwächen behaftet? Liegt es womöglich an uns selbst?

Wir nehmen uns zum Beispiel vor, dass wir in der nächsten Streitsituation unbedingt gelassen bleiben wollen. Doch wenn es so weit ist, fallen wir in unser altes Muster zurück, regen uns auf, werden wütend, ängstlich oder traurig und verhalten uns wie immer. Danach kommt meist so etwas wie Katzenjammer: Eigentlich wollten wir das doch gar nicht! Wieso ist es nur wieder dazu gekommen?

Der Buddhismus übt auf viele Menschen eine große Anziehungskraft aus. Einer der Gründe dafür ist wahrscheinlich, dass er die oft als schmerzlich empfundene Kluft zwischen Theorie und Praxis zu überbrücken vermag. Neben der Lehre, also der Theorie, werden im Buddhismus konkrete Übungsanleitungen als Praxis vermittelt, die möglichst täglich und zumindest anfangs zu bestimmten Zeiten praktiziert werden sollten. Der buddhistische Weg beinhaltet immer die folgenden drei Schritte:

1. Erkennen und Verstehen
2. Vertiefen und Verinnerlichen und
3. Verwirklichen und Umsetzen.

Wir werden in diesem Buch eine sehr hilfreiche Seite des Buddhismus kennenlernen, die uns als Heilungs-, Beratungs- und Praxismethode für unser Leben als Liebespartner zur Verfügung stehen kann. Das entspricht auch den Wurzeln des Buddhismus, der anfangs weniger religiös als eher darauf angelegt war, Leiden zu lindern. Wir erfahren nicht nur, wie wir Beziehungs- und andere persönliche Probleme lösen können, sondern auch, auf welche Weise es möglich ist, heilsame Geisteszustände, wie Liebe, Freude, Glück, Mitgefühl, selbstständig zu erzeugen und zu stabilisieren. Im Mittelpunkt stehen die buddhistischen Grundkonzepte, die in diesem Buch so dargestellt werden, dass sie uns als Hilfe für unsere Liebes- und auch andere Beziehungen dienlich sein können. Die Ausführungen werden verdeutlichen, wie einfach wir die buddhistischen Lehren und Übungen auf alle relevanten Lebensbereiche anwenden können. Die buddhistische Lehre und die daraus entwickelten Praxismethoden vermitteln uns insbesondere in Bezug auf unsere Partnerschaften und Liebesbeziehungen einige wichtige Grundsätze für ein besseres Verständnis, die möglichen Ursachen für Probleme und schließlich konkrete Lösungs- und Übungsangebote.

Natürlich kann kein Buch, auch das vorliegende nicht, diese große Thematik erschöpfend behandeln oder gar klären. Es möchte aber dennoch in mehreren Kapiteln verschiedene Anregungen und Hilfestellungen aus den buddhistischen Lehren anbieten. Die unterschiedlichen Themen dieses Buches werden auf der Basis eines grundlegenden buddhistischen Verständnisses, allerdings auch mit Erfahrungen aus den westlichen Lebenszusammenhängen und der buddhistischen Psychotherapie, reflektiert.

Innerhalb der einzelnen Kapitel werden die wichtigsten Themen und Begriffe im Zusammenhang alltagstauglich beschrieben und erklärt. Spezielle buddhistische Vorkenntnisse werden der Leserin und dem Leser dafür nicht abverlangt; die buddhistischen Begriffe und das jeweils dahinterliegende Verständnis werden stets im Zusammenhang gut nachvollziehbar beschrieben. Zu diesem Zweck werden sie auch jeweils mit persönlichen Beispielen von verschiedenen Menschen versehen. Diese Beispiele stammen aus der Praxisarbeit der buddhistischen Psychotherapie (siehe dazu die Veröffentlichung im Literaturverzeichnis und die Angaben über den Autor). Da es in der buddhistischen Psychotherapie nur Menschen und keine Fälle gibt, bezeichnen wir die Beispiele auch nicht als Fallbeispiele.

Abschließend noch ein kleiner Hinweis für den Leser: Achte beim Lesen nicht nur darauf, wie dein Verstand reagiert. Unser Verstand ist oft zwar recht hilfreich, wenn es darum geht, Neues kennenzulernen, aber häufig steht er uns auch im Weg, denn er neigt aus Gewohnheit zum ewigen Zweifeln, Grübeln und Hadern, zum notorischen „Ja, aber …"

Sicherlich benötigen wir unseren Verstand, müssen ihn jedoch *erziehen,* um ihn richtig zu nutzen. Oft begehen wir in diesem Bemühen leider einen grundsätzlichen Irrtum, indem wir unseren Verstand *nicht erziehen, sondern lediglich füttern.* Immer mehr Informationen, immer noch etwas anderes, etwas Neues. Immer weiter auf der Suche nach einer guten Lösung oder einfach nur einer guten Story. Unser Verstand liebt dieses ewige unruhige Streben. Nie hat er genug davon, überall erkennt und benennt er unsere Lücken, verlangt streng nach immer neuen Maßnahmen und Aktionen.

Die Erziehung unseres Verstandes, die damit verbundene Loslösung von Anhaftungen, Widerständen und Verblendungen und die damit wiederum angestrebte Klärung unseres Geistes hin zur Befreiung kann als Essenz des gesamten buddhistischen Weges und der buddhistischen Psychotherapie angesehen werden.

Wir streben nach *Befreiung* und suchen einen praktikablen Weg für unseren persönlichen Alltag. Allerdings kann und darf dieser Weg niemals selbstsüchtig sein: Wir sorgen für uns, aber auch für alle anderen fühlenden Wesen. Das heißt, wir gehen gemeinsam unseren Weg – und weil diese Gemeinsamkeit das Potenzial von viel „Licht" hat, machen wir leider nur allzu oft die Erfahrung, dabei auch sehr viel „Schatten" vorzufinden.

Auf unserem individuellen und auf unserem gemeinsamen Weg können wir jede Hilfe nutzen, die sich uns bietet. Dieses Buch möchte einen kleinen Beitrag dazu leisten.

Matthias Ennenbach
Weilheim 2011

1
Einstimmung

> Wenn wir der Welt mit Liebe begegnen,
> sind wir nicht nur selbst glücklich.
> Die Welt wird eine andere sein.
>
> – Dalai Lama XIV –

Vielleicht konzentrieren wir uns in Krisensituationen zu oft auf *zurückliegende* Vorfälle und grübeln über die möglichen Ursachen nach. Sicherlich träumen wir oft auch von *zukünftigen* Möglichkeiten. Dabei besteht nicht selten die Gefahr, dass wir die notwendigen Dinge übersehen, die in der *Gegenwart* hilfreich wären.

Die Frage danach, ob wir Möglichkeiten zur Veränderung und Chancen auf Weiterentwicklung haben, ist wohl von zentraler Bedeutung. Die Antwort darauf findet sich in einer der buddhistischen Grundaussagen: Wir können uns jederzeit verändern.

Dafür ist es allerdings notwendig, dass wir die in der Einleitung bereits vorgestellten drei Schritte des buddhistischen Weges auch tatsächlich gehen: die wichtigsten Tatsachen zu erkennen, die gewonnenen Erkenntnisse zu verinnerlichen, uns um eine regelmäßige Übungspraxis zu bemühen und auf die Umsetzung unserer Fortschritte in den Alltag zu achten. Allerdings reicht dafür eine bloße Handlungsanweisung etwa im Sinne einer Reparaturanleitung nicht aus. Um erfolgreich handeln zu können und dauerhafte Veränderungen zu bewirken, müssen wir unumgänglich auch einige wichtige Zusammenhänge bis in die tiefsten Bereiche hinein kennenlernen.

So ist es zum Beispiel wichtig, das erwünschte und angestrebte Ziel klar zu erkennen, denn nur dann machen die Bemühungen der Reise Sinn. Deshalb werden wir uns neben den persönlichen Zielsetzungen, die viele Betroffene formulieren, auch mit übergeordneten Zielen, die uns der Buddhismus anbietet, etwas näher beschäftigen. Neben unseren eigenen individuellen Problemen begegnen wir als Menschen immer wieder auch universellen Schwierigkeiten. Das Verständnis des Zusammenhangs zwischen universellen und individuellen Problemen ist ein sehr bedeutsamer Aspekt. Hier können uns buddhistische Lehren und insbesondere Erfahrungen eine große Hilfe anbieten.

Es mag vielleicht erstaunen, dass wir in einer so alten Tradition wie der buddhistischen tatsächlich recht bedeutsame Antworten und Hilfen für unser modernes Leben und auch für unser Leben in einer Liebesziehung finden. Sicherlich ist immer Vorsicht angesagt, wenn wir Antworten angeboten bekommen, doch müssen die buddhistischen Lehren nicht unkritisch geglaubt werden; auch hier in unserem Kontext werden sie so dargestellt, dass der Leser sie selbst direkt überprüfen kann. Die buddhistischen Lehren wurden über Generationen hin schon von so vielen Menschen vor uns geprüft, erprobt und verwirklicht, dass wir das Rad nicht mehr neu erfinden müssen, sondern auf einen sehr großen Erfahrungsschatz zurückgreifen können. In dieses Buch sind sehr viele Erfahrungen von den unterschiedlichsten Menschen eingeflossen, denen es vielleicht ähnlich wie uns ergeht oder einmal ergangen ist. Der Leser sollte ein wenig Geduld mit sich und dieser Lektüre haben.

Der Buddhismus als Psychotherapie

Das Thema dieses Buches dreht sich um den Buddhismus und die Liebe. Von *dem* Buddhismus zu sprechen stellt zwar eine offenkundig große Vereinfachung dar, doch ähnlich wie in der buddhistischen Psychotherapie nutzen wir die verschiedenen buddhistischen Schwerpunkte der unterschiedlichen buddhistischen Schulen, um sie mit hilfreichen westlichen Methoden und Traditionen zu verbinden. Somit stellt dieses Buch ein Integrationsprojekt dar, in dem sich westliche und östliche Heilungsmethoden miteinander verbinden. Das knüpft übrigens auch an eine sehr alte Tradition im Buddhismus an: Jedes Land, in das der Buddhismus integriert werden konnte, entwickelte seine eigenen Schwerpunkte. Dementsprechend zeigt der Buddhismus heute sehr unterschiedliche Facetten. Neben den verschiedenen Ausprägungen der jeweiligen Länder und Kulturen, in denen der Buddhismus zu Hause ist und praktiziert wird, lässt sich der Buddhismus gleichzeitig als Religion, als Philosophie und Geisteswissenschaft verstehen ebenso wie als Geistesschulung und auch als Behandlungs-, Therapie- und Heilungsmethode nutzen. Wie bereits angedeutet, war der Buddhismus ursprünglich weniger eine Religion als eine psychologisch-heilerische Praxisanleitung und damit in gewisser Weise eine frühe Form der Psychotherapie: Buddha suchte vor etwa 2500 Jahren nicht nach Gott, sondern nach einem Weg, der das menschliche Leiden beenden kann. Wir werden im Rahmen dieses Buches die buddhistischen Lehren insbesondere in Bezug auf diese heilerischen Qualitäten für unsere Geistesschulung und – damit verbunden – auch für unsere Liebesbeziehung nutzen.

Die Übertragbarkeit von buddhistischen Erkenntnissen auf alle Menschen und auf nahezu alle unserer verschiedenen Belange erscheint für unser Menschenbild recht bedeutsam zu sein. Obwohl wir als Menschen so individuell verschieden sind, haben wir doch auf einer tieferen Ebene sehr viel Gemeinsames. Wir teilen so viele Bedürfnisse, Wünsche, Ängste und Sorgen. Wir leiden in sehr ähnlicher Weise immer wieder und oft auch aufgrund recht ähnlicher Ursachen, und genau das scheint uns auch von den Menschen aus früheren Zeiten kaum zu unterscheiden.

Gibt es jetzt, während der Lektüre dieses Buches, Menschen, die sich in der Nähe aufhalten? Ganz in der Nähe, in derselben Wohnung oder in einem anderen Stockwerk des Hauses? Oder, die vielleicht draußen vor dem Fenster vorbeigehen? Sie alle haben Wünsche, Nöte, Bedürfnisse, sie alle suchen nach einem guten Leben für sich, nach Glück. Dieser zentrale Aspekt unserer Verbundenheit miteinander wird sich durch das ganze Buch ziehen.

Eines der grundlegenden menschlichen Bedürfnisse ist das nach Liebe und Geborgenheit und, damit verbunden, auch nach Partnerschaft, die verschiedene Ausdrucksweisen annehmen kann. Wir werden uns hier vielen Fragen stellen, die mit unserem Glück für uns und für unsere Partnerschaft verbunden sind. Eine der zentralen menschlichen Fragen, deren Antwort viele Menschen, ob mehr oder weniger bewusst oder unbewusst, in einer Partnerschaft suchen, ist die generelle Frage nach dem Sinn unseres Lebens. Vielleicht ist es sehr bezeichnend, dass wir uns diese Frage meist dann stellen, wenn wir unglücklich sind. Anscheinend kommen wir gar nicht auf die Idee, nach dem Sinn unseres Glückes zu fragen. Womöglich ahnen wir in glücklichen Phasen, worin der Sinn unseres Lebens bestehen könnte. Im Unglück trübt sich unser Verständnis dann und der Sinn scheint sich uns wieder zu entziehen.

Was ist der Sinn des Lebens?

Die Frage nach dem Sinn des Lebens wird oft schnell von uns übergangen. Warum ist das so? Ist die Frage zu schwierig? Oder wechselt die Antwort in jeder Stimmungslage oder Lebensphase? Lässt sich diese Frage vielleicht gar nicht beantworten?

Tenzin Gyatso, der derzeitige 14. Dalai Lama, hat die Frage nach dem Sinn des Lebens beantwortet. Er ist der Meinung, der Sinn des Lebens bestehe darin, glücklich zu sein.

Nicht mehr, aber eben auch nicht weniger.

Viele von uns können zum Beispiel recht schnell eine ausgeprägte Reaktion des Ärgers in sich hervorrufen, sogar auf Kommando. Das Gefühl des Ärgers können viele von uns ziemlich lange aufrechterhalten. Doch unsere Fähigkeit, eigenständig ein länger anhaltendes Glücksgefühl in uns zu erzeugen und aufrechtzuerhalten, haben die meisten von uns wohl nicht gelernt oder im Laufe des Erwachsenwerdens wieder verloren. Da haben wir einen echten Nachhol- oder Wiederentdeckungsbedarf.

Individuelles oder gemeinsames Glück?

Viele von uns, wenn auch nicht unbedingt alle, verbinden mit der Vorstellung von einem glücklichen Leben vielleicht auch die Vorstellung von einem Leben als glückliches Paar. Es erscheint daher interessant, einmal genauer zu schauen, wie unser individuelles Glück mit einem glücklichen Leben als Paar zusammenpassen kann.

Es gibt nur wenige buddhistische Bücher, die auf die Frage eingehen, wie wir als Paar zusammen glücklich werden können. Oftmals liegt der Fokus eher bei der *individuellen* Suche nach dem Glück, nach Befreiung oder Erleuchtung. Andererseits finden wir im buddhistischen Weltbild die Erkenntnis von einer untrennbaren Verbundenheit aller Wesen. Auf dieser Basis bestehen also keine Widersprüche zwischen den Bemühungen für uns selbst und den Bemühungen als Paar, gemeinsam einen befreiten glücklichen Zustand anzustreben.

Dieses Buch wendet sich an Menschen in unterschiedlichen Beziehungsformen. Es möchte sowohl Singles, Menschen mit kürzeren Beziehungen als auch Menschen in dauerhafteren Partnerschaften, Ehen, Lebensgemeinschaften und in jeder anderen denkbaren Beziehungsform darin unterstützen, in einer befreiten Weise miteinander verbunden zu sein.

Anregungen und Missverständnisse

Die Inspiration für dieses Buch kam aus den unterschiedlichsten Quellen. Von grundlegender Bedeutung waren sowohl heilsame Erfahrungen aus der konkreten buddhistisch-psychotherapeutischen Praxisarbeit mit Paaren, Familien, Einzelnen und Gruppen als auch viele sehr persönliche Erfahrungen und ebenso Gespräche mit den unterschiedlichsten Menschen aus verschiedenen Kulturen.

Einen sehr starken Einfluss auf dieses Buch hat insbesondere die Praxisarbeit der buddhistischen Psychotherapie gehabt, in der sich buddhistische Heilungsmethoden mit westlichen Therapiemethoden verbinden. Diese Integration kann zu einer sehr praktikablen und effektiven Heilungsmethode beitragen, insbesondere weil wir durch eine vertiefte Betrachtung erkennen, dass beide Bereiche sehr viele Gemeinsamkeiten aufweisen, die sich auf harmonische Weise ergänzen und kombinieren lassen. Die buddhistische Psychotherapie wird sowohl von einzelnen Hilfesuchenden als auch von Paaren, Familien und Gruppen genutzt. Seit langen Jahren konnten hier positive Erfahrungen damit gesammelt werden, wie hilfreich die buddhistische Lehre auch für Menschen in einer Paarbeziehung sein kann.

Darüber hinaus kamen viele Anregungen auch aus Nachfragen von und Gesprächen mit Kollegen aus den unterschiedlichen Heilberufen, wie Psychologinnen, Psychotherapeuten, Pflegekräfte, Psychiater, Physiotherapeutinnen, Lebensberater etc.

Einerseits besteht bei vielen von ihnen schon irgendeine Vorstellung, wie hilfreich der Buddhismus auch für Liebespaare sein kann, andererseits existieren aber auch einige Missverständnisse. So gibt es beispielsweise das Klischee, der Buddhismus sei negativ, er würde nur das allumfassende menschliche Leiden in den Vordergrund stellen. Sollten wir Paaren vermitteln, dass sowieso alle Menschen leiden? Das wäre wohl sehr pessimistisch und außerdem falsch. Auf dieses Missverständnis werden wir noch genauer eingehen, wobei manchmal ein Bild mehr sagt als tausend Worte: Erinnern wir uns doch einmal an irgendeine beliebige Buddhafigur. Würden wir den Gesichtsausdruck Buddhas denn als leidend beschreiben?

Ein weiteres Missverständnis besteht wahrscheinlich bei vielen Menschen im Hinblick darauf, wie im Buddhismus mit Emotionen umgegangen wird. Konkret wurde oft die Frage gestellt: „Wollen Buddhisten denn nicht all ihre Gefühle und Leidenschaften loswerden?" Auch hier geistert das Klischee herum, dass ein Buddhist, womöglich kahl rasiert, lächelnd mit geschlossenen Augen auf einem Meditationskissen sitzt. Natürlich allein.

Müssen wir als Buddhisten unsere Gefühle und Leidenschaften loslassen? Wie sollen wir dann eine Liebesbeziehung führen? Schließen sich der Buddhismus, die Befreiung oder Erleuchtung, und eine Liebesbeziehung von Natur aus nicht irgendwie aus?

Der Buddhismus und die Leidenschaften

Für viele scheint der Buddhismus eine Lehre zu sein, die uns nahelegt, alle unsere Leidenschaften abzulegen. Würde dies zutreffen, wäre es für die Mehrzahl der Menschen wohl eher irritierend. Demzufolge könnte ein Leben als Buddhistin oder Buddhist mit einem leidenschaftlichen Liebesleben nicht vereinbar sein. Für viele Menschen besitzen aber beide, der Buddhismus und die Leidenschaften einer Liebesbeziehung, einen ziemlich hohen Stellenwert.

Wir brauchen uns aber nicht zu einer unheilsamen Wahl zwischen Leidenschaft *oder* Befreiung veranlasst sehen, die in dieser Form wahrscheinlich auch gar nicht notwendig ist. Natürlich gibt es Menschen, die auf ihrem Lebensweg die Entscheidung treffen, sich von der partnerschaftlichen Liebesbeziehung abzuwenden und entweder den Weg allein weiterzugehen, also in gewisser Weise die Wahl für die Liebesbeziehung mit sich selbst zu treffen, oder die klösterliche Gemeinschaft zu suchen, was auch als eine Form der Liebesbeziehung verstanden werden kann.

Die Mehrheit der Buddhisten versucht jedoch wahrscheinlich, die buddhistische Lehre nicht als Mönch oder Nonne in ihr Alltagsleben zu integrieren. Diese Integrationsleistung, die eine glückliche Verbindung zwischen Liebesbeziehung und Freiheit bewirken möchte, stellt allerdings eine oftmals nicht leicht zu bewältigende Gratwanderung dar. Doch um es schon ein wenig vorwegzunehmen: Natürlich schließen sich die Bereiche Buddhismus, Liebe und Leidenschaften nicht aus. Ganz im Gegenteil: Die Liebe gehört zu den heilsamsten Geisteshaltungen, die wir anstreben können – allerdings im achtsamen Bewusstsein der Gefahr von unheilsamer Anhaftung. Doch gerade durch die angesprochene Gratwanderung erhalten wir sehr kraftvolle Möglichkeiten zur Übung, die wir recht gut nutzen können, um uns auf unserem Weg zu verwirklichen. Dafür ist es hilfreich, den Weg genau inmitten der scheinbaren Widersprüche und Gegensätze, also befreit-verbunden, zu finden, und genau diese Möglichkeit weisen uns die buddhistischen Lehren.

Das Thema „Befreit – verbunden" beschreibt also ein sehr bedeutsames Spannungsfeld, das wir hier gemeinsam ergründen wollen. Dieses Buch ist auch deshalb entstanden, um die angesprochene Thematik in unser Bewusstsein zu holen und vielleicht etwas zur Klärung beizutragen. Es wäre schön, wenn sich Missverständnisse auf diese Weise auflösen könnten.

Von der Lust zur Freude

Natürlich können wir unser Leben damit verbringen, stets nach Lust zu streben und das immer wiederkehrende Leiden zu erdulden oder dagegen anzukämpfen. Wir können ewig an dieser einen Dimension anhaften und ständig zwischen Lust und Leiden hin und her hetzen. Oder aber wir streben danach, diesen Kreislauf zu durchbrechen, um diese Dimension zu transformieren.

Wir können erkennen, dass Lust meist von *außen* angeregt wird, während zum Beispiel Freude von *innen* heraus entstehen kann. Ein buddhistisches Ziel besteht darin, eine größere Unabhängigkeit von äußeren Faktoren zu erreichen. Für das hier geschilderte Beispiel könnte es bedeuten, aktiv und eigenständig für unsere Freude zu sorgen und damit Ressourcen zu fördern und zu sichern, die es uns ermöglichen, intensive Freude selbst zu erzeugen, wann und wo wir uns dies wünschen. Das könnte unter anderem bedeuten, dass sich der Lustaspekt unseres Lebens langsam zu einer großen Ressource der Freude transformiert. Die Unterschiede zwischen Lust und Freude sollten wir achtsam bedenken, sie genauer ergründen und nicht zu vorschnell unseren spontanen Assoziationen folgen. Trotzdem sind auch unsere raschen gedanklichen Reaktionen auf diese Thematik sehr wichtig, da sie oftmals das Ausmaß unserer Anhaftung an die erwähnten Begriffe und die damit verbundenen Lebensbereiche offenbaren.

Vom Geliebtwerden zum Lieben

Geliebt zu werden ist für uns und ganz besonders für unsere frühe Entwicklung als Kind außerordentlich wichtig. Genauso wichtig ist es allerdings für unsere Weiterentwicklung, dass wir unsere diesbezüglichen Anhaftungen kritisch ergründen. Fühlen wir uns vielleicht nur liebenswert, wenn wir von jemandem geliebt werden? Fühlen wir uns womöglich leer, wenn wir keine Liebe von außen erfahren? Ayya Khema schreibt dazu, dass es zwar sehr schön ist, geliebt zu werden, aber dass es immer eine Liebe von jemand anderem ist. Wie schön wäre es, wenn wir selbst Liebe in uns erzeugen können. Ayya Khema erklärt dazu, dass wir diese Liebe sehr wohl in uns entstehen lassen und kultivieren können. Dafür ist es sehr wichtig, das Mitgefühl für uns selbst und alle anderen zu stärken. Sich und seine Gefühle zu verschenken. Zu geben. Aus dieser Haltung entsteht dann wie von selbst ein liebendes Gefühl. Liebe ist dann *in* uns.

Hier finden wir wieder den buddhistischen Grundgedanken, unsere Kräfte, unsere Bemühungen und auch unsere möglichen Fortschritte nicht nur für uns selbst einzusetzen, sondern uns für alle fühlenden Wesen zu öffnen. Wir geben uns weiter und erhalten dafür eine innere Freude und Liebe. Auf diese Weise kann sich ein sehr heilvoller Kreis schließen.

Natürlich ist es wichtig, dieses Verschenken stimmig zu gewichten. Insbesondere müssen wir vorsichtig vorgehen, wenn wir die Neigung zur Harmoniesucht oder zur Selbstaufgabe bei uns kennen, die auf einem unsicheren Selbstwertgefühl gründet. Es erscheint nur auf den ersten Blick etwas irritierend, wenn wir hören, dass wir unser Selbstbewusstsein und Selbstwertgefühl zuerst ausreichend stärken müssen, um dann im weiteren Verlauf zu erkennen, dass unser Ich keine wirkliche Substanz besitzt. Nähere Ausführungen dazu bietet das Buch *Buddhistische Psychotherapie.*

Auch dies ist also wieder eine Gratwanderung zwischen unterschiedlichen Auffassungen, die recht wechselvoll und spannend bleiben wird. Die Gefahren, die hier lauern, die Schwierigkeiten, die sich auftun, werden uns vermutlich unser ganzes Leben lang begleiten. Allerdings lassen sie sich in unserem Bewusstsein so weit transformieren, dass wir sie schon bald nicht mehr als Schwierigkeiten interpretieren, sondern vielleicht als Chance, als Übungsmöglichkeit oder sogar als Entwicklungshilfe.

All you need is love, dam padam padam …

Wir betrachten hier einen sehr komplexen und irgendwie auch schwer fassbaren Begriff, einen Schlüsselbegriff: die Liebe. Wahrscheinlich weiß unser Herz schnell, was hiermit gemeint ist, während unser Verstand noch rätselt, wie die Liebe zu definieren sei. Was genau ist Liebe eigentlich?

Unser Herz benötigt oft nicht viele Worte, um etwas zu verstehen, doch unser Verstand fragt danach. Da es wichtig sein kann, einige

Grundsätze zu verstehen, kann unser Verstand durchaus hilfreich sein. Damit füttern wir ihn aber auch gleichzeitig, sodass er sich ausweiten kann. Im weiteren Verlauf werden wir in diesem Buch immer wieder auf die großen Probleme stoßen, die unser aufgeblähter und ruheloser Verstand uns bereitet. Die Zügelung unseres Verstandes ist eines der wesentlichen Ziele der buddhistischen Geistesschulung. Daher ist es sehr wichtig, den Fütterungsprozess unseres Verstandes mit viel Achtsamkeit zu durchdringen.

Wenden wir uns nun mit diesem selbstkritischen Verständnis dem Begriff der Liebe zu.

Der Liebesbegriff wird von uns im Hinblick auf recht unterschiedliche Situationen und Bezüge angewendet: von der göttlichen Liebe über die Menschenliebe, die Selbstliebe zur körperlichen Liebe, der Tier- und Naturliebe bis zur Liebe und Vorliebe für bestimmte Tätigkeiten.

Wir alle kennen wohl die *exklusive* oder individuelle Liebe, die viele von uns in einer besonderen Intensität nur in Bezug auf wenige oder sogar nur einen einzigen Menschen empfinden. Vielleicht kennen wir Menschen mit einem großen Herzen oder erleben von Zeit zu Zeit bei uns selbst, wie Emotionen uns weiten können. Dann verspüren wir eine Entgrenzung von exklusiven Emotionen und bekommen Zugang zu etwas größeren emotionalen Dimensionen. Bei manchen von uns findet das vielleicht in Vereinen statt, bei anderen im Freundeskreis oder einer spirituellen Gemeinschaft *(Sangha)*. Hier ist das Liebesgefühl nicht mehr auf wenige Menschen reduziert.

Darüber hinaus kennen wir, vielleicht auch nur rational, die *allumfassende* Liebe, die nicht mehr auf das Individuum bezogen oder an irgendwelchen anderen Objekten und Gesellschaften festzumachen ist. Hier sprechen wir oft von der göttlichen Liebe. Da für Buddhisten jeder Mensch diesen göttlichen Kern in sich trägt, unsere Buddha-Natur, können wir auch alle einen Zugang zur allumfassenden Liebe finden. Weise Menschen sagen: Wenn du liebst, dann liebst du alles.

Haben oder Sein – Formen der Liebe

In Anlehnung an Erich Fromm können wir die Liebe grob differenzieren in eine Liebe, die sich auf das *Haben* konzentriert, und eine Liebe, die auf dem *Sein* basiert. Das Haben-wollen in der Liebe beruht oft auf einer übersteigerten Begehrlichkeit, einem Anhaften und Anklammern, das zu vielen Konflikten führen kann. Hierfür gibt es sicherlich individuelle wie auch universelle Ursachen. Individuell haben wir vielleicht bereits schmerzliche Liebeserfahrungen gemacht und sind gewissermaßen negativ vorgeprägt. Universell neigen alle Menschen aufgrund unserer geistigen Verblendungen einerseits zur Anhaftung wie andererseits zum Widerstand.

Darüber hinaus haben wir aufgrund kultureller Einflüsse nicht selten auch sozusagen ökonomische Vorstellungen von einer Liebesbeziehung und von Beziehungen allgemein entwickelt. Wir fragen uns dann, wie in unserer Liebesbeziehung die Kosten-Nutzen-Bilanz aussieht. Wir reden darüber, wie viel wir in die Beziehung investieren oder ob unsere Bemühungen sich bei jemand anderem nicht mehr auszahlen und lohnen würden. Der Partner wird dann nicht selten als „teurer Besitz“ oder „kostbares Gut“ gesehen. In besonders schwierigen Fällen verhalten wir uns sogar so, als wäre der Partner unser persönliches Eigentum, das wir gegenüber anderen Konkurrenten verteidigen müssen. Hinter diesen oberflächlichen Formen der Wertschätzung steht leider oftmals unser unbewusstes oder halbbewusstes Besitzdenken und unser wirtschaftliches ökonomisches Denken macht sich auf eine sehr unheilsame Weise in unserem Liebesleben breit.

Demgegenüber steht die Liebe, die im Sein ruht. Hier finden wir Umgangsformen des Annehmens, der Hingabe und auch der Aufhebung von Dualitäten wie richtig – falsch, gut – schlecht etc. Aus buddhistischer Sicht ist damit ein Zustand gemeint, in dem wir in unserem ruhigen klaren Geist verweilen.

Allerdings ist nun schnell das Ende des rationalen Zugangs erreicht. Wir benötigen praktische Erfahrungen, wie sie beispielsweise unsere buddhistischen Übungen uns vermitteln, um selbst am eigenen Leibe diese Lehren erproben und überprüfen zu können. Für unseren Weg, insbesondere für die ersten Schritte, ist es sehr lohnenswert, einen hilfreichen Menschen oder geeigneten Lehrer um Hilfe zu bitten. Es warten nicht wenige Möglichkeiten, uns in die Irre gehen zu lassen. Beispielsweise sollten Menschen mit einer sehr schwachen psychischen Verfassung nur unter Anleitung Übungen der Hingabe praktizieren.

Manchmal müssen wir vielleicht erst lernen, uns besser zu behaupten, um dann loszulassen, oder wir müssen vorher lernen, uns mehr zu entspannen.

Da die Liebe ein allumfassendes Prinzip ist und wir als fühlende Wesen der Liebe bedürfen, führt kein Weg an ihr vorbei. Selbst wenn wir verbindliche Zweierbeziehungen zu vermeiden suchen, bleibt doch die Frage, wie wir generell lieben können: unsere Mitmenschen und nicht zuletzt auch uns selbst. Dieser Gedanke ist auch in dem christlichen Appell „Liebe deinen Nächsten *wie dich selbst*" angesprochen.

Im Buddhismus heißt es, dass es niemanden gibt, der der Liebe mehr bedarf als du selbst. Das bedeutet allerdings nicht, sich egoistisch ständig selbst zu bespiegeln, sondern bringt in kurzer Form das Verständnis von allumfassender Verbundenheit zum Ausdruck. Daher gibt es für Buddhisten keine wirkliche Trennung zwischen uns und anderen. Sich selbst zu lieben schließt die Liebe für alle anderen ein.

Neigen wir dagegen zu Negativität und anderen unheilsamen Geisteszuständen, fügen wir diese uns selbst wie auch allen anderen Wesen zu. Wenn wir aggressiv gegenüber anderen Lebewesen werden, sind wir dadurch auch aggressiv gegen uns selbst, denn schließlich ist die Aggression *in* uns. Dies entspricht einem Verständnis von Verbundenheit, dem heute die moderne westliche Systemtheorie, die derzeit das wissenschaftliche Paradigma vorgibt, ebenfalls zustimmt.

Wir müssen uns also intensiv mit dem Thema Liebe auseinandersetzen, und dies in Verbindung mit dem Thema Freiheit.

Eine Ahnung von Freiheit

Viele von uns haben vielleicht schon Erfahrungen mit einem friedvollen, ruhigen und klaren Geisteszustand machen können. Bei einigen von uns entstehen solche Zustände oft kurzfristig und meist zufällig, beispielsweise im Urlaub oder nach einer besonders positiven Erfahrung. Andere können diese Zustände vielleicht schon vermehrt eigenständig hervorrufen, etwa während einer Meditationssitzung, einer Yogastunde oder über einen längeren Zeitraum hin zum Beispiel während eines Seminars oder eines Retreats. Wir haben Momente erfahren können, in denen wir zumindest für kurze Zeit gänzlich oder fast frei waren von unheilsamen Gedanken. Vielleicht hatten wir sogar schon einmal die verrückte Idee, dass wir es schaffen könnten, Befreiung oder Erleuchtung zu erlangen.

Es mag auch andere Situationen geben, zum Beispiel im Urlaub am Meer oder in den Bergen, in denen wir dieses besondere Gefühl von Leichtigkeit und Freiheit spürten, wo es nicht mehr wichtig war, was als Nächstes geschieht oder was gestern war. Einen Zustand, in dem nur das Hier und Jetzt zählte, in dem unser Geist in Ruhe und Klarheit verweilte. Einen, wenn auch kurzen, Moment der Befreiung.

Wenn wir nun im Buddhismus lernen, es sei das grundlegende Ziel, diesen heilsamen Zustand der Befreiung jederzeit selbst erzeugen zu können, scheint dies sich verlockend anzuhören. Wir haben vielleicht schon durch unsere kurzen Vorerfahrungen eine ungefähre Ahnung, was erreicht werden könnte, und in der Tiefe eventuell auch die Hoffnung, dass wir es erreichen können. Doch in der Regel holt uns dann die Realität wieder ein: Wir spüren unsere unheilsamen Geisteszustände, unseren Ärger, unsere Trauer, die Ängste und Konflikte. Es gibt tatsächlich sehr viele Herausforderungen für uns, um täglich unsere Geduld, unser Mitgefühl, unsere liebenden Gefühle zu prüfen, zu schulen und zu festigen.

Unsere Meisterprüfung

Wir werden uns in diesem Buch zwar auch damit beschäftigen, wie wir besser mit unseren Mitmenschen im Allgemeinen, mit unseren Freunden, Familienmitgliedern oder Arbeitskolleginnen umgehen können, aber vor allem ist es unserer „Meisterprüfung" gewidmet: der *Verwirklichung* unserer Geistesschulung im Alltag und konkret in unserer Liebesbeziehung.

Wenn wir sehr günstige *äußere* Bedingungen vorfinden, machen wir oft schnelle Fortschritte, doch wenn wir intensiv gefordert und auch hinterfragt und kritisiert werden, zeigt sich, wie wir diese Prüfung wirklich meistern. Die Liebesbeziehung ist etwas, das uns das größte Glück schenkt, doch nicht selten auch das größte Leid bringt.

Es handelt sich dabei natürlich nur unter anderem um eine Meisterprüfung, darüber hinaus ist es viel mehr als das. Allerdings werden wir uns gerade mit diesem Prüfungsaspekt hier näher befassen. Auf dem Meditationskissen können wir uns manchmal relativ schnell wie Buddha fühlen, doch erst im Alltag – und gerade auch im Liebesleben – zeigt sich die wahre Umsetzung der buddhistischen Lehre und Praxis.

Irgendwie scheint es leichter zu sein, ohne Partner die Befreiung zu finden. Warum sind unsere Meister und viele unserer Vorbilder oft nicht verheiratet? Was hat es damit auf sich, dass viele religiöse Traditionen den Zölibat bei ihren Repräsentanten, Würdenträgern, Nonnen und Mönchen umzusetzen versuchen? Was wäre, wenn der Dalai Lama verheiratet wäre? Würde er weiterhin stets so freundlich lächeln? Oder wäre er mit einem Partner noch glücklicher?

Wäre eine Frau ohne Partner freier?

Wäre ein Mann ohne Partner freier?

Jack Kornfield berichtet ebenfalls, dass es im ruhigen klösterlichen Leben einfacher sein kann, den Seelenfrieden zu finden, und dass ein Leben mit Partner und Familie oftmals eine recht große Herausforderung darstellt.

Viele Menschen erleben sogar ein schmerzliches Dilemma: Mann/Frau kann nicht miteinander und scheinbar auch nicht ohne einander. Als Singles erleben sich viele als einsam, in der Partnerschaft erleben sich viele als eingeengt und problembeladen. Müssen wir uns vielleicht erst als Individuen befreien, um eine friedvolle und erfüllende Beziehung leben zu können, oder können wir es als Paar gemeinsam schaffen? Oder gelingt es uns vielleicht gerade *durch* den anderen oder *mit* Hilfe des anderen?

Diese spannenden Fragen werden wir in diesem Buch zu klären versuchen.

Dabei ist es völlig irrelevant, welche Konstellationen wir bevorzugen. Egal welche Geschlechterkombination, welches Alter, welche Kultur, welcher Glaube etc., wir sind als sehnsüchtige Menschen alle mit den gleichen Fragestellungen konfrontiert: Wer liebt mich? Wen liebe ich? Wie kann ich gut damit umgehen und kann ich es auf eine möglichst heilsame Weise erhalten?

Aber der Buddhismus lehrt doch solche Ziele wie nicht anhaften, loslassen, sich befreien. Wie ist das mit einer verbindlichen Liebesbeziehung kompatibel? Schließen sich Begehren in Form von Liebe,

Sehnsüchten und Bedürfnissen und Befreiung mit solchen Idealen wie Loslassen, Gleichmut und innerem Frieden nicht gegenseitig aus?

Der Mittlere Weg

Wir werden feststellen, wie sehr uns der Buddhismus zu helfen vermag, den *Weg durch die Mitte* zu finden, für ein erfülltes Liebesleben, voller Gefühle und intensiver Erfahrungen der Verbundenheit und trotzdem frei und friedvoll. Die essenzielle buddhistische Handlungsmaxime lautet nämlich: Wir befreien uns nicht *von* unseren Gefühlen, sondern *inmitten* all unserer Gefühle.

Wie aber kann das überhaupt funktionieren, uns inmitten unserer Gefühle zu befreien? Zumindest auf den ersten Blick scheint das weder ganz verständlich noch einfach zu sein, und dieser Eindruck stimmt sogar. Wenn es so einfach wäre, würden wir nicht so oft Probleme bekommen. Deshalb werden wir wohl einige vielleicht bislang nicht näher hinterfragte Handlungsweisen und Reaktionsmuster selbstkritisch beleuchten und uns wahrscheinlich auch von dem einen oder anderen Vor-Urteil befreien müssen. Die anstehende Transformation ist sicherlich kein ganz leichter Weg, doch die gute Nachricht lautet: Dieser Weg ist klar markiert von den vielen Menschen, die bereits vor uns Befreiung gefunden haben.

Tour d'Amour

Wir werden uns hier zusammen auf einen sehr wechselvollen Weg begeben, der uns über einige recht unterschiedliche Etappen führen wird. Unser Fokus wird thematisch immer die Paarbeziehung bleiben, doch wir behandeln hier die LIEBE – ein überwältigendes Thema, das sich naturgemäß nicht nur auf die Zweisamkeit beschränken lässt. Daher wenden wir uns für eine möglichst intensive und effektive Vorgehensweise unterschiedlichen Ebenen zu und betrachten die verschiedenen Bezüge, innerhalb derer wir uns als Paar bewegen.

Als Erstes müssen wir uns natürlich selbst einmal hinterfragen. Wir benötigen eine sehr selbstkritische Eigen-Analyse. Mit der Klärung unseres Geistes können wir die Vorbedingungen, die wir in eine Beziehung mitbringen, günstig beeinflussen. Wir gehen aber noch darüber hinaus und fragen uns, wie wir mit anderen, zum Beispiel schwächeren Menschen umgehen. Wie können wir Menschen in Not beistehen? Welchen Platz haben Kinder und alte Menschen in unserem Leben?

Die nächsten Stufen sind ebenfalls wichtig. Sie beziehen sich auf unsere Vorstellungen von unseren Gruppenzugehörigkeiten, wie Familien-, Glaubens-, Geschlechts-, Bildungs- und Berufsgemeinschaften etc. Wir überprüfen unsere Identifikationen damit und unsere Anhaftungen daran und erkennen dann vielleicht deren Auswirkungen auf noch größere Bezüge in Gesellschaften, Kulturen und Nationen.

Der Buddhismus betont in diesem Zusammenhang unsere große Verantwortung, die aus der Erkenntnis unserer untrennbaren Verbundenheit erwächst. Dieses systemische Verständnis einer allumfassenden Verbundenheit, das sich auch nach langer moderner wissenschaftlicher Erforschung herausbildete, erkannten Buddha und nach ihm seine Schüler schon vor über 2500 Jahren. Es bildet damit einen Eckpfeiler des buddhistischen Weltbildes. Dieses Grundverständnis der Verbundenheit und die sich daraus ergebenden Ableitungen werden wir noch genauer beleuchten, da sie für unser tägliches Training eine außerordentlich wichtige Bedeutung haben. Angesprochen sind hier buddhistische Kernthemen wie die Leerheit der Objekte, die Illusion der Isolation und Getrenntheit und Mitgefühl als Ausdruck der Untrennbarkeit.

Der Buddhismus als moderne Wissenschaft des Geistes

Der Buddhismus lässt sich unter anderem auch als eine 2500 Jahre alte wissenschaftliche Systemtheorie definieren, die die auf einer Wechselwirkung beruhenden Zusammenhänge in unserer Welt zu erkennen vermag. Dieses Verständnis ist mittlerweile auch im Westen angekommen. Auch hier erkennen wir die untrennbare Verbundenheit zwischen uns und der Natur. Diese Sicht ist zwar wirklich nicht neu, doch es brauchte viel Zeit, bis sich dieses Wissen verbreiten konnte. Erst seit wenigen Jahrzehnten ist die westliche Systemtheorie endlich auch als *Standard* in den westlichen Wissenschaften angenommen und zum Paradigma geworden.

Die führenden buddhistischen Repräsentanten, so der 14. Dalai Lama, betonen immer wieder, dass der Buddhismus mehrere Ebenen besitze.

Die wohl bekannteste und für viele Menschen offensichtlichste Ebene ist die Tatsache, dass der Buddhismus eine Religion ist. Wie bereist erwähnt, gibt es darüber hinaus noch sehr bedeutsame andere Ebenen. Der Dalai Lama betont ebenfalls, dass der Buddhismus zum Beispiel auch eine Wissenschaft des Geistes ist. Darüber hinaus ist er auch eine Heilungsmethode und damit eine Therapieform. Wir sollten realisieren, dass der Buddhismus von seinem Ursprung her eigentlich weniger eine Religion ist als ein Weg zur Linderung und Beendigung von menschlichem Leiden. Dafür schufen Buddha und nach ihm seine Schüler eine sehr umfangreiche und fundierte Wissenschaft des Geistes, ein Kompendium theoretischer und praktischer Lehren und Übungsanleitungen, die sich sämtlich aus der Erfahrung heraus entwickelt haben und sich von jedem selbst überprüfen lassen.

Diese Erkenntnisse, die mit Erfahrungen aus 2500 Jahren Praxis untermauert werden, können wir heute nutzen. Allerdings handelt es sich nicht um einen Weg, auf dem sich dieses Wissen einfach nur konsumieren ließe. Wir müssen schon, jeder für sich, diesem Weg folgen und uns mit Geduld und Liebe für uns und alle anderen Wesen einsetzen.

Die Frage nach den Möglichkeiten, als Partner in einer Paarbeziehung zu handeln und miteinander umzugehen, wirft also auch weiterführende Fragen auf, wie wir mit uns selbst und anderen Menschen auf den unterschiedlichsten Ebenen umgehen.

Innere Voraussetzungen für äußere Veränderung

Ein buddhistischer Leitgedanke lautet: Wir sind alle perfekt, aber wir müssen dringend etwas ändern!

Solange wir meinen, dass sich mit einem anderen Partner die Welt für uns grundsätzlich ändern werde, solange wir davon überzeugt sind, durch eine neue Wohnung, schickere Kleidung, weniger Körpergewicht, edleren Schmuck, einen besseren Job etc. eine heilsame Wandlung herbeiführen zu können, solange werden wir hadern, kämpfen und leiden. Solange wir die Veränderungen in *äußeren* Faktoren herbeisehnen, wird sich am Leiden nichts ändern. Sicherlich erfahren wir durch positive äußere Veränderungen auch glückliche Momente, doch diese sind mehr oder weniger nur von kurzer Dauer und haben einen relativ flüchtigen Charakter.

Eine wichtige Voraussetzung für den erwünschten Wandel ist die klare Erkenntnis, dass *wir uns* wandeln müssen. Natürlich ist das kein Grund für ein passives Ausharren in äußeren Missständen. Natürlich müssen wir uns auch für eine heilsame Veränderung in unserem Umfeld engagieren, *aber* unser Hauptaugenmerk liegt stets bei *uns* und *unserer* Geisteshaltung. Vor allem in der Anfangsphase ist die selbstkritische Wahrnehmung unserer *eigenen* Probleme ein sehr wesentliches Kriterium für Erfolg oder Nicht-Erfolg. Wir benötigen eine gewisse Grundfrustration und müssen das dringende Gefühl haben: „So geht es nicht mehr weiter. Ich will aus meiner alten Haut heraus." Diese Art von Frustenergie unterstützt uns dabei, um eigene Entwicklungsschritte mit dem nötigen Nachdruck vollziehen zu können. Hier geht es natürlich nicht darum, sich zwanghaft anzutreiben und selbst anzuklagen. Wenn wir aber in bequemer Selbstzufriedenheit Veränderungen in erster Linie von außen und durch andere erwarten, werden wir unweigerlich scheitern. Was wir brauchen, ist also eine entschlossene Aufbruchsstimmung, die klare Entscheidung zu einem Neuanfang.

2
Das gemeinsame Ziel von Beziehungen

> Inneres Glück ist nicht von materiellen Umständen oder sinnlicher Befriedigung abhängig. Es wurzelt im Geist.
>
> – Dalai Lama XIV –

Bevor wir unser Thema „Befreiung und Verbundenheit" weiter vertiefen und uns auf den Weg machen, sollten wir unser Ziel vielleicht erst einmal etwas genauer kennenlernen. Was wollen oder können wir eigentlich erreichen? Eine glückliche Beziehung? Nie wieder Stress? Das Ende von Eifersucht, Wut, Frust, Angst oder Trauer? Was ist möglich? Und was ist realistisch?

Wenn wir uns auf den Weg machen, sollten wir wissen, dass wir nicht nur auf individuell-persönliche Schwierigkeiten stoßen werden, sondern gleichzeitig auch auf überpersönliche universell-menschliche Probleme, die es zu lösen gilt. Letztere teilen wir mit allen, mit wirklich allen Menschen. Dieser Aspekt ist nicht pessimistisch gemeint. Zum einen ermöglicht dies eine umfassendere Bestandsaufnahme und Gesamtschau. Zum anderen mag es vielleicht sogar etwas tröstlich sein, wenn wir hier erfahren, dass alle Menschen mit den gleichen Schwierigkeiten zu kämpfen haben; dass nicht nur wir gelegentlich scheitern, sondern alle Menschen immer wieder leiden. Auch darin sind wir miteinander verbunden.

Wir haben nun die Option, uns nach und nach die Lösung einzelner Probleme vorzunehmen oder aber gleich zu versuchen, die gemeinsame Wurzel für die unterschiedlichen Schwierigkeiten anzugehen. Für beide Herangehensweisen, sowohl auf der individuellen als auch auf der umfassenderen universell-menschlichen Ebene, kann uns der

Buddhismus wichtige und sehr konkrete Anregungen und Lösungsansätze bieten.

Die Reise, auf die wir uns begeben, hat mehrere Etappen, doch fangen wir vielleicht einmal am Ende an: Wohin soll die Reise gehen? Wohin soll die *gemeinsame* Reise als Paar gehen? Wie könnte das Ziel aussehen?

Hier werden wir womöglich ebenso viele Antworten finden, wie es Paare gibt, die sich diese Frage stellen. Was die möglichen Partnerschaftsmodelle angeht, besteht mittlerweile eine recht bunte Vielfalt an gleichgeschlechtlichen und heterosexuellen Partnerschaften, den eher traditionellen Ehen, den Gemeinschaftsexperimenten, den kurzzeitigeren Beziehungen, den Patchwork-Familien, den Alleinerziehenden, den Singles, die auf Partnersuche sind, und vieles mehr. Und das vielleicht Erstaunlichste ist: Für all diese möglichen Varianten kann tatsächlich ein gemeinsames Ziel formuliert werden! Sicherlich gibt es in den Feinabstimmungen komplett unterschiedliche Einstellungen, Wünsche und Bedürfnisse. Einige von uns bevorzugen eher Beziehungsmodelle mit einem möglichst großen persönlichen Freiraum, während andere eine sehr nahe und sichere Nestwärme suchen. Dennoch streben wir in dieser Hinsicht wohl alle ausnahmslos nach Glück! Dementsprechend können wir für all die unterschiedlichen Menschen einen gemeinsamen Nenner finden: Wir wollen möglichst nicht leiden und ein zufriedenes Leben führen, und dies zumeist innerhalb irgendeiner Form von Partnerschaft oder Gemeinschaft.

Dabei wollen wir uns oft gleichzeitig frei fühlen und dennoch ganz eingebunden sein. Wir wollen uns gehalten, aber nicht erdrückt fühlen. Wir wollen einander nahe sein, aber noch genügend Luft bekommen. Wir wünschen uns also größtmögliche Freiheit *und* Sicherheit. Mit anderen Worten, wieder einmal befinden wir uns auf einer Gratwanderung, auf der uns ein erfahrener Wegweiser führen könnte.

Das buddhistische Angebot

Der Buddhismus bietet sich hier als hilfreicher Wegweiser an, denn er vermittelt uns praxisnah die relevanten Aspekte aus Verantwortung und Freiheit. Das übergeordnete Ziel, nach dem alle Buddhisten streben, lässt sich zusammenfassen als:

Die Essenz des Buddhismus ist die *Befreiung.*

Diese buddhistische Zielsetzung kann auch in unseren Partnerschaften direkt als Ziel von uns angestrebt werden. Für einige von uns mag es allerdings einen Widerspruch darstellen, wenn wir von Befreiung und Partnerschaft sprechen, denn wie sollen wir uns gleichzeitig binden und frei sein?

Die Antwort darauf mag sich einfacher anhören, als sie in Wirklichkeit und vor allem in der Praxis ist, und deshalb wird die folgende Aussage, um sie besser zu verinnerlichen, mehrmals in diesem Buch wiederholt:

Wir befreien uns nicht *von* unseren Belangen, sondern wir befreien uns *inmitten* all unserer Belange.

Wir befreien uns nicht *von* unserer Angst,
sondern *inmitten* unserer Angst.
Wir befreien uns nicht *von* unserer Wut,
sondern *inmitten* unserer Wut.
Wir befreien uns nicht *von* unserer Trauer,
sondern *inmitten* unserer Trauer.
Dasselbe gilt auch für unsere positiven Emotionen:
Wir befreien uns nicht *von* unserer Freude,
sondern *inmitten* unserer Freude.
Wir befreien uns nicht *von* unserer Liebe,
sondern *inmitten* unserer Liebe.

Das Klischee, das dem Buddhismus vielerorts immer noch anhängt, ist die Vorstellung, dass Buddhisten sich *von* all ihren Emotionen, Verbindlichkeiten und Beziehungen lösen oder befreien wollen. Das würde im Grunde genommen auch heißen, dass sie ein Klosterleben anstreben. Das ist sicher nicht so. Wir werden in diesem Buch noch verschiedene Beschreibungen vermittelt bekommen, die verdeutlichen, dass Buddhisten sich *inmitten* all ihrer Lebensumstände befreien.

Dieser Zustand der Befreiung hat eine ganze Reihe von recht bedeutsamen Auswirkungen: Neben einer spürbaren Steigerung unserer Lebensfreude, unseres Glückserlebens und dem Gefühl einer großen Freiheit und Leichtigkeit empfinden wir auch eine deutlich wahrnehmbare Steigerung unserer körperlichen und geistigen Energie. Bislang haben wir oft eine ziemliche Energieverschwendung betrieben. Das endlose Grübeln, Hadern, Zaudern, das Begehren, Wünschen, Hoffen, Träumen, auch das Sich-Zusammenreißen ebenso wie unsere Widerstände und die vermeidbaren unheilsamen emotionalen Reaktionen haben einen sehr großen Anteil unserer täglichen Energiereserven in Anspruch genommen. Wenn wir uns jetzt auf Befreiung ausrichten, steht uns diese Energie damit erfreulicherweise wieder auf unserem Pluskonto zur Verfügung und wir können sie konstruktiv für heilsame Projekte für uns und alle anderen fühlenden Wesen einsetzen.

Das angestrebte Ziel lautet also BEFREIUNG *in* unserem Leben, nicht *von* unserem Leben. Wenn wir dieses Angebot, das der Buddhismus uns macht, auf unsere Partnerschaft und womöglich auch auf andere Beziehungen in unserem Leben übertragen, dann lautet unsere Devise: Wir befreien uns nicht *von* unserem Partner, sondern wir befreien uns *inmitten* unserer Partnerschaft. Wenn wir dann im Verlaufe unserer Übungspraxis zunehmend mehr auf unnötige Energieverschwendung verzichten können, haben wir dadurch einen geistigen und körperlichen Bonus, den wir wieder als heilsamen Input in unsere Beziehung einbringen können.

Das buddhistische Angebot lautet also: Behandeln wir die gemeinsame Wurzel unserer Probleme, so können wir eine Vielzahl unserer Sorgen und Nöte effektiv und relativ schnell lindern und lösen. Diese Zielvorgabe ist allerdings lediglich ein Angebot. Einer der zentralen buddhistischen Grundsätze lautet: Du kannst dich entscheiden!

Wir sollten daher selbst in Ruhe prüfen und entscheiden, ob wir weiterhin unausgesetzt immer zwischen Lust und Leid umherwanken möchten, hin- und hergerissen zwischen Verletzungen, Entschuldigungen, Ausreden und den trotz allem immer wieder auftauchenden Hoffnungen. Unsere Sehnsüchte, also Sehn-Süchte, treiben uns weiter wie auf einem Karussell voran. Sind diese Achterbahnfahrten und das damit verbundene Drama wirklich so spannend? Wie viele Kreisläufe wollen wir noch durchlaufen, bis wir die Nase voll genug haben, um einen fundamentalen Wechsel wirklich zutiefst zu wollen? Wann wollen wir das Wiederholungskarussell verlassen?

Manchmal sind Entscheidungen gar nicht so leicht. Das gilt insbesondere dann, wenn wir vielleicht nicht richtig einschätzen können, wie die Alternative genau aussehen wird, ob wir den Weg auch gehen können oder in der Lage sein werden, die an uns gestellten Anforderungen zu erfüllen. Ist es wirklich realistisch, sich so umfassend zu befreien? An dieser Stelle sollten erst einmal vorschnelle Antworten vermieden werden. Jede Leserin und jeder Leser kann sich von den hier angebotenen Möglichkeiten selbst ein kritisches Bild machen und prüfen, inwieweit die buddhistischen Lehren und Praxisanleitungen für uns und unser Leben in einer Partnerschaft hilfreich sein können.

Wenn sich die ersten für uns spürbaren Erfahrungen einstellen und wir die Veränderungen bei uns mit den unterschiedlichsten heilsamen Auswirkungen zur Kenntnis nehmen, dann lösen sich vielleicht manche Fragen von selbst auf. Die Veränderungen werden individuell wohl recht unterschiedlich sein, aber in jedem Fall werden sie ganz konkret sein. Wir werden zunehmend besser in der Lage dazu sein, zum Beispiel Lust in Freude zu transformieren. Mittelfristig wird es dann anstelle von Problemen und Störungen nur noch hilfreiche Übungsmöglichkeiten geben. Langfristig wird es keine Übungen mehr geben, sondern nur noch unser achtsames und verwirklichtes Leben.

Anita (33 Jahre) ist interessiert an einer Linderung ihrer Gefühlsschwankungen, aber auch besorgt, weil sie meint, sich von ihren intensiven Gefühlen verabschieden zu müssen. Zwar leidet sie nicht selten und fühlt sich auch oft durch ihren Partner verletzt, sagt aber, dass sie ihre Gefühle dennoch nicht aufgeben wolle und sich das auch gar nicht vorstellen könne. Anita lernt durch anfangs noch angeleitete Meditationen, wie sie selbst mit immer mehr Sicherheit eine Beobachterrolle einnehmen kann. Diese Rolle probiert sie bei jeder Gelegenheit in ihrem Alltag aus. Häufig beginnt sie mit sich selbst eine Art inneren Dialog: „Na? Verstand, was sagst du jetzt dazu?" Anita nimmt sich auch öfter Zeit, um ihre körperlichen Spannungen zu beobachten.

Als sie dann wieder einmal von ihrem Partner enttäuscht wurde, zog sie als Erstes ihren inneren Beobachter heran. So konnte sie ihre körperlichen Spannungen, ihre Gedanken und die sich entwickelnden Gefühle recht genau beobachten und fand ein für sie gutes Maß an innerer Distanz zum äußeren Geschehen. Insbesondere merkte Anita, dass sie nicht mehr so abhängig von äußeren Geschehnissen war.

3
Ent-Täuschung und Leiden

> Im Allgemeinen ist es unsere Gesinnung,
> die den Grad unseres Leidens bestimmt.
>
> – Dalai Lama XIV –

Damit wir uns dem eben beschriebenen Ziel der Befreiung nähern und erfolgreich unseren Weg gehen zu können, benötigen wir anfangs vielleicht eine möglichst klare und ehrliche Bestandsaufnahme unserer äußeren Situation und unserer inneren Verfassung oder Gesinnung. Nur wenn wir mit einem möglichst klaren Blick unsere Ressourcen und Eigenarten erkennen, wozu auch unsere Schwächen gehören, haben wir eine Chance, das Ziel der Befreiung zu erreichen.
Jede Art von (Selbst-) Täuschung ist sehr hinderlich und kann zu sehr unheilsamen Verirrungen führen. Wir müssen uns also erst einmal ent-täuschen lassen. Mit dem Begriff der Enttäuschung assoziieren wir wohl meist etwas Negatives, sollten jedoch erkennen, was übrig bleibt, wenn die Täuschung wegfällt.

Die Gefahr der Liebe und ihre Chance

Bestimmt kennen wir alle etliche zu diesem Thema passende Weisheiten, wie zum Beispiel: „Wo viel Licht ist, gibt es auch viel Schatten", oder: „Das Gute gibt es nicht ohne das Schlechte, beides kommt in einem Paket daher."

Natürlich wünschen wir uns oft, das „Gute" nutzen und das „Schlechte" ausschalten zu können. Wobei wir allerdings auch die Erfahrung machen können, dass sich das ehemals vermeintlich Gute irgendwann, oft auch schnell und plötzlich, in das Schlechte verwandeln kann. Es kommt sogar gelegentlich vor, dass sich das Schlechte zu etwas Gutem entwickelt. Wenn wir uns für alle Möglichkeiten öffnen, bereichern wir unseren Erfahrungshorizont um ein Vielfaches.

Ein weiterer Auslöser für Leiden steckt in unserer Vorliebe, Kategorien zu bilden, so wie gut–schlecht, schön–hässlich, lieben–hassen, begehren–vermeiden etc. Der Zwang, alles bewerten zu wollen, steckt tief in uns. Sicherlich müssen wir solche Kategorien wie gefährlich–ungefährlich oder essbar–ungenießbar zum Überleben lernen, aber damit ist es ja längst nicht genug. Unser ruheloser Verstand hört nicht auf, alles um uns herum zu bewerten, und schafft damit in seiner Verblendung viele Anhaftungen und Widerstände.

Weil die Liebe sehr tief in uns einzudringen vermag oder auch sehr tief in uns angelegt ist, stellt sie gleichzeitig eine wunderbare Chance dar, um eine sehr tief greifende Wandlung in uns zu bewirken und zu beschleunigen. Sie kann eine Art besonderer Zugang sein, der in uns viel in Bewegung zu bringen vermag. In kaum einem anderen Lebensbereich werden wir so tief berührt und sind dementsprechend so tief erreichbar oder verletzbar.

Wenn die Erfahrung der Liebe nicht oder nicht richtig genutzt wird oder gar zu misslingen droht, besteht die sehr große Gefahr, dass wir durch eine leidvolle und nicht konstruktive Form des Umgangs damit in unserer Entwicklung weit zurückgeworfen werden. Liebeskummer und alle anderen damit verbundenen leidvollen Gefühle können, wie fast alle schmerzlichen Erfahrungen, zu tiefer Unbewusstheit führen. Wir nehmen die Außenwelt dann nicht mehr oder wie durch einen trüben Schleier wahr. Fast könnte man diesen Zustand mit einem Leben im Wahn vergleichen: Wir wähnen uns ungeliebt, missverstanden, ungerecht behandelt, missbraucht, ausgenutzt, völlig allein und isoliert. Alle anderen scheinen Erfolg zu haben und glücklich oder zumindest zufrieden zu sein, nur wir nicht. Im Extremfall könnte dies unser Leben leidvoll und unfrei machen und uns zu einem verschlossenen Menschen werden lassen, der sein Potenzial überhaupt nicht mehr wahrnimmt, nur noch damit beschäftigt ist, zu essen, zu schlafen, zu arbeiten, und vor allem damit, schmerzliche Gefühle zu vermeiden. Wir sind gefangen in oft unbewusster Verzweiflung und befinden uns meist in einem Zustand spürbarer Gereiztheit, Angst oder Trauer. Leider suchen wir dann auch ebenso unbewusst nach Lösungen. Diese meist unbeholfenen Versuche beinhalten nicht selten eine weitere Eintrübung unseres Geistes: zu hoher Konsum von Alkohol, Beruhigungsmitteln, Zigaretten, Fernsehen, Internet, Sex, Glücksspiel, Süßigkeiten und anderer unheilsamer Nahrung in jeder Form.

Ein weiterer wichtiger Aspekt dieser Problematik liegt aber auch in der *Chance*, dass wir aus Krisen etwas lernen können. Zurückblickend können wir einmal prüfen, wenn wir uns zum Beispiel an eine gute Phase unseres Lebens erinnern, was wir aus dieser Zeit für unser Leben lernen konnten. Ebenso können wir zurückblicken und prüfen, was wir aus unseren Krisen lernen konnten. Zu welchem Ergebnis kommen wir dann?

Krisen sind nicht zu vermeiden, sie entstehen für uns und alle anderen Wesen immer wieder. Doch vielleicht können wir lernen, sie zu nutzen? Wir könnten uns doch einmal bemühen, bei der nächsten Krise, die bestimmt kommt, etwas weiser zu reagieren. Diesen Prozess können wir, wie viele Praktizierende vor uns, weiterführen. Für eine gute buddhistische Lebensführung gibt es dann keinen Unterschied mehr zwischen Übung und Alltagsleben oder auch zwischen schwierigen und einfachen Situationen. Alles ist Übung, und zugleich ist alles keine Übung mehr, sondern Verwirklichung der Lehre, also befreites Leben.

Eine große Quelle für vermeidbares Leiden

Mehr oder weniger bewusst versuchen wahrscheinlich alle Paare, das Spannungsfeld zwischen Verbundenheit und Freiheit irgendwie zu bewältigen. Das erweist sich jedoch als nicht gerade einfach, denn in diesem Bereich verbergen sich so viele ambivalente und oftmals unbewusste oder nur teilweise bewusste Gefühle, Konflikte, Sehnsüchte und Ängste, dass sich Klarheit kaum einstellen kann. Wir wünschen uns vielleicht jemanden, der für uns da ist, der uns aber auch unsere Freiheiten lässt. Nicht selten erleben wir, wenn wir unsere Wünsche detaillierter ergründen, sehr unterschiedliche und vielleicht sogar zum Teil scheinbar unvereinbare Bedürfnisse: Der Mann soll stark, aber nicht zu dominant sein, er soll zuhören und zärtlich, aber nicht zu weich sein, er soll erfolgreich sein, aber nicht zu viel Zeit woanders verbringen, etc. Die Frau soll klug, herzlich und sexy sein, aber nicht zu viel davon, sie soll sich von niemandem verführen lassen, aber sie soll auch nicht zu dominant sein, etc.

Wenn sich bei solchen oder ähnlichen Beschreibungen bestimmte Emotionen oder körperliche Symptome in uns zeigen, sollten wir diese achtsam zur Kenntnis nehmen, denn wir können dabei relativ schnell unsere Anhaftungen und Widerstände entdecken. Wenn wir über männliche und weibliche Klischees sprechen, dann geraten wir in gewisser Weise auf ein „Minenfeld". Dieses Minenfeld müssen wir wohl alle betreten, denn unsere Sehnsüchte und Wünsche drängen uns in diese Richtung. Wir werden in diesem Buch aber auch erfahren, wie aus einem Minenfeld ein Übungsplatz, vielleicht ein Spielplatz und dann ein Ort werden kann, der vielen sehr lebenswert erscheinen wird. Doch davon sind wir noch weit entfernt; es liegt zwar ganz nah, ist aber dennoch weit weg.

Wenn wir Statistiken zum Thema Paare und insbesondere Ehepaare lesen, erfahren wir ziemlich besorgniserregende Fakten. Fast jede zweite Ehe wird geschieden. Der Begriff „Lebensgefährte" wird immer doppeldeutiger, denn nicht wenige erleben ihren Lebensgefährten als lebensgefährlich. Häusliche Gewalt, lange offiziell eine Domäne von Männern, wird nun auch immer häufiger von Frauen ausgeübt. Oder wird erst jetzt offener darüber kommuniziert? Es handelt sich dabei um eine sehr traurige Thematik, die allerdings nur die deutlich sichtbare „Spitze des Eisbergs" ist, denn Gewalt muss nicht immer handgreiflich sein. Darunter finden wir viele Paare, die in einem Kreislauf aus Bestrafung und Selbstbestrafung gefangen sind, die viele verschiedene Formen der Gewalt gegen sich selbst und andere ausüben; dazu können auch Liebesentzug, langes Schweigen, Sichabwenden, stetiges Kritisieren und andere Varianten von unheilsamen Verhaltensweisen gehören, wie zum Beispiel der übermäßige Konsum von Genusswaren. Jeder kann oder könnte zumindest davon betroffen sein.

Hinter den statistischen Zahlen zu den Ehescheidungen, zur häuslichen Gewalt, den endlosen Konflikten und Meinungsverschiedenheiten stehen immer Menschen und ihre Schicksale. In diesem Bereich von Beziehungen finden wir also eine immense Quelle für unser Leiden.

Für unser *vermeidbares* Leiden! Im Buddhismus wird unterschieden zwischen *vermeidbarem* und *unvermeidbarem* Leiden. Wir gehen davon aus, dass *jede*r Mensch leidet, weil ein Teil unserer Probleme, der allgemein menschlicher oder universeller Natur ist, unvermeidbar ist.

Viele von uns erleben nicht selten ein schmerzliches Nicht-Gelingen und Scheitern von Liebesbeziehungen oder immer wieder kürzere oder längere Leidensphasen innerhalb unserer Beziehungen. Dieses Phänomen ist so weit verbreitet, das es sich schon in der Umgangssprache niederschlägt und zum Beispiel Partner zu Lebensabschnittspartnern werden lässt.

Und immer immer wieder ...

Ein sehr spannendes Thema dabei ist die Problematik der Wiederholung: Solange wir nicht bewusst sind, folgen wir lediglich einem Muster und treffen keine eigene echte Wahl. Irgendwie geraten wir immer wieder in ähnliche Situationen mit ähnlichen Problemen. Es ist wie die Fahrt mit einem Karussell. Der Buddhismus spricht hier von Samsara, dem ewigen Rad und Kreislauf des Leidens, dem wir endlos lange ausgeliefert sind – so lange, bis wir erkennen, wie wir dieses Rad anhalten und unser Leiden beenden können. In diesem knappen Statement liegt eigentlich die ganze Philosophie des Buddhismus: Wir alle sind im Leidenskreislauf verhaftet. Wir können es erkennen und wir können es beenden.

Gibt es überhaupt eine heilsame Lösung in dem Spannungsfeld zwischen unseren Sehnsüchten, unseren Befürchtungen und unseren rationalen Einschätzungen? Vielleicht entsteht aus diesem Zweifel heraus nicht selten auch die radikalere Idee, ob das „Paarmodell“ langsam nicht vielleicht doch zu einem Auslaufmodell wird. Benötigen wir in modernen Zeiten vielleicht völlig andere Gesellschafts- und damit auch Paarmodelle?

Ohne Zweifel sind alle Objekte, Ideen und Konstrukte einem mehr oder weniger schnellen *äußeren* Wandel unterworfen. Dennoch wollen wir unseren Fokus weniger auf die vielfältigen äußeren Zusammenhänge richten, sondern auf unsere eigenen *inneren* Abläufe. Wir werden uns also zuerst einmal mit unseren Erfahrungen, aber auch mit unseren Erwartungen und Vorstellungen kritisch auseinandersetzen.

Individuelles und universelles Leiden

Wir können unser Leiden sehr grob in eine individuelle und eine universelle Kategorie einteilen.

Betrachten wir die *individuelle* Ebene, so können wir sicherlich sofort feststellen, dass es wirklich nicht leicht ist, eine Liebesbeziehung zu führen und diese in heilsamer Weise lange Jahre zu kultivieren. Wahrscheinlich gibt es immer wieder bittere Erfahrungen und Enttäuschungen. Unsere persönliche Biografie kann uns vielleicht manche unserer emotionalen Reaktionsweisen verständlich machen. Vielleicht steht einiges mit Einsamkeit, Eifersucht, Streit, Vertrauensbruch, Unachtsamkeit oder Desinteresse, vielleicht sogar mit Gewalterfahrungen in Zusammenhang.

Diese persönlichen und *individuellen* Erfahrungen prägen wohl deutlich unser Bild von Beziehungen, unsere Erwartungen daran und vielleicht sogar unser Menschenbild generell.

Darüber hinaus bestehen neben den *individuellen* auch überpersönliche, allen Menschen gemeinsame, also *universelle* Schwierigkeiten. Gerade diese *universellen* menschlichen Probleme aber erschweren oft eine friedvolle und glückliche Partnerschaft und scheinen sie manchmal sogar unmöglich zu machen.

Wir machen uns sehr viele Gedanken um uns und unser Leben. Leider geschieht dies oft verstärkt in Zeiten, in denen es uns nicht gut geht. Es scheint eine typische menschliche Eigenart zu sein, in guten Zeiten einfach oben auf der Welle mitzuschwimmen und erst in Krisenzeiten über sich nachzudenken. Dabei übersehen wir oft, dass Krisen und das damit verbundene Leiden unseren getrübten Geist noch mehr einzutrüben vermögen und dementsprechend nur noch trübe Gedanken entstehen können. Oft erleben wir dann unklare innere Zustände, in denen Gedanken, Gefühle und körperliche Empfindungen sehr diffus vermischt und eingetrübt wahrnehmbar sind.

Wenn wir leiden, ist uns oftmals der Zugang zu einer klaren Betrachtung nicht mehr gegeben. Leiden führt zu tiefer Unbewusstheit. Es entstehen unsinnige Gedanken und folgende Assoziationsketten können sich einschleichen: „Es gibt so viele glückliche Paare und Familien. Alle anderen sind glücklich, nur ich nicht. Wie schaffen die das bloß? Wieso schaffe ich das eigentlich nicht? Aber fast die Hälfte aller Ehen wird auch geschieden. Also haben viele Menschen Beziehungsprobleme. Ich bin also nicht allein mit meinen leidvollen Erfahrungen. Aber warum muss ich dann immer wieder leiden?"

Der Weg aus unserem Leiden beginnt damit, das Leiden etwas genauer kennenzulernen. Anscheinend gibt es Leidensformen, die wir mit vielen anderen teilen, und natürlich gibt es dann noch unsere ganz eigene Leidensgeschichte. Es ist von großer Bedeutung, beide Bereiche stets im Blick zu behalten und sie unterscheiden zu lernen.

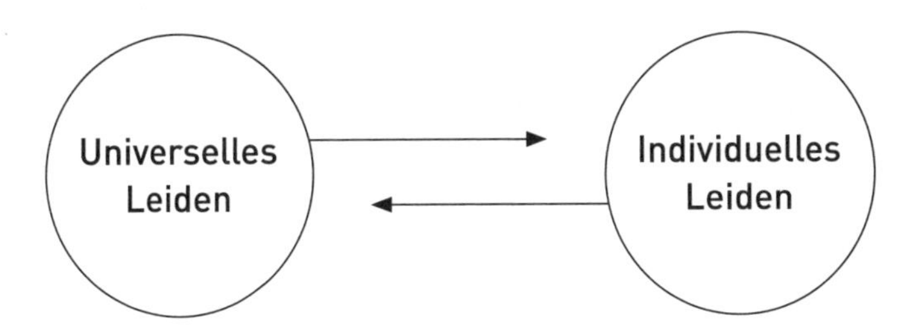

Die buddhistische Lehre liefert uns hier eine handfeste Provokation. Buddhisten gehen davon aus, dass nicht nur einige wenige Menschen geistig erkranken, sondern dass wir alle eine deutliche Geisteskrankheit entwickelt haben: Es ist uns nämlich kaum möglich, unseren Geist getrennt von unserem Verstand, den Körperempfindungen und den emotionalen Reaktionen wahrzunehmen. Darüber hinaus trüben wir unseren Geist regelmäßig massiv ein. Neben den vielen Giften, die wir ihm tagtäglich in höherer Dosierung zumuten, wie Alkohol, Beruhigungsmittel, Nikotin, Fernsehen, Internet, Telekommunikation und vieles mehr, lassen wir unseren Verstand zügellos frei gewähren. Er hat das Kommando übernommen und redet fast pausenlos auf uns ein, gibt seine Kommentare oder Befehle und will uns stetig zu weiteren Aktionen anspornen. Darüber hinaus entwickeln wir schon recht früh unsere Neigungen zur Anhaftung, zum Widerstand und zur Verblendung, wie in dem Buch *Buddhistische Psychotherapie* näher ausgeführt wird. Dies alles führt uns immer weiter und tiefer in den unbewussten dunklen Wald unserer Geistesverirrungen hinein.

Außer den unzähligen kleinen und großen Alltagskrisen erleben und erleiden wir alle gemeinsam auch Geburt, Alter, Krankheit und Tod.

Weil das *generell* so ist und die meisten von uns bislang ihre Chancen auf Geistesschulung noch nicht genutzt haben, fällt es uns sehr schwer, neben diesen *universellen* auch noch die auftretenden individuellen Probleme zu bewältigen. Nicht selten entstehen hier Teufelskreisläufe, die sich dann immer weiter verschlimmern.

Wenden wir uns dieser *universellen* Problematik einmal kritisch zu. Wenn wir uns tiefer auf diese Thematik einlassen, erkennen wir, dass nicht nur einige wenige Menschen Probleme haben, zum Beispiel mit ihren Beziehungen, sondern dass jeder Mensch damit konfrontiert wird und folglich auch jeder für sich hier Lösungen finden muss. Wir erkennen aber auch, dass wir Menschen immer wieder leiden und sich dies offenbar nicht vermeiden lässt. Dieses Leiden ist also normal und insbesondere *unvermeidbar!* Dementsprechend ist es auch kein Fehler oder eine besondere Störung. So ist das Leben nun mal. Dies ist eigentlich eine selbstverständliche und fast banale Feststellung, doch trotzdem haben wir sie kaum wirklich verinnerlicht, denn sonst könnten wir dieses Prinzip in all den schwierigen Situationen doch wiedererkennen und vielleicht sogar darüber lächeln. Das aber lässt unser Widerstand nur schwer zu.

Da erscheint es doch sinnvoll, wenn wir die unterschiedlichen Leidensformen, die wir wahrnehmen, genauer differenzieren lernen.

Die Erste Edle Wahrheit

Wenn wir verstanden haben, dass Schwierigkeiten, Probleme, Schmerzen etc. keine besonderen Fehler sind, sondern zur Realität gehören, also sozusagen normal sind, können wir uns vielleicht ein wenig mehr von unserem Idealismus verabschieden. Von der irgendwie naiven Idealvorstellung: Wäre es nicht schön, wenn die Welt perfekt wäre!? Ein perfekter Partner, perfekte Kinder, perfekte Freunde, ein perfekter Chef, ein perfekter Job, perfekte Politiker ... Doch so funktioniert die Welt nun mal nicht, und genau deshalb kommt es auch immer wieder zu Problemen. Das müssen wir wirklich verstehen und ganz verinnerlichen.

Zuerst können wir vielleicht unterscheiden, dass es sehr persönliche und individuelle Schwierigkeiten gibt, die wir wahrscheinlich nicht mit allen anderen Menschen teilen. Wenn wir unter Süchten, Liebeskummer oder Schmerzen leiden, mag das zwar viele, aber eben nicht alle von uns betreffen. Je mehr wir leiden, desto sicherer empfinden wir, dass nur *wir* leiden. Alle anderen scheinen ihr Leben im Griff zu haben, denn: „Meine Freundin hat einen netten Mann, nur ich nicht." – „Mein Kollege hat eine nette Frau und Kinder, nur ich nicht." – „Alle schaffen es irgendwie, nur ich nicht." Wir werden noch sehen, wie wir diese Selbstsuggestion einzuordnen und aufzulösen haben.

In der zweiten, der *universellen* Kategorie finden wir eine Menge an Problemen, die wir mit allen Menschen gemeinsam teilen. Wir alle leiden hin und wieder an einer Erkrankung, altern, werden alt und sterben. Das geschieht auch mit denen, die wir lieben, und allen anderen, die wir nicht lieben. Manchmal sterben Kinder. Es gibt furchtbare Unfälle und Schicksalsschläge.

Wir erfahren also *universelles* und *individuelles* Leiden, das jeweils *unvermeidbar* ist. Ein sehr wesentlicher Aspekt in diesem Zusammenhang zeigt sich in unserer Neigung, in solchen Situationen selbst noch zusätzliches und damit *vermeidbares* Leiden zu erzeugen. Dieses besteht darin, dass wir in schwierigen Situationen mit uns hadern, grübeln, in Selbstzweifeln und Selbstanklagen verharren. Wir haften an unserer Wut, unserer Trauer, unserer Angst.

Vielleicht fühlen wir uns manchmal durch unseren Partner verletzt und denken, dass so etwas eigentlich nicht geschehen dürfte, wenn er uns „wirklich liebt". Daraufhin steigen wir in das selbst erzeugte, also *vermeidbare* Leiden ein. Wir halten dann an unseren unheilsamen Emotionen wie Trauer, Ärger oder Angst fest und können diese Emotionen durch unsere Gedanken recht lange am Leben halten.

Wir haben schon erfahren, dass der Buddhismus nicht nur eine Religion ist, sondern auch eine Wissenschaft des Geistes. Als solche ist er sehr differenziert, exakt und außerordentlich detailliert. Selbst nach westlichem Wissensstandard ist die buddhistische Philosophie und Wissenschaft hoch qualifiziert. In dem sehr umfangreichen Kosmos der buddhistischen Literatur finden wir für alle menschlichen Belange differenzierte Analysen.

Die zentrale buddhistische Lehre ist gleichzeitig auch die älteste, die von Buddha gleich nach seiner Befreiung formuliert wurde. Es handelt sich um die Vier Edlen Wahrheiten, die uns davon berichten, wie und warum wir Menschen leiden und wie wir das Leiden beenden können.

Die Erste Edle Wahrheit haben wir bereits kennengelernt, sie sagt uns: Leiden passiert. Es ist unvermeidbar, dass früher oder später etwas Schmerzliches passiert. Wir müssen uns also darauf vorbereiten.

Ein weiterer wesentlicher Appell, der sich aus dieser Ersten Edlen Wahrheit ergibt, ist die Aufforderung: Lindere und beende den vermeidbaren Schmerz, den du selbst erschaffst und dir selbst zufügst. Das ursprüngliche Problem ist schon schmerzhaft genug, mache es also nicht noch schlimmer.

Wir sehen daran, es ist ganz menschlich und normal, dass es unvermeidbares und auch vermeidbares Leiden gibt. Wir sind *alle* davon betroffen, und unweigerlich wird es uns alle stets begleiten.

Die Vier Edlen Wahrheiten stellen zwar eine zusammengehörige Einheit dar, aber dennoch können wir jede Einzelne als eigenständige Weisheit betrachten. Jede Einzelne beinhaltet bereits den Schlüssel zur Befreiung.

Die Vier Edlen Wahrheiten:

1. die Wahrheit, dass alle Wesen immer wieder leiden
2. die Wahrheit über die Ursachen des Leidens
3. die Wahrheit, dass wir uns vom Leiden befreien können
4. die Wahrheit vom Rechten Weg für die Praxis

Jede der Vier Edlen Wahrheiten bietet konkrete Einsichten, Erkenntnisse und Handlungsappelle. Der Umgang damit verläuft wieder über die drei uns schon bekannten Etappen:

1. Erkennen und Verstehen,

2. Vertiefen und Verinnerlichen und

3. Verwirklichen und Umsetzen.

Es sei hier noch eine kurze Anmerkung ergänzt zum weitverbreiteten Vorurteil oder Klischee, der Buddhismus sei negativ und stelle das Leiden der Menschen in den Vordergrund. In der zentralen buddhistischen Lehre von den Vier Edlen Wahrheiten können wir auf einen schnellen Blick erkennen, dass lediglich die Erste Edle Wahrheit hervorhebt, dass wir Menschen immer wieder leiden, wenn wir nichts dagegen unternehmen. Schon die Zweite Edle Wahrheit geht einen Schritt weiter, sie fragt: Wieso leiden wir überhaupt? Die Dritte Edle Wahrheit zeigt uns dann, wie wir das Leiden beenden. Schließlich erfahren wir noch durch die Vierte Edle Wahrheit, wie wir unser Leben ausrichten sollten, um weiterhin Leiden zu vermeiden.

Buddha war auch Arzt und Psychologe

Eigentlich können wir die Vier Edlen Wahrheiten mit einer fundierten und professionellen ärztlichen Behandlung vergleichen. Der Arzt stellt die Diagnose (Erste Edle Wahrheit). Der Arzt erkennt die Ursachen der Krankheit (Zweite Edle Wahrheit) und verschreibt das heilende Medikament (Dritte Edle Wahrheit). Zusätzlich empfiehlt der Arzt dann auch noch präventive Maßnahmen (Vierte Edle Wahrheit), indem er uns aufzeigt, wie wir künftig in den verschiedenen Lebensbereichen unser Leiden vermeiden.

Als Bernd (45 Jahre) von der Ersten Edlen Wahrheit erfährt, ist er etwas erleichtert, da er spürt, dass nicht nur er Schwierigkeiten hat, sondern anscheinend Menschen seit Jahrtausenden damit kämpfen. Andererseits beschreibt Bernd auch seine Verunsicherung und einen gewissen Ärger und Widerstand dagegen. Soll er sich einfach damit abfinden, dass immer wieder Leiden als Normalzustand in seinem Leben auftritt?

Es dauert ein wenig, bis Bernd langsam versteht, dass er zuerst sein *vermeidbares* Leiden, also Hadern, Selbstanklagen und Grübeleien, eindämmen kann. Im weiteren Verlauf spürt Bernd dann, dass er jetzt deutlich mehr Energie zur Verfügung hat, um die *unvermeidbaren* Schwierigkeiten leichter zu bewältigen.

Schauen wir uns doch einmal die Zweite der Vier Edlen Wahrheiten über die *Ursachen* für unsere Probleme etwas genauer an.

4
Die Ursachen für unsere Probleme

Fehlt der Liebe der tiefe gegenseitige Respekt,
ist es schwierig, ein gemeinsames glückliches Leben zu führen,
sobald einmal der Reiz des Neuen verflogen ist.

– Dalai Lama XIV –

Wenn etwas Bedeutsames in unserem Leben passiert, fragen wir uns sofort: „Was ist da los? Wieso passiert das? Woran liegt es?"

Wir, oder genauer, unser Verstand sind ewig Suchende, oft sogar mit ruhelosen Wühlern und Schnüfflern zu vergleichen. Es gehört wohl zu unseren generellen menschlichen Eigenschaften, stets nach Ursachen zu suchen, nach Verborgenem zu graben und unbedingt alles wissen zu wollen. Die Wahrheiten, die wir dabei finden, sind allerdings gelegentlich nicht sehr erbaulich, weshalb wir dann trotz der von uns angestrengten Suche oft wieder schnell darüber hinweggehen. Vielleicht ahnen wir dann, wohin uns manche ehrliche Antwort führen muss. Wahrscheinlich nehmen wir auch wahr, wie kompliziert manche Verkettung von Ursachen aussieht und dass wir immer eine Rolle darin spielen. Die Wahrnehmung unserer Eigenverantwortung ist nicht selten eine bittere Wahrheit, die wir gern auszublenden versuchen. Auf der Suche nach Ursachen und den Verantwortlichen dafür gerät dann wohl regelmäßig unser Partner in unser Blickfeld. Natürlich erkennen wir dort dann glasklar die Schwächen und Defizite. Wenn er oder sie doch nur ein wenig einfühlsamer, verständnisvoller und was auch immer wäre …

Auf diese Art und Weise kommen wir allerdings nicht wirklich weiter. Wir finden hier nur guten Treibstoff für unser Leidenskarussell. Nach welchen Ursachen sollen wir also Ausschau halten?

Die Zweite Edle Wahrheit

Auch hier werden wir wieder eher *allgemein-universelle* und sehr *individuelle* Ursachen finden.

Schreien wir unseren Partner zum Beispiel an und entwickeln sich daraus Probleme, so stehen wir erst einmal vor der *individuellen* Problematik. Vermutlich leiden *viele* Paare unter einer zu hohen Lautstärke bei ihren Auseinandersetzungen, doch es dürfte wohl deutlich geworden sein, was mit *individuellen* Ursachen gemeint ist.

Dann existieren natürlich auch noch *allgemein-universelle* Ursachen für unsere Probleme, die wir in der Zweiten Edlen Wahrheit beschrieben finden. Wenn wir uns mit diesem Aspekt beschäftigen, werden wir erkennen, wie die *individuellen* und die *universellen* Schwierigkeiten zusammenhängen.

Die Zweite Edle Wahrheit verrät uns, dass es drei universelle Ursachen für unser *vermeidbares* Leiden gibt, die wir mit allen anderen Menschen teilen: Unwissenheit, Anhaftung und Widerstand.

Natürlich gibt es zahllose weitere Ursachen für unser *unvermeidbares* Leiden, zum Beispiel vor allem Krankheit, Alter und Tod, aber auch Verkehrsstaus, schlechtes Wetter und vielleicht sogar untreue Ehepartner, doch die genannten drei Ursachen enthalten die Erklärung für unsere Probleme, um damit auch adäquat umzugehen.

Es ist wichtig, diese Abfolge richtig einzuordnen: Probleme sind unvermeidbar, wir müssen uns daher unsere Reaktionen darauf kritisch anschauen. Nach buddhistischer Vorstellung werden unsere Reaktionen durch die drei ursächlichen Probleme von Unwissenheit, Anhaftung und Widerstand geprägt. Aus diesen drei Quellen gehen alle anderen, selbst die unterschiedlichsten individuellen Probleme hervor.

Diese Behauptung mag auf den ersten Blick vielleicht etwas übertrieben wirken. All die unterschiedlichen Probleme, die wir Menschen zu bewältigen haben und unter denen wir leiden, sollen lediglich drei Ursachen haben? Es scheint lohnenswert zu sein, die folgenden Ausführungen im Hinblick auf diese Behauptung genau zu überprüfen. Wenn wir einmal unsere eigene, ganz individuelle Problematik betrachten, können wir sie mit diesen generellen Ursachen abgleichen und uns selbst eine Meinung über die Richtigkeit bilden. Haben die eigenen

Probleme und Schwierigkeiten, der Liebeskummer und der Streit mit dem Partner, tatsächlich etwas mit unserer Unwissenheit, Anhaftung oder Widerstand zu tun?

Unwissenheit als Ursache für unser Leiden

Keine Sorge, wir benötigen nicht noch mehr Wissen. Mit Unwissenheit ist nicht gemeint, dass wir zu wenig wissen, sondern entweder das verfügbare Wissen nicht nutzen oder bestimmte Fakten gar nicht wahrhaben wollen.

Die Unwissenheit hat bekanntlich viele Gesichter, eines davon ist die Unaufmerksamkeit.

Unsere Unaufmerksamkeit

Schauen wir uns einmal die verschiedenen Formen unserer Unaufmerksamkeit an: Es gibt zum Beispiel nicht selten Situationen, in denen wir nicht wissen, was gegenwärtig um uns herum geschieht. Unser Partner versucht uns einen für ihn oder sie wichtigen Punkt zu vermitteln, doch wir sind gedanklich woanders. Vielleicht sind wir körperlich zwar schon zu Hause, aber gedanklich noch bei der Arbeit. Genau darin liegt eine der vielen Definitionen von Stress: Körperlich sind wir „hier" und geistig sind wir „dort". Durch ein häufiges Aufspalten in dieser Art wird der Derealisierungseffekt, die Entfremdung von der Realität, nur noch verstärkt. Wir fühlen uns irgendwie fremd in der Welt und in unserer Haut, gedanklich driften wir immer häufiger ab.

Das ist die erste Form von Unwissenheit: Unwissenheit in Form von *Unaufmerksamkeit.* Eine andere Variante dieser Problematik ist die bewusste Unaufmerksamkeit, das Flüchten aus unliebsamen Situationen durch Tagträume: „Ich sitze hier und träume davon, am Strand zu sein." Wir träumen dann vielleicht von Brad Pitt oder Angelina Jolie und verpassen die Gegenwart. Wir verträumen unser Leben und beamen uns in eine virtuelle Realität: „Ich sitze zwar hier am Schreibtisch, aber ‚in Wirklichkeit' *bin ich* in einem Computerspiel als kämpfender Held aktiv." Sicherlich gibt es Tätigkeiten, die eine solche Zweiteilung erfordern, doch wenn wir daraus einen Dauerzustand machen, dann führt sie zu den bekannten Spannungszuständen, die wir alle nur zu gut kennen.

Wenn wir einmal zusammenrechnen, wie viele Stunden wir nachts schlafen und tagsüber abgelenkt sind oder uns bewusst ablenken, verstehen wir vielleicht, dass wir unser Leben verträumen und schlafen, während wir unseren Tag verbringen. Zu einem Buddha werden bedeutet wörtlich übersetzt: Erwachen.

Unsere Verleugnung

Eine weitere Form der Unwissenheit bezieht sich auf unsere Neigung, in irgendeiner Weise Unpassendes, Unliebsames oder Schmerzhaftes lieber auszublenden. Jedes fühlende Wesen versucht Schmerzen jeglicher Art nach Möglichkeit zu vermeiden. Da wir Menschen auch psychisch oft bedroht werden, versuchen wir auch auf dieser Ebene möglichst alles Schmerzhafte auszublenden. Das geschieht entweder bewusst und direkt oder, da der Impuls schon so tief in uns verwurzelt ist, nicht selten auch unbewusst.

Verleugnung ist also die zweite Ausdrucksform von Unwissenheit. Sie zeigt sich in vielen Facetten. Beispielsweise dient sie uns oft zur eigenen Stabilisierung. Vielleicht begehren wir kurzfristig einen anderen Partner, verleugnen dies aber und machen unserem festen Partner Vorwürfe, sich nicht genügend um uns zu bemühen. Vielleicht ahnen wir auch, dass unser Partner nicht mehr glücklich ist, wollen es aber nicht wahrhaben, verleugnen es und gehen darüber hinweg.

Nach buddhistischem Verständnis führt uns gerade unsere „Anti-Leidens-Strategie" direkt in unser Leidenskarussell hinein.

Unsere fehlerhafte Wahrnehmung der Realität

Die dritte Ausdrucksform unserer Unwissenheit ist die *fehlerhafte Wahrnehmung der Realität*. Dieser Punkt ist nicht ganz leicht zu vermitteln, da er unser gesamtes Weltbild infrage stellt, das auf der Illusion von Stabilität wie auch der Illusion von Getrenntheit beruht.

Die Illusion von Stabilität

Wir glauben daran oder hoffen zumindest, dass es Stabilität und Sicherheit gibt. Unsere Wohnung wird auch morgen noch unsere Wohnung sein und unser Partner wird auch morgen noch unser Partner sein (?). Wir streben nach Kontinuität und bemühen uns so sehr, unsere lieb gewonnenen Besitztümer zu konservieren. Auch die wichtigen Menschen um uns herum sollen so gesund, so jung, so nett, so interessiert und uns zugewandt bleiben. Wenn wir das so lesen, erkennen wir den Unsinn schnell; trotzdem sitzt tief in uns der Wunsch, dass sich die schönen Dinge doch bitte erhalten mögen. Wir wollen die wichtigen Dinge in unserem Leben nicht verlieren. Wir wollen leben, wir wollen nicht sterben.

Wenn wir uns kritisch mit den Abläufen um uns herum auseinandersetzen, erkennen wir unschwer, dass die Natur aller Dinge so nicht funktioniert. Das Wesen der Natur ist steter Wandel und Veränderung.

Daraus folgt eigentlich die nüchterne Feststellung, dass wir uns gern blenden lassen. In dieser naiven Verblendung leben wir unser scheinbar beruhigtes Leben. Einerseits spüren wir unterschwellig jedoch stets die Gefahr und andererseits hält sich dieses labile Gleichgewicht auch immer nur in den Phasen zwischen den kleinen und großen Katastrophen.

Die Unwissenheit über die Vergänglichkeit ist eine der zentralen Ursachen für unser Leiden.

Bildlich gesprochen leben wir auf einer Eisscholle, die im warmen Wasser des Lebens dahinschmilzt. Wir werden von dem, was wir besitzen, nichts festhalten können. Alles wird sich früher oder später unaufhaltsam auflösen.

Die Illusion von Getrenntheit

Ein weiterer Aspekt unserer Verblendung und der sich daraus ergebenden fehlerhaften Wahrnehmung der Realität betrifft unsere Vorstellung, isoliert oder von anderen getrennt zu sein. Meistens scheinen wir uns als Individuen zu erleben, die klar von den Mitmenschen und allen anderen Objekten der Umwelt getrennt sind.

Diese Unkenntnis über das Wesen der Natur, von der wir ein untrennbarer Bestandteil sind, ist eine häufige Ursache für Leiden. Wir leben in Verblendung, wenn wir unsere untrennbare Verbundenheit mit der Natur und allen Dingen, die uns umgeben, ausblenden. Die Beispiele für unsere Vernetzung mit allen Dingen sind grenzenlos. Wir werden, wenn wir uns mit dem buddhistischen Konzept der Leerheit beschäftigen, noch detaillierter darauf zurückkommen.

Vielleicht hat unsere diesbezügliche Unwissenheit etwas mit unseren Erfahrungen zu tun: Wir bekommen oft nicht sofort die entsprechende Rückmeldung und erkennen dadurch unsere Verbindung nicht. Allerdings folgen die Auswirkungen unseres Handelns immer früher oder später, direkt oder indirekt. Dieser Prozess lässt sich auf der persönlichen wie auch auf globaler Ebene nachverfolgen. Als Beispiel sei hier nur das Thema Klimawandel genannt: Mittlerweile meldet sich die Natur recht unübersehbar und gibt uns Rückmeldungen über die Konsequenzen unseres Handelns. Sollten wir davon überrascht sein, ist dies ein klares Indiz für unsere vorherige Verblendung. Wir agieren und profitieren unüberlegt – und wundern uns später dann über die Konsequenzen.

Der Grund dafür ist, dass wir eher den kurzfristigen Genuss lieben und bevorzugen und uns nicht gern Gedanken darüber machen, welche problematischen Auswirkungen daraus entstehen können. Dieses Prinzip scheint universell menschlich zu sein und findet sich daher sowohl in kleinen individuellen als auch in großen gesellschaftlichen Zusammenhängen.

Ohne bewusste Geistesschulung haben wir also ziemliche Probleme, uns und unsere Verbindung zur Umwelt und, damit verbunden, zu allen anderen Wesen klar zu erkennen.

Unser getrübter Geist

Unser Gehirn als das Instrument, mit dem wir die Welt erkennen sollen, funktioniert nicht wie ein geeichtes Messinstrument. Unsere Sehnsüchte, Ängste und eine Vielzahl anderer Emotionen trüben unseren Geist ebenso kontinuierlich ein wie der stetige Strom eintreffender Signale von äußeren Reizen.

Heute können die Neurowissenschaftler die jeweiligen Chemikalien, wie Hormone, Peptide und Neurotransmitter, in unserem Körper benennen, die mit den Emotionen oder den Verstandestätigkeiten in Zusammenhang stehen. So kennen wir zum Beispiel inzwischen die

Neurotransmitter, welche die Funktion haben, in bestimmten Situationen die Verbindungen zu Hirnbereichen zu unterdrücken, die in der Regel mit unseren rationalen Fähigkeiten in Verbindung stehen. Der alte Spruch „Liebe macht blind“ kann also heute neurowissenschaftlich tatsächlich belegt werden. Es ist auch neurowissenschaftlich belegt, dass wir sehr emotionale Wesen sind. An allen Entscheidungen, bei sämtlichen Hirnaktivitäten sind stets Hirnareale beteiligt, die unsere emotionalen Zustände vermitteln.

Neben dem chemischen Cocktail von Stoffen, die uns manipulieren, sind dazu noch elektrische Spannungsfolgen, Spannungspotenziale und -muster von großer Bedeutung. Nähere Ausführungen dazu sind in dem Buch *Buddhistische Psychotherapie* zu finden.

Ein klarer und ungetrübter Geist ist demnach keineswegs unser Normalzustand, und wir müssen schon gezielt trainieren, um Klarheit zu entwickeln und aufrechtzuerhalten. Nach buddhistischem Verständnis ist unser Geist vielmehr etwas, das durch unseren Verstand, unsere Gefühle und durch körperliche Funktionen in der Regel getrübt ist.

Unser Geist soll getrübt sein? Es gibt sicherlich zahlreiche Situationen, in denen wir uns zum Beispiel für etwas entscheiden sollen oder sogar müssen. Was sollen wir tun? In dieser Situation merken wir vielleicht unseren unklaren und verwirrten Zustand etwas deutlicher.

Neben den zahllosen äußeren Reizen, von denen wir uns verwirren lassen, ist unser ruheloser Verstand eine Hauptursache für unseren getrübten Geist: Es ist daher sehr lohnenswert, unseren Verstand genauer in Augenschein zu nehmen. Wenn wir unsere Achtsamkeit darauf richten, zum Beispiel in der Meditation, dann erkennen wir seinen ruhelosen Charakter. Er hat wohl nicht selten das Kommando übernommen, befiehlt, was zu tun ist, gibt unablässig Kommentare und Bewertungen ab. Er wird uns nie zur Ruhe kommen lassen, stetig will er uns weitertreiben. Wenn unser Verstand eine Form hätte und zum Beispiel als ständiger Begleiter neben uns wäre, mit all seinen unablässigen Äußerungen, Kommentaren, Bewertungen und Kommandos, wären wir wohl schon längst wahnsinnig oder gewalttätig geworden. Da dieser Vorgang aber tatsächlich so abläuft, wenn auch etwas subtiler, haben wir eben auch alle eine subtilere Form des Wahnsinns entwickelt. Genauso wie ein wahnsinniger Mensch spüren wir aber unseren

Wahnsinn, unsere Verblendungen nicht. Wir erkennen unsere eigene Verblendung und Geisteseintrübung ebenso wenig, wie wir unseren blinden Fleck im Sehfeld erkennen.

Bitte aufwachen, es ist Zeit!

Daraus folgt wiederum der zentrale buddhistische Appell: Wir müssen unseren Geist beruhigen und klären. Aus buddhistischer Sicht sind demnach nicht nur einige wenige Menschen krank, sondern wir *alle* leiden, etwa unter einer permanenten (Selbst-) Täuschung, die uns immer wieder Probleme bereitet. Wir leben wie in einem verworrenen Traum, anstatt wach und klar zu sein. Wie bereits erwähnt, bedeutet das Sanskrit-Wort *Buddha* nichts anderes als „der Erwachte" und mit dem Erwachen ist die Klärung des Geistes gemeint. Wir müssen uns also erst einmal ent–täuschen lassen, auch von uns selbst, um aufzuwachen und uns zu befreien.

Eigentlich bietet das Leben doch schon genug Enttäuschungen! Warum sollen wir uns dann auch noch freiwillig und bewusst ent-täuschen lassen? Was bleibt übrig, wenn die Täuschung wegfällt? Ist manchmal eine schöne beruhigende Täuschung nicht angenehmer als die ungeschminkt nackte und nicht selten beunruhigende Realität? Diese Fragestellung ist durchaus berechtigt und wird im Buddhismus sehr ernst genommen. Buddha vermittelte: Wir haben eine Wahl. Wir entscheiden selbst, welchen Weg wir beschreiten.

Entweder wir verlassen unseren altgewohnten Pfad, der uns stetig zwischen Freud und Leid hin und her schwanken lässt, und bemühen uns durch die buddhistische Schulung, unser Leiden zu lindern und zu lösen. Oder wir belassen alles so, wie es schon immer war, und folgen weiter dem Weg, auf dem wir vielleicht nicht so selbstkritisch leben müssen. Der Weg, auf dem wir uns den schönen Dingen weiterhin zuwenden können und die unschönen zu vermeiden suchen und hoffen, dass uns die schönen Dinge erhalten bleiben. Der Weg, auf dem wir viele Hochs und Tiefs durchleben. Irgendwie ein naiver Weg, der uns unvorbereitet durch unser Leben schwanken lässt.

Nicht wenige Menschen meinen, das Leben sei eben so und wir sollten es demgemäß auch so leben, wie ein Ball auf den Wellen. Wenn wir uns wirklich dafür entscheiden, ist das auch in Ordnung, doch müssen wir kritisch bedenken, auf welcher Basis wir unsere Entscheidungen treffen. Verfügen wir wirklich über die notwendigen Informationen, um eine gute und verantwortungsvolle Wahl treffen zu können? Welche Konsequenzen ergeben sich daraus, insbesondere auch für unseren Partner, unsere Familie und unsere Mitmenschen?

Das alte Fahrwasser der Gewohnheit ist sicher die mächtigste Fahrrinne im Leben. Sie besitzt eine Sogwirkung, die wir stetig achtsam wahrnehmen sollten. Wir werden wohl noch oft und immer wieder in alte Verhaltens- und Gedankenmuster zurückfallen, die zum Beispiel darum kreisen, was wäre, wenn der Partner perfekt oder zumindest etwas perfekter wäre, sich anders verhalten oder reagieren würde, uns besser verstehen und eben einfach mehr lieben würde.

Was wir hier im Kleinen finden, erkennen wir natürlich auch in größeren Zusammenhängen wieder: Wenn unsere Vorgesetzten doch endlich anders reagieren würden, ginge es uns besser, und wenn die Politiker endlich anders reagieren und regieren würden, ginge es uns allen besser. Ja, wenn nur die Welt ein wenig besser wäre, dann hätten wir alle weniger Probleme. Die Auseinandersetzung mit unserem Idealismus ist ein spannendes Thema, das sich näher zu ergründen lohnt.

Wir haben die Wahl

Wenn wir uns mit unserem Idealismus und der Schwierigkeit des Mittleren Weges beschäftigen, verweisen uns die buddhistischen Lehren darauf, dass wir immer wieder aufs Neue eine Chance und eine Wahl haben: Entweder wir entschließen uns zum Kampf, um die Welt und auch andere Menschen so umzugestalten, dass wir damit besser leben können, oder wir konzentrieren uns auf unsere *eigenen* Probleme und unsere eigenen Möglichkeiten.

Die erste Variante ist anstrengend und wahrscheinlich sind viele Rückschläge dabei vorprogrammiert. Die zweite Variante ist ebenfalls aufwendig, hat aber die besseren Erfolgschancen und bietet die Möglichkeit, einige recht interessante Erkenntnisse über uns selbst zu gewinnen.

Wenn wir den zweiten Weg wählen, müssen wir uns sehr genau mit unseren Idealen und unserem Idealismus allgemein auseinandersetzen. Kurz gesagt, wir müssen uns von unseren naiven Idealvorstellungen verabschieden. In diesem Zusammenhang ist es sinnvoll, unsere Anhaftungen und Identifikationen sehr selbstkritisch zu beleuchten.

Natürlich werden wir das Zusammenwirken zwischen äußeren und inneren Bedingungen sehr achtsam ergründen müssen. Die untrennbare Einheit beider wird deutlich hervortreten. Allerdings führt unser Weg uns von innen nach außen und nicht umgekehrt.

Schauen wir auf unseren Partner und fragen uns: Wessen bin ich mir felsenfest sicher? Gibt es etwas garantiert Beständiges, Verlässliches und Ewiges? Nein? Wie ist das Gefühl?

Die eigenen Hoffnungen, Ideale und Wünsche als Illusion zu identifizieren, ist zuerst gar nicht angenehm. Die Vorstellung, dass wir jetzt etwas Schönes erleben, doch es schon bald wieder verlieren können oder zumindest eine Veränderung darin wahrnehmen, ist alles andere als eine schöne Vorstellung. Wir wollen doch so gern festen und sicheren Boden unter den Füßen haben und scheuen die Tatsache, dass wir in einem sich ständig verändernden Fluss leben. Jede Sekunde verändert sich alles um uns herum, aber das wollen wir lieber gar nicht so gern erkennen. Der extremste Einschnitt in unserem Leben rückt ebenfalls sekündlich näher: Es kommt unausweichlich der Moment des Todes, für uns und die, die wir lieben. Aber natürlich nicht jetzt! Irgendwann später, egal, nur nicht daran denken.

Dabei vergessen wir allerdings auch die positive Seite des steten Wandels: Jetzt ist es schmerzlich und schlimm? Es wird niemals so bleiben. Auch der Schmerz hat keine eigene Existenzgrundlage. Auch er braucht Lebensbedingungen, und die ändern sich ebenfalls von Minute zu Minute.

Nicole ist heute 38 Jahre alt. Sie schildert, wie sehr sie an ihre letzte Beziehung geglaubt habe. Sie wären als Paar so glücklich gewesen. Es gab so viele Pläne für die Zukunft. Sie sei eine Frau, die schon immer ihren Gefühlen getraut habe, und ihre Gefühle hätten ihr deutlich gezeigt, dass sie ganz sicher mit diesem Mann alt werden würde. Alle Vorzeichen hätten sie darin bestätigt.

Bis ihr Mann Jörg nach dem Essen öfter Magenschmerzen bekam. Er lebte dann noch etwa drei Monate.

Verblendung und Unwissenheit machen uns glauben, dass wir etwas festhalten können. Sicherlich ist der Tod die drastischste Form von Veränderung, die wir deshalb möglichst auch gern ignorieren. Doch auch die vielen „kleinen Tode“ verdrängen wir gern: die Verluste, die ungewollten Veränderungen, den unaufhaltsamen Verschleiß.

Wenn wir in diesem Zusammenhang die Flut der auf uns einströmenden Einflüsse betrachten, müssen wir wohl feststellen, dass der Kampf um Besitz, das Streben nach Halt und das Festhalten an dem, was uns zu gehören scheint, und der Wunsch nach dessen Beherrschung eindeutig dominieren. Wir lernen durch Geschichten, Sagen und heute in erster Linie natürlich durch Actionfilme, dass wir entweder kämpfen müssen oder untergehen werden. Leistung, Stärke, Macht, Status, Geld, Besitz sind die Merkmale, an denen wir uns als Menschen anscheinend messen wollen. Wir lernen also, das festzuhalten, was wir haben wollen, und das abzustoßen, was uns nicht gefällt. Wenn wir genügend ansammeln und horten, wenn wir immer größer und stärker werden, und nur dann werden wir uns auch behaupten. Das ist anscheinend eine sehr mächtige und für viele, vor allem ängstliche Menschen eine verführerische Idee. Aber wohin wird sie uns führen? Und wohin hat sie uns bis jetzt gebracht?

Anhaftung als Ursache für unser Leiden

Die buddhistische Haltung nimmt eine fast entgegengesetzte Position zur weithin herrschenden Besitz-Kultur ein. Neben unserer Unwissenheit gilt unsere Neigung zum Festhalten, Anhaften und Haben-wollen als eine wesentliche Ursache für unser Leiden. Nicht im Festhalten und Besitzen liegt unser Glück, sondern im Loslassen. Im buddhistischen Training werden diese Aspekte so vermittelt, dass jeder Mensch seine eigenen Erfahrungen damit machen kann.

Wir alle haben wohl von Natur aus eine fundamentale Neigung zur Anhaftung, zum Begehren und Festhalten. Wir begehren ständig nach Atemluft, nach Essen und Trinken. Ohne Begehren gäbe es keine Fortpflanzung. Unser Begehren beeinflusst auch unseren Wunsch nach Bindung und Kontakt, und dies schon ab unseren ersten Lebensmomenten. Ohne Nahrung überleben wir physisch nicht, ohne Kontakt und Bindung überleben wir psychisch nicht. Wenn Kleinkinder schon früh traumatische Bindungs- und Kontakterfahrungen machen müssen, entstehen daraus meist schwerwiegende Folgen, unter denen Menschen lange, oft im Laufe ihres ganzen Lebens zu leiden haben.

Wir sind also schon sehr früh darauf programmiert, uns an etwas zu klammern, uns festzuhalten und nicht loszulassen.

Natürlich ist Nahrung wichtig, doch Nahrung im Überfluss erzeugt oft problematisches, aber dennoch, Wachstum. Dieses scheinbar bewährte Erfolgsrezept des Greifens und Sichaneignens hat unter anderem zum Be*greifen* und Besitzen der Welt geführt. Heute erleben wir leider auch die vielen Nebenwirkungen unserer übermäßigen Besitzerlaune. Mittlerweise erkennen aber immer mehr Menschen, dass Besitz sie nicht wirklich glücklich oder wesentlich glücklicher macht. Aus Studien zu diesem Thema lässt sich ableiten, dass gerade die reichen Staaten *nicht* die glücklichsten Menschen hervorbringen.

Eine Partnersuche kann eine Buddhasuche sein

Unsere Suche nach einem Partner, unser dringendes Begehren nach einem Menschen, der uns unsere Zufriedenheit sichert, bei dem wir uns geborgen und sicher fühlen, ist tief in uns allen verankert. Für nicht wenige Menschen ist das *die* Erfüllung im Leben, der zentrale und wichtigste Lebensbereich. Dementsprechend werden sehr große Anstrengungen unternommen, um sich diesem Ziel anzunähern, und dementsprechend intensiv sind auch die bei der Erfüllung oder beim Scheitern dieser Wünsche beteiligten Emotionen.

Auf einer tieferen Ebene könnte hier eine Suche nach Vollendung vorliegen. Psychologen denken vielleicht an eine unbewusste Suche nach der Ursymbiose zwischen Mutter und Kind und den Einfluss von pränatalen Sicherheitsempfindungen. Religiöse Denker könnten die Suche nach Gott vermuten. Buddhisten gehen davon aus, dass wir sehr oft etwas im Außen suchen, zum Beispiel einen Partner, das wir aber nur in uns selbst finden können. Demnach könnte der Impuls für viele Begehrlichkeiten eigentlich in einer spirituellen Sehnsucht liegen. Buddhisten glauben daher auch, dass die äußere Suche, selbst wenn sie erfolgreich verläuft, nie zu einer wirklichen und nie zu einer dauerhaften Zufriedenheit führt.

Unser innerer Drang nach Verbindung, Zugehörigkeit und Partnerschaft ist komplex und verdient eine selbstkritische Betrachtung. Insbesondere müssen wir uns unsere tiefsitzenden Impulse des Festhaltens, das Haben- und Besitzen-wollens bewusst machen.

Wenn wir eine Partnerschaft führen, ist dieser Aspekt des Festhaltens sehr wesentlich. Müssen wir uns wirklich wie ein Kleinkind oder Äffchen anklammern? Was passiert, wenn wir loslassen? Was assoziieren wir mit diesen Begriffen? Hier kommen wir in Bereiche der Anhaftung, in denen uns das Austarieren zwischen den beiden Extremen von Anhaften und Loslassen recht schwerfällt. Diese Dynamik, die oft auch zur Problematik wird, werden wir nicht nur in unseren Beziehungen, sondern in allen Lebensbereichen wiederfinden.

Unser Michael-Kohlhaas-Syndrom

Bei Michael Kohlhaas handelt es sich um eine literarische Figur aus einer Novelle von Heinrich von Kleist, die für ihr Recht kämpfte, verlor und unterging. Wir alle dürften dieses Rechthaben- oder Rechtbehalten-wollen ziemlich gut kennen, das eine sehr unliebsame Facette des Anhaftens darstellt. Wahrscheinlich erleben wir oftmals Situationen, in denen wir übergangen, überstimmt oder nicht genügend beachtet werden. Wir müssen uns an viele Regeln halten, die von anderen aufgestellt werden. Wir sind verpflichtet, für viele Dinge unseren Beitrag zu leisten, ob wir das nun wollen oder nicht. Wenn dann eine Situation eintritt, in der wir recht haben oder uns scheinbares Unrecht widerfährt, können wir das oft nicht auch noch hinnehmen.

Über dieses Thema können wir uns mit unserem Partner wirklich lange und ausgiebig streiten, und viele Beziehungen zerbrechen genau an der Frage: Wer hat recht? Ist es besser, recht zu behalten und unterzugehen als nachzugeben?

Vielleicht erleben wir uns in einer Streitsituation schon manchmal wie Marionetten oder Roboter, die nach vorgegebenem Muster re-agieren. Vielleicht erahnen wir schon in der Situation, dass wir und unser Partner einen falschen Weg einschlagen, doch irgendwie scheint es nicht anders möglich zu sein. Genau an dieser Stelle fehlt uns die notwenige Übungspraxis, um uns eine eigenständige Wahl für heilsamere Handlungsalternativen zu ermöglichen. Ohne sie werden wir keine Wahl haben, sondern lediglich einem Muster folgen. Immer wieder steigen wir in den gleichen Kampf ein und spulen Argumente herunter, die niemand mehr hören will.

Hier wird wohl sehr augenscheinlich, warum es heißt, dass Anhaftung zu Leiden führt. Einmal mehr haben wir es mit einer Gratwanderung zu tun, die zu bewältigen für viele von uns eine immerwährende Herausforderung darstellt. Eine gewisse Anhaftung, zum Beispiel im Sinne des Begehrens, gehört schließlich zu den Voraussetzungen für eine Beziehung. Wenn wir aber zu stark anhaften, übermäßig Nähe herstellen, erleben viele Menschen das als Einengung. Der Beziehung fehlt dann die notwendige Luft zum Atmen. Die größte Problematik in einer Beziehung ist der „Tanz" des Paares zwischen Nähe und Distanz. Allerdings kennen wir auch die Weisheit des Mittleren Weges, die uns zeigen kann, wie wir ausgewogen für unsere eigenen Belange eintreten können.

Anhaftung und der Mittlere Weg

Die Weisheit des Mittleren Weges ist den Lesern wohl recht gut bekannt. Sie ist dementsprechend auch gut und schnell zu vermitteln und zu verstehen. Die praktische Umsetzung ist jedoch alles andere als einfach. Genaue und allgemeingültige Verhaltensanweisungen kann es dazu nicht geben, generell geht es dabei um die Frage des „Mehr oder Weniger". Das müssen wir für uns und andere in jeder Situation aufs Neue abwägen und den Mittleren Weg finden. Dieses Prinzip kann uns in wahrscheinlich sämtlichen Lebenslagen eine sehr heilsame Hilfe sein.

Ein gutes Gespür für den Mittleren Weg dient uns als eine Art internes Navigationsgerät mit der Ansage: „Sie verlassen gerade den Mittleren Weg. Bei der nächsten Gelegenheit bitte wenden!" Dafür benötigen wir außer einer geschulten Selbstwahrnehmung insbesondere auch eine klare Motivation, unsere Neigung zum Dramatisieren und zu emotionalen Achterbahnfahrten zu zügeln. Wenn wir allerdings immer wieder den „Kick" suchen, kann uns der Mittlere Weg nicht wirklich helfen. Viele von uns assoziieren einen ausgewogenen Ruhezustand mittlerweile schon mit Langeweile – und damit einem Zustand, den wir möglichst schnell wieder verlassen wollen. Wir spüren vielleicht die Anstrengungen immer deutlicher, die ein Leben in der Achterbahn verlangt, aber sind wir wirklich bereit, das Drama aufzugeben?

Für eine Orientierung auf dem Mittleren Weg benötigen wir große Achtsamkeit. Oft helfen auch einfache bildhafte Vorstellungen, weil wir uns an diese besser erinnern können als an lange Beschreibungen.

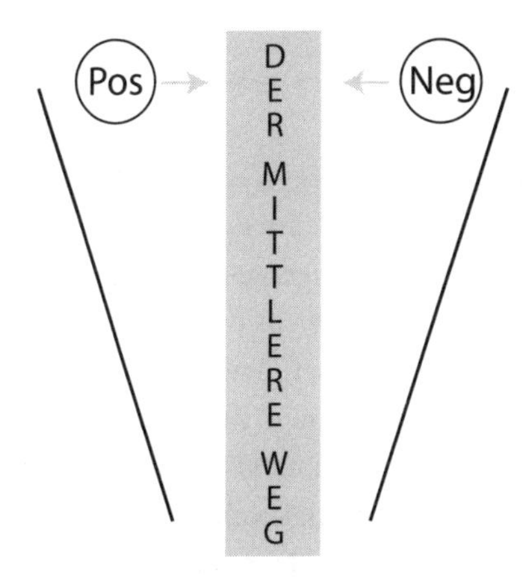

Für viele Menschen ist es eine Hilfe, wenn sie sich häufiger dieses Bild vorstellen und sich fragen: „Gehe ich zu weit ‚links' oder zu weit ‚rechts' vom Mittleren Weg? Mache ich zu viel oder zu wenig, bemühe mich zu viel oder zu wenig, schlafe ich zu viel oder zu wenig? Ist meine Spannung zu hoch oder zu niedrig, das heißt, überwiegt die nervöse Aktivität oder die Müdigkeit?"

Wir können hier eigentlich schon erkennen, dass wir es mit einem allumfassenden Prinzip zu tun haben. Die Weisheit des Mittleren Weges lässt sich auf alles oder nahezu alles anwenden. Daher werden wir auch in diesem Buch noch einiges zu diesem Thema erfahren.

Kathrin (42 Jahre) berichtet, dass sie in ihrem Leben immer viel kämpfen musste. Sie habe nie etwas geschenkt bekommen. Durch Leistung zum Ziel kommen, das kenne sie dagegen recht gut. Je mehr Leistung, desto besser. Ihr Partner sehe viele Dinge, etwa die

Haushaltsführung, viel zu entspannt. Er sei das Gegenteil von ihr. Daher gebe es stets Streit um so banale Dinge wie den Abwasch und das Staubsaugen.

Für Kathrin ist es sehr hilfreich, sich geistig möglichst häufig das Bild des Mittleren Weges vorzustellen, um für sich zu prüfen, wie hoch ihr Grad an Anspannung in der Situation ist. Auch die Einbeziehung ihres Partners, der regelmäßig auf der anderen Seite des Mittleren Weges, bei der Entspannung, positioniert war, wurde für das Paar recht hilfreich.

Das Loslassen kann in oft *heilsamer* Weise eine der Anhaftung entgegengesetzte Haltung sein. Dagegen kann der Widerstand in oft *unheilsamer* Weise eine der Anhaftung entgegengesetzte Haltung sein.

Sicherlich gibt es Situationen, in denen wir uns unheilvollen Impulsen und Reizen widersetzen müssen. Der Widerstand kann sich festigen, vor allem wenn wir meinen, diese Strategie oft wiederholen zu müssen, doch er darf nicht zu einer grundsätzlichen Haltung werden. Alles, was wir wiederholen, festigt sich zu Gewohnheitsmustern und in der Folge dann auch zu Charaktereigenschaften.

Widerstand als Ursache für unser Leiden

Neben Unwissenheit und Anhaftung ist Widerstand eine von drei Ursachen für unser Leiden. Wie kann Widerstand aber in eine Beziehung hineinpassen? In der Tat gibt es gerade hier sehr unterschiedliche Schwierigkeiten, die alle mit unserem Widerstand zusammenhängen. Manchen fällt es zum Beispiel schwer, sich tiefer auf eine verbindliche Beziehung einzulassen, sich hinzugeben und zu vertrauen. Für nicht wenige ist die Liebe gewissermaßen ein gefährliches Abenteuer.

Natürlich realisieren wir bei klarer Wahrnehmung, dass so gut wie nie nur eine einzige Ursache am Werke ist. So begleitet uns in der Regel unsere Unwissenheit, wie uns ein Schatten folgt.

Zum Thema Widerstand gehört aber auch die mangelnde Bereitschaft oder sogar der Unwille, verschiedene Aspekte der Beziehung oder bestimmte Persönlichkeitsanteile des Partners so zu akzeptieren, wie sie eben nun einmal sind. Manche Kritikpunkte mögen durchaus gerechtfertigt sein, dennoch ist unser Widerstand ein ernstes Problem. Wenn wir uns mitten in einen großen Fluss stellen und den Strom aufzuhalten versuchen, werden wir unweigerlich leiden und scheitern.

Widerstand kann unsere eigene Haltung meinen, sich aber auch in unserer Umgangsform ausdrücken. Wir können in der Art eines Boxers Widerstand leisten und allem, was auf uns zukommt, wie einer direkten Konfrontation begegnen. Diese Form ist recht anstrengend und nicht ungefährlich. Eine andere Umgangsweise damit können wir vielleicht aus den asiatischen Kampfkünsten entlehnen: Wir stellen uns einer Person oder Sache nicht direkt entgegen, sondern verändern unsere Position zur Seite hin, lassen also die auf uns zukommende Energie an uns vorüberziehen. Das ist deutlich entspannender. So können wir unseren Widerstand eindämmen und gleichzeitig unsere Beobachterrolle wieder stärken.

Auch unser Stolz, unsere selbstbezogenen Neigungen und unsere Diskussionslust gehören zum Thema Widerstand. Das hat viel mit dem uns anempfohlenen Selbstbewusstsein zu tun, das oft zur Selbstbehauptung führt und für viele Menschen ein großes Thema sein kann. Vielleicht haben manche erst mühsam lernen müssen, sich selbst zu behaupten und die eigenen Bedürfnisse ernst zu nehmen, zu artikulieren und, wenn nötig, auch dafür zu kämpfen. Die buddhistische Lehre von der Auflösung des Ego wirft ein recht interessantes Licht darauf. Kurz gefasst erscheint es ratsam, erst ein gesundes Ego zu entwickeln, um dann die Vorteile davon, aber auch die Nachteile zu ergründen, sodass wir uns dann nach und nach wieder mehr davon lösen können. Um einen Vergleich heranzuziehen: Vielleicht müssen wir erst genug Geld haben und uns keine Sorgen mehr darüber machen müssen, um dann einmal in aller Ruhe über das Wesen des Geldes nachzudenken und die vielen Verrücktheiten im Zusammenhang mit Geld aufgeben zu können.

Strategien des Widerstands

Eine sehr große Quelle für unser Leiden ist das Hadern mit Ereignissen aus unserer Vergangenheit und unser weiter anhaltender Widerstand dagegen. Das, was damals geschehen ist, wollen wir nicht akzeptieren. Oder wir sträuben uns gegen notwendige nächste Schritte und sind gedanklich sehr oft in der Zukunft und damit beschäftigt, zu planen, zu spekulieren und eben auch damit zu hadern.

Aber gibt es wirklich *jetzt* etwas, das uns stört? Jetzt, in diesem Augenblick, nur in diesem Augenblick! Stören uns gerade jetzt vielleicht Geräusche, andere Menschen, körperliche Missempfindungen?

Ajahn Brahm sagt dazu sehr klar und auch ein wenig provokativ: „Nicht die Geräusche stören dich, sondern du störst die Geräusche." Wir können diesen Gedanken weiterspinnen: Nicht die anderen stören uns, wir stören sie. Nicht die Schmerzen stören uns, wir stören die Schmerzen.

Wie ist das gemeint? Wir sollten uns hier an die Erste Edle Wahrheit erinnern: Probleme, Störungen und Schmerzen sind normal, sie gehören zum Leben dazu und sind oft unvermeidbar. Das ist der Fluss des Lebens. Nur wenn wir diesem Fluss Widerstand entgegensetzen, indem wir gewissermaßen wie ein quadratischer Felsblock im Strom des Lebens hocken und festsitzen, entstehen Turbulenzen in Form von Problemen, Störungen und Leiden.

Diese Beschreibung darf natürlich nicht als Appell für einen stromlinienförmigen und überangepassten Lebensstil missverstanden werden. Dennoch können wir uns mithilfe solcher Bilder bewusster machen, wo wir uns unnötig sperren und Widerstände entwickeln. Vielleicht kann es da manchmal hilfreich sein, seine Richtung ein wenig zu drehen und plötzlich zu merken, wie viel leichter der Strom nun an uns vorbeigleitet.

Ein weiterer hilfreicher Aspekt, um unseren Widerstand zu lindern, ist das Übernehmen von Verantwortung. Zuerst mag es vielleicht etwas nerven, wenn wir von unserer eigenen Verantwortung für unser Leiden erfahren, doch bei einer weitergehenden Betrachtung erkennen wir darin auch unsere Chancen: Gerade weil wir selbst verantwortlich sind, können wir auch etwas ändern. Auf die Differenz zwischen Verantwortung und Schuld sollte hier genau geachtet werden. Weder der Fluss noch der Stein ist schuld an den Turbulenzen, es liegt einfach in der Natur der Sache. Also betrachten wir die normal auftretenden Schwierigkeiten (Erste Edle Wahrheit) und lindern unsere Widerstände dagegen, ebenso wie unsere Anhaftung und unsere Unwissenheit (Zweite Edle Wahrheit).

Widerstand und der Mittlere Weg

Die Weisheit des Mittleren Weges kann uns hier, wie so oft, weiterhelfen. Wenn wir den Mittleren Weg und damit das rechte Maß verlieren, entsteht Leiden. Die Visualisierung des Mittleren Weges kann uns in dem Bemühen unterstützen, etwas weniger Widerstand zu entwickeln. Wir können damit vielleicht die Angst und Sorge ein wenig lindern, dass nun alles verloren geht.

Wenn wir unsere Position auf dem Mittleren Weg zum Beispiel im Hinblick auf unseren Widerstand erkennen, können wir daraus ableiten, ob wir dem Leben zu viel oder zu wenig Widerstand leisten. Gibt es tatsächlich auch zu wenig Widerstand? Wir werden uns noch mit dem buddhistischen Verständnis vom „scharfen Schwert des Mitgefühls" beschäftigen. Hier werden Situationen beschrieben, die ein klares Nein von uns erfordern. Wir widersetzen uns dem Missbrauch und der Gewalt. Wir treten aktiv für etwas ein und fördern damit heilsame Zustände.

Der hier angedeutete Widerstand hat allerdings nichts mehr mit einer widerständigen Grundeinstellung zu tun, sondern lediglich mit einer temporären Handlung. Wir beziehen Stellung, sagen, was zu sagen ist, haften aber nicht an unheilsamen Reaktionen. Wir lindern also unseren Widerstand, werden aber dennoch nicht alles hinnehmen. Den Widerstand aufzugeben bedeutet nämlich nicht, sich alles gefallen zu lassen und in Passivität zu verfallen. Wir befinden uns einfach nur auf dem Weg zur Mitte.

Ruth ist 32 Jahre alt. Ihre längste Beziehung hat ca. zwei Jahre gedauert. Immer wenn es etwas „enger" werde, würde sie Angst bekommen und müsse dann flüchten. Mit einer verbindlichen Beziehung assoziiert Ruth das Ende von etwas Freiem. Sie fragt sich in den entscheidenden Momenten dann unwillkürlich: War's das schon? Sie glaubt anscheinend, dass eine feste Beziehung der Endpunkt von etwas Schönem ist. Ihr Widerstand sich einzulassen verhindert ihre Bewusstseinsveränderung, an die Stelle des unvermeidlichen Endpunktes eine hilfreichere Vision treten zu lassen.

Nachdem Ruth durch Meditation lernt, sich körperlich mehr zu entspannen, kann sie zumindest gedanklich langsam neue innere Bilder für eine Beziehung entwickeln. Irgendwann erkennt Ruth, dass sie eine Beziehung auch als eine Art Basislager annehmen kann, von dem aus entweder im Alleingang, zu zweit oder zu mehreren schöne Touren durchs Leben möglich sind.

Wenn Widerstand einen trennenden Charakter besitzt, kann uns die Weisheit des Mitgefühls wieder verbinden.

Das scharfe Schwert des Mitgefühls

Da Mitgefühl ein sehr populärer Begriff geworden ist und das buddhistische Streben nach einem möglichst umfassenden und tief gehenden Mitgefühl sprichwörtlich bekannt ist, ist dies auch die Quelle für manche Missverständnisse. Für viele Menschen sind Mitgefühl und Mitleid anscheinend identisch. Wer Mitleid empfindet, der gibt vielleicht eigene Impulse auf und ist mit seinen Gefühlen nur noch beim bemitleidenswerten Gegenüber. Das Mit-Leiden führt meist zu Geistestrübungen und unheilsamen Anhaftungen, weil wir dann auch selbst leiden.

Wir müssen also zuerst einmal klar zwischen Mitleid und Mitgefühl unterscheiden. Dazu gibt es sicher viele Erklärungen. Auf einen kurzen Nenner gebracht lässt sich feststellen, dass Mitleid ein Gefühl ist, Mitgefühl dagegen mehr eine Haltung, eine Grundeinstellung.

Mitgefühl ist für Buddhisten nicht nur in erster Linie ein Ausdruck ihres Weltverständnisses. Wir sind untrennbar mit allen anderen Wesen dieser Welt verbunden. Kein Objekt unserer Welt ist in seiner Existenz unabhängig von anderen. Der Buddhismus hat hierfür den Begriff der Leerheit aller Objekte geprägt (siehe Kapitel 8). Jedes Objekt ist zusammengesetzt aus verschiedenen anderen Faktoren, die wiederum in untrennbarer Wechselwirkung mit anderen Objekten stehen. Das hört sich vielleicht komplizierter an, als es ist, darum soll hier ein einfaches Beispiel zur Erklärung herangezogen werden: Die Hose oder der Rock, den wir tragen, besteht aus bestimmten Materialien, sagen wir Baumwolle. Die Baumwolle benötigte viele andere Faktoren, um zur Hose oder zum Rock zu werden, neben Sonne, Erde, Wasser und Luft auch Arbeiter, Maschinen etc. Die Hose oder der Rock ist also zusammengesetzt aus vielen Faktoren, doch keiner dieser Faktoren ist hosen- oder rocktypisch. Hosen sind im Sinne der buddhistischen Leerheit nicht leer an Inhalt, sondern leer im Sinne von hosentypischen Eigenschaften. Alles ist daher leer an eigenen isolierten Eigenschaften. Alles ist zusammengesetzt aus Faktoren, die wir auch überall sonst um uns herum wiederfinden. Auf diese Weise ist alles miteinander vernetzt.

Mitgefühl als die bewusste Anteilnahme an anderen Wesen ist daher die Realisierung dieses zugrunde liegenden Weltverständnisses von Verbundenheit und wechselseitiger Abhängigkeit. Wenn wir uns zum Beispiel einer Person gegenüber mitfühlend verhalten, so wirkt sich das auch auf alle anderen Wesen heilsam aus, unter anderem auch auf uns selbst. Wir sind also mitfühlend, weil wir alle miteinander vernetzt sind und jede heilsame Handlung unzählige und unabsehbare heilsame Reaktionen zur Folge haben wird.

Allerdings differenzieren wir zwischen Mitgefühl und Mitleid ebenso klar wie zwischen Mitgefühl, Hingabe und Selbstaufopferung. Buddhisten sprechen hier vom „scharfen Schwert des Mitgefühls". Ja, wir sind untrennbar mit allen Wesen verbunden und praktizieren einen friedfertigen und gewaltfreien Umgang; wir befreien uns von unheilsamen Geisteszuständen, wie Wut, Trauer und Angst, und kultivieren heilsame Geisteszustände, wie Liebe, Freude, Mitgefühl und Gleichmut. Dennoch formulieren wir ein klares Nein, bildlich als „scharfes Schwert" ausgedrückt, gegenüber allen Formen des Unrechts.

Mitgefühl zählt im Buddhismus als eine von zwei Erleuchtungsqualitäten. Die zweite Qualität neben dem Mitgefühl ist die Weisheit.

Mitgefühl ohne Weisheit kann uns verwirren. Weisheit ohne Mitgefühl erscheint kalt.

Georg (45 Jahre) arbeitet als Streetworker, um Jugendlichen dabei zu helfen, sich beruflich zu integrieren. Georg ist recht feinfühlig und sensibel; es fällt ihm oft schwer, die Missstände, in denen Jugendliche leben müssen, zu akzeptieren. Das Konzept des Mitgefühls hilft ihm, sein Mitleid einzugrenzen und für sich selbst einen praktikableren Abstand zu finden.

Auch in seiner Ehe findet Georg eine neue Zugangsweise und Vision von Verbundenheit. Er kann seiner Frau nun stimmiger und mit mehr Freude Mitgefühl zeigen, ohne jedes Mal unter seinem Mitleid zu leiden.

Der 14. Dalai Lama berichtet folgenden Sachverhalt: „Ein Mönch meines Klosters wurde jahrelang gefoltert, damit er seinen Glauben aufgäbe. Als es ihm gelungen war, nach Indien zu fliehen, fragte ich ihn, ob er Angst gehabt hätte. Er antwortete mir sehr glaubwürdig, dass er gefürchtet hatte, seinen Peinigern gegenüber kein Mitgefühl mehr empfinden zu können."

Wenn wir uns mit unserem Partner streiten, wo ist dann unser Mitgefühl? Sorgen wir uns um unser Mitgefühl, wenn wir uns streiten? Vergessen wir nicht, unser Mitgefühl, also das Bewusstsein unserer untrennbaren Verbundenheit, zu kultivieren, zu pflegen und zu stabilisieren. Sonst droht es schnell wieder zu verkümmern.

Wenn ein Konzept wie das Mitgefühl über einen so langen Zeitraum hin, wie der Buddhismus existiert, bestehen bleiben konnte und Generationen von Menschen diesem Verständnis gefolgt sind, dann könnte es sich womöglich doch lohnen, dieses Verständnis einmal genauer zu ergründen und umzusetzen. Vielleicht können ja auch wir positive Erfahrungen damit sammeln. Dabei dürfte hoffentlich auch deutlich geworden sein, dass wir durch Mitgefühl nicht in mit-leidender Passivität verharren, sondern durchaus aktiv und klar für Rechte und gegen Missstände eintreten. Der Appell, heilsam zu *handeln,* ist ein zentrales Anliegen des Buddhismus.

Tugend als aktives Engagement

Von der gängigen Definition, was unter Tugend zu verstehen ist, unterscheidet sich das buddhistische Verständnis von Tugend dadurch, dass es hier nicht ausreicht, etwas Unheilsames zu unterlassen. Viele Menschen verbinden mit einem tugendhaften Menschen nämlich die Vorstellung, dass jemand zum Beispiel nicht gewalttätig ist, nicht lügt, nicht stiehlt etc., also etwas Ungutes unterlässt. Ein Mensch, der nach buddhistischen Vorstellungen ein tugendhaftes Leben führt, sollte nicht nur nicht gewalttätig sein, sondern sich auch *aktiv* für den Frieden in den verschiedenen Lebensbereichen engagieren. Er sollte nicht nur nicht lügen, sondern aktiv eine respektvolle und wertschätzende Kommunikation praktizieren und sich auch dafür einsetzen.

Mit diesem Tugendbegriff wird hier also ein genereller Appell formuliert, sich *aktiv* für die eigenen und die Belange anderer zu engagieren. Daraus folgt unter anderem, dass wir uns auch *aktiv* für unsere Beziehung engagieren und um unseren Partner bemühen. Wir *haben* keine Beziehung, wir *leben* eine Beziehung. Wir denken und fühlen nicht nur liebevoll, sondern *verhalten* uns dementsprechend. Liebe ist nicht nur eine Emotion, sondern auch eine Beschreibung unseres aktiven Handelns. Wenn wir von Liebe zwar sprechen, doch in unseren Handlungen davon nur wenig zeigen können, ist das meist ein Indiz dafür, dass wir entweder einer Verblendung oder einer Anhaftung folgen oder im Widerstand gefangen sind.

Wenn sich aus unseren Bemühungen um Liebe unheilsame Folgen ergeben, müssen wir sehr selbstkritisch prüfen, ob wir möglicherweise einige unliebsame, aber wichtige Aspekte übersehen haben.

Der Weg zur Hölle ist mit guten Vorsätzen gepflastert

Manche Katastrophe beginnt mit einem guten Vorsatz und unsere Bemühungen um eine Verbesserung enden nicht selten im Streit. Oftmals ist es nicht nur schwierig herauszufinden, was denn eigentlich das Richtige wäre, sondern es sind uns auch unsere zugrunde liegenden Motivationen nicht ganz schlüssig. Vordergründig wollen wir manchmal Frieden stiften und merken dabei nicht, wie unklug wir vorgehen und vielleicht doppelte Botschaften aussenden; oder wie sehr wir es vielleicht mehr oder weniger bewusst fast genießen, in der Rolle des oder der „Guten“ zu sein oder Einfluss nehmen zu können.

Wenn wir selbstkritisch nach unseren eigenen Motiven forschen, die uns zu Handlungen anleiten, sollten wir sehr klar auf die Auswirkungen achten. Ergeben sich im Verlauf und als Folge unserer Handlungen zunehmend mehr Konflikte, so liegt die Vermutung nahe, dass wir einige unheilsame Aspekte und möglicherweise eigene Probleme ignoriert haben.

Der buddhistische Tugendbegriff ist ein Appell, uns nicht nur geistig weiterzuentwickeln und auch nicht nur eigene und fremde unheilsame Handlungen zu lindern, sondern uns aktiv zu engagieren. Nur durch heilsame Taten ist Verwirklichung möglich.

Sophia (39 Jahre) schildert, dass sie ihren Partner sehr liebe, oft aber, wenn sie etwas mehr Zeit miteinander verbringen wie beispielsweise am Wochenende, werde sie sehr angespannt und es ende nicht selten im Streit.

Sophia erfährt durch ihre regelmäßige Meditationspraxis das Ausmaß ihrer körperlichen Anspannungen. Sie lernt, sich eigenständig schnell entspannen zu können. Der Tugendbegriff gibt Sophia einen Impuls, sich bewusster in ihrer Beziehung zu verhalten, weniger körperliche Spannungen aufzubauen und diese nicht mehr in der Beziehung einfach abzureagieren. Die bewusstere Haltung und die Achtsamkeit auf eine aktive liebevolle Umgangsweise haben bei Sophia und ihrem Partner zu einer sehr heilsamen Wendung geführt.

Es ist sehr wichtig zu verstehen, dass wir dazu in der Lage sind, alles zu verändern, egal wie die Voraussetzungen aussehen.

Wenn die Bedingungen aber nicht so einfach sind? Wenn die Kommunikation mit dem Partner schwer geworden ist, wenn viele widrige Faktoren eine heilsame aktive Umgangsweise verhindern? Können wir wirklich in jedem Fall auch Grundlegendes verändern?

In diesem Zusammenhang sollten wir uns einmal zwei Bereiche etwas genauer anschauen, die eine Ursache für unser Leiden sein und gleichzeitig auch einen Einfluss auf unsere Chancen für eine Veränderung haben können: unser Karma und unser Schicksal.

Das Gesetz des Karma

Eigentlich meint der Sanskrit-Begriff *Karma* lediglich das tief in uns verwurzelte Verständnis von Ursache und Wirkung. Alles, was geschieht, hat eine Vorgeschichte und damit eine Ursache. Wir können uns keine Wirkung vorstellen, die nicht irgendeine Ursache hätte. Wenn etwas passiert, fragen wir früher oder später, zumal wenn es etwas Bedeutsames ist, wie es dazu kommen konnte, also welche Ursache es hat. Wenn auf dem Tisch neben uns ein Glas umfällt, fragen wir uns, wie das passieren konnte, denn wir können uns wohl kaum vorstellen, dass dieses Glas ohne Ursache umkippen konnte.

Des Weiteren müssen wir verstehen, dass wir in einem hochkomplexen und untrennbar vernetzten Wirkungsgefüge existieren, in dem jede Handlung wiederum eine Ursache für darauffolgende Situationen sein kann, die wiederum Ursachen für andere Wirkungen werden und so fort. Die sich daraus ergebenden Dominoeffekte lassen sich von uns kaum überblicken.

In den modernen Wissenschaften werden solche Zusammenhänge heute als systemisches Modell bezeichnet. Die Systemtheorie hat sich tatsächlich seit einigen Jahrzehnten durchgesetzt und ist heute als Standard in der Wissenschaft allgemein akzeptiert. Die westliche Wissenschaft ist damit jetzt bei einem ähnlichen Weltverständnis angelangt wie der Buddhismus bereits vor 2500 Jahren. Beide sind systemisch. Das bedeutet, dass sich das Verständnis für unsere Welt sehr vertiefen konnte. Wir haben erkennen können, dass einfache Ursache-Wirkungs-Mechanismen als Erklärung für viele Phänomene nicht ausreichen.

Sicherlich sind wir von sehr einfachen Erfahrungen geprägt: Wir schlagen uns aus Versehen mit dem Hammer auf den Daumen und spüren augenblicklich die schmerzhafte Wirkung. Das ist ein recht einfacher Ursache-Wirkungs-Mechanismus. Wenn wir uns aber komplexere Abläufe anschauen, reichen diese simplen Ursache-Wirkungs-Mechanismen als Erklärung nicht mehr aus. Wahrscheinlich sind die

Ursachen für unser aktuelles „Unglück" doch ein wenig komplizierter. Die Überlegungen zur Suche nach Ursachen werden also deutlich umfangreicher und komplexer, manchmal vielleicht auch etwas unübersichtlicher.

In früheren Zeiten waren vor-wissenschaftliche und gesellschaftliche Modelle da noch einfacher und klarer. Beispielsweise herrschte lange Zeit die – sehr vereinfacht ausgedrückte – Idee vor: Alles ist Gottes Werk. Liegt die Ursache dafür, dass unsere wissenschaftlichen und gesellschaftlichen Vorstellungen so vielschichtig geworden sind, etwa an Gott? Oder den Göttern? Der Natur? Der Gesellschaft? Der Familie? Der Schule? Der Erziehung? Den Peergroups? Der Kindheit? Der Genetik? Der Ernährung und Bewegung? Der Blutgruppe? Dem Sternzeichen? Oder vielleicht am Zufall?

Diese Vielfalt, die sich auf der großen Ebene registrieren lässt, erleben wir vielleicht für uns auch im Kleinen: Wir können uns manchmal fast verlieren, wenn wir uns auf die Suche nach den Ursachen für unsere Probleme einlassen. Wenn wir diesen Vorgang auch noch wertend als Frage oder Suche nach Schuldigen fortsetzen, erleben wir die bekannten Probleme in unserem Leidenskreislauf.

Einer der zentralen Gründe, warum etwa buddhistische Lehrer den Begriff Karma verwenden, ist die Trost spendende Wirkung der Karma-Philosophie. Er soll vermitteln, dass 1. unser Leiden nicht sinnlos und chaotisch entsteht, sondern eingebettet ist in einen komplexen logischen Prozess und dass 2. wir darauf Einfluss nehmen können. Was passiert, ist nachvollziehbar und wir können es verändern. Was viele Menschen dagegen mit dem Karma-Begriff assoziieren, ist fälschlicherweise eher eine Schicksalsthematik. Ich leide, weil ich ein schlechtes Karma haben soll?

Ja und nein. Ja, sicherlich bestimmen vorhergehende Ursachen meine aktuelle Situation. Nein, ich leide, weil ich aufgrund von Unwissenheit, Anhaftung und Widerstand nicht in der Lage war, meine karmischen und damit ursächlichen Vorbedingungen günstig für mich einzusetzen.

Trotz karmischer Vorbedingungen bleibt uns stets die Möglichkeit, darauf Einfluss zu nehmen. Das Karma gibt vielleicht die Bedingungen vor, doch was wir daraus machen, liegt bei uns selbst.

Unsere karmischen Vorbedingungen

Um diesen Sachverhalt vielleicht ein wenig anschaulicher zu machen, können wir bei Jack Kornfield folgende Kurzgeschichte finden:

Stellen wir uns zwei ältere Frauen vor, die beide einen Kuchen backen wollen. Die eine lebt ländlich, hat eine alte Küche mit einem Ofen, den sie selbst befeuern muss. Die Zutaten sind nicht mehr ganz so sauber, sie sucht sie sich teilweise im Stall zusammen. Die andere Frau besitzt eine funkelnde Hightech-Küche und hat ausgesuchte blitzsaubere Bioprodukte zur Verfügung. Die eine Frau hat also nicht so günstige karmische Voraussetzungen wie die andere. Welche der beiden Frauen wird wohl den köstlicheren Kuchen backen?

Wir wissen es nicht, weil die karmischen Vorbedingungen das Endergebnis *nicht* schon im Voraus festlegen. Das heißt, wir haben selbst die Möglichkeit, Einfluss darauf zu nehmen. Das Beispiel der beiden Frauen zeigt uns also, dass wir unser Leben trotz guter und schlechter Voraussetzungen – oder anders ausgedrückt: trotz gutem oder schlechtem Karma – beeinflussen können. Manchmal ist es eben nur ein wenig schwieriger.

Die beiden Frauen aus dem obigen Beispiel zeigen uns also, dass wir selbst dann, wenn wir eine schwierige Beziehung führen und wir und unser Partner vielleicht schon viele schmerzliche Erfahrungen miteinander gesammelt haben, wenn also die Zutaten für unseren Kuchen nicht gerade optimal sind, immer noch eine sehr gute Erfolgschance haben. Aber es reicht eben nicht aus, davon zu wissen und darüber zu reden. Hier wird wieder deutlich, wie wichtig eine *aktive* Herangehensweise ist.

Aus diesen Fakten resultieren für uns und unser konkretes Handeln noch weitere Konsequenzen: Mit unserem Handeln, egal wie energisch es auch sein mag, werden wir niemals einen endgültigen Schlusspunkt setzen können. Jede Handlung zieht weitere Konsequenzen im Außen wie im Innen nach sich. Die Qualität unserer Handlung entscheidet über die Folgen. Daraus können wir logisch ableiten, was beispielsweise geschieht, wenn wir gewaltsam Lösungen erzwingen wollen.

Karma und Reinkarnation

Viele, wenn auch nicht alle Buddhisten gehen davon aus, dass wir unsere karmischen Vorbedingungen in unseren Vorleben ansammeln. Ob wir an Reinkarnation glauben oder nicht, ist jedoch eigentlich nicht der springende Punkt. Wenn wir an ein nächstes Leben glauben, bemühen wir uns *heute, im Hier und Jetzt* darum, künftig ein besseres Leben zu haben. Wenn wir *nicht* an ein vorausgegangenes und an ein nächstes Leben glauben, bemühen wir uns ebenfalls *heute, im Hier und Jetzt* darum, ein besseres Leben zu haben. Es geht also immer nur um das *Hier und Jetzt*!

Manche Paare glauben sich aus Vorleben zu kennen und sich entweder aufgrund positiver intensiver Verbindungen oder wegen unheilvoller Verstrickungen in diesem Leben wieder begegnet zu sein. Nun haben wir eben erfahren, dass wir manchmal vielleicht gute Voraussetzungen und manchmal negativere Bedingungen vorfinden. Das Endprodukt wird jedoch durch *unser Handeln im Hier und Jetzt* bestimmt. Allerdings können wir die Chancen für ein gutes Ergebnis deutlich erhöhen, wenn wir unsere Muster in Form von Unwissenheit, Anhaftung und Widerstand erkennen und heilsam transformieren.

Ralph ist 25 Jahre jung. Er kann sich nur schwer entscheiden, ob er die buddhistischen Übungen wirklich regelmäßig durchführen will. Im Kontakt zeigt sich Ralph locker, aber zum Teil auch ein wenig unkonzentriert oder desinteressiert. Irgendwann formuliert er seine Gefühle deutlicher: „Eigentlich ist sowieso alles egal, unser Karma steht fest. Wir müssen uns damit abfinden, aufhören zu kämpfen und loslassen." Ralph hat sich seine Lethargie also bequem philosophisch untermauert. Es braucht einige Zeit, bis Ralph erkennt, dass er zwar ein perfekter Mensch ist, aber dringend etwas tun muss. Es ist ihm anfangs zwar etwas unbequem, doch die Einsicht in seine Handlungsspielräume wirkt sich auch belebend auf ihn aus.

Wie wichtig eine achtsame Umgangsform und Handlungsweise ist, erkennen wir, wenn wir uns mit unserem eigenen Tun vor dem Hintergrund unseres gesamten Lebens beschäftigen. Hier bringen wir nun unsere kleinen alltäglichen Handlungen mit unseren größeren Schicksalswegen in Zusammenhang.

Die Macht des Schicksals

Wenn wir lange und oft vielleicht mit nur wenig Erfolg versuchen, unsere Beziehung zu verbessern, indem wir uns beispielsweise darum bemühen, Streit nach Möglichkeit zu vermeiden und Missstimmungen zu lindern, beginnt nicht selten das Hadern mit dem Schicksal. Wir erleben uns wie in einem Karussell gefangen, das uns stetig Wiederholungen durchleben lässt. Können wir da wirklich grundlegende Veränderungen herbeiführen? Einem alten Hund bringt man doch bekanntlich keine neuen Kunststücke bei und einen alten Baum verpflanzt man nicht. Was Hänschen nicht gelernt hat, lernt Hans doch nimmermehr. Oder nicht? Und wenn wir uns selbst schon so schwertun mit Veränderungen und neuen Wegen, um wie viel geringer sind wohl die Chancen, dass sich unser Partner nach unseren Wünschen und Bedürfnissen verändert?

Darauf gibt es aus unterschiedlichen Bereichen der Wissenschaften sehr interessante neue Ergebnisse. Zum Beispiel zeigen uns die Neurowissenschaften, dass wir uns jederzeit – auch auf der körperlichen Ebene unseres Gehirns messbar – verändern können. Nähere Ausführungen dazu finden sich in dem Buch *Buddhistische Psychotherapie.*

Wir wollen uns eine Handlungskette nach buddhistischem Verständnis hier einmal anschauen, die verdeutlicht, wie wir jederzeit für uns selbst grundlegende Bereiche unseres Lebens, ja sogar unser Schicksal ändern können.

Absichten → Taten → Gewohnheiten → Charakter → Schicksal

Aus dieser vereinfachten Darstellung können wir viel Klarheit und auch Hoffnung schöpfen. Allerdings verdeutlicht sie auch sehr konkrete Gefahren. Wenn wir handeln, sind unsere Motivation und unsere Absicht von grundlegender Bedeutung. Sie entscheiden über die Auswirkungen unserer Taten. Bevor wir handeln, lohnt sich also ein kurzes Verweilen, das „Heilige Innehalten“, um unsere Absichten nochmals mit mehr Ruhe und Klarheit zu prüfen. Wenn wir daher sehen, wie jemand einen anderen schlägt, ist es wichtig festzustellen, ob der Handelnde dem Betroffenen helfen will, indem er ihm beispielsweise einen freundlichen Klaps gibt oder ein Insekt vertreibt, oder ob er ihn verletzen möchte. Die Motive entscheiden also über den weiteren Verlauf und die Auswirkungen.

Dann folgt ebenfalls ein sehr wesentlicher Prozess: Die Handlungen, die wir oft *wiederholen,* führen zu unseren Gewohnheiten. Unsere Gewohnheiten bilden das Fundament für unseren Charakter, der einen großen Einfluss darauf hat, wie wir unser Schicksal mitbestimmen.

Welche Handlungen wiederholen wir am häufigsten im Laufe des Tages und der Woche? Was schleift sich dabei ein? Reagieren wir oft ärgerlich, werden wir unseren ärgerlichen Charakter verstärken. Reagieren wir oft launisch, werden wir unseren launischen Charakter verstärken. Reagieren wir oft ängstlich, werden wir unseren ängstlichen Charakter verstärken. Reagieren wir oft traurig, können wir unseren traurigen Charakter verstärken. Die Beziehungsrituale, die Handlungen, die wir in Partnerschaften oft wiederholen, schleifen sich ebenfalls tief in uns ein. Wir müssen deshalb sehr achtsam mit unseren Wiederholungen umgehen.

Die oben dargestellte Abfolge von den Absichten bis zum Schicksal müsste eigentlich noch um einen weiteren Punkt ergänzt werden:

Absichten → Taten → Gewohnheiten → Charakter → Schicksal → Tod

---

Am Ende wartet der Tod. Darauf steuert unser Leben unausweichlich hin. Das dürfen wir nie ausblenden. Wird der Tod wirklich angenommen, kann er uns oft wichtige Lektionen vermitteln: Ist das aktuelle Problem tatsächlich so tief gehend? Wir sterben bald, wie wichtig ist der Streit denn jetzt wirklich?

Unsere Lebenszeit ist begrenzt. Die einzelnen Lebensmomente sind daher kostbar und unwiederbringlich. Wie viele Sommer, Herbst, Winter und wie oft wird es für uns noch Frühling geben? Allein die Erkenntnis dieser Tatsache kann eine tiefe Transformation in uns bewirken, wenn wir sie nur genügend verinnerlichen und dann auch umzusetzen vermögen.

Nicole (52 Jahre) berichtet, dass sich in ihrer Ehe viele Handlungen eingeschliffen hätten und entweder zur langweiligen Routine oder zu sich ständig wiederholenden Abläufen geworden sind. Nicole erzählt ein Beispiel: Immer wenn ihr Mann heimkomme, stelle sie ihm viele Fragen zu seinem Tag. Sie drängt ihn, der oft sehr wortkarg sei, möglichst ausführlich über sein Befinden und seine täglichen Erlebnisse zu berichten. Ihr Mann erlebe das oft als ein Verhör. Nicht selten ergeben sich daraus kleinere und manchmal auch größere Streitereien.

Als Nicole den Ablaufprozess von den Absichten zum Schicksal kennenlernte und sich damit intensiv auseinandersetzte, konzentrierte sie sich auf jeden einzelnen Punkt. Als sie spürte, dass ihre Wiederholungen sich zu Charaktereigenschaften festigen könnten und so ihr Schicksal beeinflussten, bekam sie Angst. Nicole wollte keinen „bohrenden" Charakter festigen. Sie wollte unbedingt eine positive Änderung für sich und ihre Ehe erreichen. Irgendwann berichtet sie, dass sie, bevor sie reagiere, sich manchmal Zeit nehme, um ihre Absichten zu erforschen. Wenn jetzt zum Beispiel ihr Mann heimkomme, sei ihre *Absicht* nicht, möglichst viel von ihm zu erfahren, sondern es sei ihr wichtig, Kontakt zu ihm herzustellen. Jetzt nehmen sich beide zur Begrüßung in den Arm und verweilen so einen Augenblick, bis sich beide wohlfühlen.

Durch die Erste Edle Wahrheit haben wir erfahren, dass Probleme und Schwierigkeiten ein *normaler* Aspekt unseres Lebens sind. Das hat nichts mit uns persönlich oder mit unseren individuellen Schwächen und Hintergründen zu tun, sondern ist vielmehr ein Bestandteil der Realität. Alle Menschen, alle fühlenden Wesen sind davon betroffen. Leiden, vor allem immer wieder auftretendes Leiden ist also allgegenwärtig und normal. Auch Beziehungsstreitigkeiten sind universell, wir alle haben immer wieder Auseinandersetzungen und leiden.

Wenn sich jetzt beim Lesen Widerstände regen, können wir unseren Idealismus, unsere Anhaftungen und Verblendungen wahrnehmen. Eine gute Chance.

Die Arbeitsgrundlagen

Mit diesem Kapitel wollten wir uns ein wenig auf Spurensuche begeben: Woran kann es liegen, dass wir immer wieder leiden?

Durch die Zweite Edle Wahrheit haben wir in differenzierterer Form etwas über die *Ursachen* unseres Leidens erfahren. Unsere menschlichen Eigenschaften der Unwissenheit, der Anhaftung und des Widerstandes erzeugen vermeidbares Leiden in Form von Angst, Wut oder Trauer und verstärken das unvermeidbare Leiden, wie zum Beispiel Krankheit, Altwerden und Tod. Alle diese Faktoren trüben unseren Geist. Wir leiden und Leiden verstärkt nochmals die Tendenz zur Unbewusstheit und damit wieder das Leiden. Unser getrübter Geist ist also die Wurzel des Leidens.

Wenn wir mit unserer Meditationspraxis beginnen, merken wir oft, wie gestört und verwirrt unser Geist ist. Wenn wir in uns hineinschauen, erleben wir nicht selten ein heilloses Gemisch aus Emotionen, Körperempfindungen und einen nicht enden wollenden Strom an unsinnigsten Gedanken. Unser zügelloser, ungeschulter Verstand verhält sich wie ein gelangweiltes Kind und fordert ständig unsere Aufmerksamkeit, will immerfort beschäftigt werden. Wenn wir uns ehrlich und schonungslos mit dieser Problematik auseinandersetzen, erkennen wir das Ausmaß von unserer aller Geisteskrankheit. Die hier vorgestellten Ursachen dafür sind zwar recht unterschiedlich, weisen aber dennoch viele Gemeinsamkeiten auf und, wie wir erfahren haben, auch gemeinsame Quellen.

In diesem Kapitel wurden ebenso einige der grundlegenden buddhistischen Begriffe vorgestellt: Mitgefühl, Karma, Anhaftung, Widerstand, Unwissenheit, der Mittlere Weg, Tugend. Ein weiterer sehr zentraler Begriff fehlt noch: Leerheit. Dieser Begriff taucht aufgrund seiner Bedeutung öfter auf. Er wird ausführlicher in Kapitel 8 beschrieben, soll hier jedoch schon einmal kurz vorgestellt werden: Mit Leerheit ist im Buddhismus gemeint, dass wir und alle Objekte unserer Umwelt leer sind in Bezug auf Eigenschaften, über die womöglich nur sie einzigartig verfügen. Wir alle sind zusammengesetzt aus einzelnen Bausteinen, zum Beispiel aus Molekülen und Atomen, die auch sonst überall vorkommen. Zur Entstehung aller Dinge bedurfte es vieler Faktoren, die wiederum abhängig sind von allen anderen Faktoren. Leerheit meint also gegenseitige Verbundenheit und Abhängigkeit. Andere synonyme Begriffe für Leerheit sind Interdependenz oder – ein Begriff, den Thich Nhat Hanh häufig in diesem Zusammenhang gebraucht – Intersein.

Das Tiefe Schauen – Alles ist eins

Zu den buddhistischen Grundbegriffen gehören Mitgefühl, Leerheit, Interdependenz, Karma, Diskontinuität und vielleicht auch noch Tugend.

Wenn wir die jeweiligen Begriffe tief ergründen, stellen wir eine fundamentale Gemeinsamkeit fest. Alles basiert auf einem klaren und in sich stimmigen Natur- und Weltverständnis: Mitgefühl sagt uns, dass wir alle zutiefst miteinander verbunden sind. *Leerheit* zeigt uns, dass alles aus vielen verschiedenen Faktoren zusammengefügt wurde, die wiederum untrennbar miteinander verknüpft sind. Interdependenz meint die wechselseitige Abhängigkeit. Karma bedeutet eine systemische Abhängigkeit, eine Vernetzung aus ursächlichen Faktoren und deren Wirkungen. Diskontinuität beschreibt den steten Wechsel aller Dinge, die miteinander verbunden sind. Es gibt keine Kontinuität, keine absolute Stabilität, alles ist aufgrund unüberschaubarer Wechselwirkungen in einem kontinuierlichen Fluss des Wandels. Das buddhistische Verständnis von Tugend vermittelt uns, dass wir aktiv Handelnde sein sollen beziehungsweise sind. Jede unserer Handlungen ist, zum Teil auf für uns unüberschaubare Weise, wirkungsvoll und hat diverse Auswirkungen, die wiederum für andere Menschen und Objekte eine Ursache für weitere Veränderungen darstellen.

Alle Begriffe besitzen also die gemeinsame Wurzel unserer tiefen untrennbaren Verbundenheit. Hier wird wieder einmal in faszinierender Weise die holistische Qualität des Buddhismus deutlich: Wir können beliebige Fragmente herausgreifen, uns darin vertiefen und stets im Kleinen das Große vorfinden. Alles verweist auf die gemeinsame Quelle, die tiefe Erkenntnis unserer untrennbaren Verbundenheit.

Es ist sehr lohnenswert, die einzelnen Begriffe tief zu ergründen, sich Zeit zu lassen, um alle Aspekte umfassend zu erhellen. Nehmen wir uns Zeit für unser Verständnis. Beschäftigen wir uns intensiv mit unserer Verbundenheit. Wir erhalten eine recht gute Chance auf einen spürbaren heilsamen Entwicklungsschritt, wenn wir die hier vorgestellten Begriffe verstehen und erkennen, durch unsere Übungspraxis verinnerlichen und dann verwirklichen. Wenn wir in der Lage dazu sind, diese Aspekte in unserem Leben zu erkennen, zu sichern und zu kultivieren, können wir auf diesem Fundament auch unsere Liebesbeziehung aufbauen.

Die Aussichten auf Veränderung

Allerdings besteht die Möglichkeit und damit vielleicht auch das Risiko, dass sich durch unsere Weiterentwicklung auch die Beziehung zu unserem Partner verändert. Wenn wir eine achtsame und respektvolle Haltung kultivieren können, hat das erfahrungsgemäß eine hohe verführerische Wirkung. Der Partner spürt, dass da etwas sehr Bemerkenswertes passiert. Es entsteht mehr Glück, Freude, Gelassenheit und vielleicht der Wunsch, es uns nachzutun.

Das Wesen der Natur und damit auch unserer Natur ist Veränderung. Wir müssen als Paar oft sehr große Veränderungen kompensieren. Wir müssen uns darauf einstellen, dass unsere Anpassungsfähigkeit stetig gefordert ist. Dieser unaufhörliche Wandel, den wir allerdings oft als Störung empfinden, ist von seinem Wesen her aber keinesfalls eine Störung, ein Ärgernis oder Problem, sondern der normale Lauf der Dinge. Wenn wir glauben, dass wir ein Anrecht auf genau den Partner haben, den wir vor Jahren kennenlernten, dann sind wir verblendet und erleben eine Ent-Täuschung. Unsere Reaktionen auf diesen natürlichen Veränderungsprozess können wir allerdings durch unsere regelmäßigen Praxisübungen deutlich beeinflussen.

Damit verlangen wir unserem Partner aber eine noch höhere Anpassungsleistung ab. Das sollten wir mit einbeziehen und auch entsprechend würdigen. Sicherlich wäre eine gemeinsame Weiterentwicklung ideal, doch ist dieser Wunsch wohl oft nicht realistisch.

Wir haben hier recht unterschiedliche Hintergründe kennengelernt, die einen Einfluss auf gewünschte Veränderungen haben bzw. diese verhindern oder verzögern. In diesem Rahmen konnten die wesentlichen buddhistischen Erkenntnisse dargestellt werden. Das buddhistische Wissen darüber ist natürlich erheblich differenzierter und umfangreicher. Die buddhistischen Darstellungen etwa der „Zehn Fesseln“ oder der „Zwölf Glieder des Abhängigen Entstehens“ verdeutlichen dies. Es sei dafür auf das Buch *Buddhistische Psychotherapie* verwiesen.

Nun werden wir uns der Dritten der Vier Edlen Wahrheiten zuwenden. Diese Dritte Edle Wahrheit ist wahrscheinlich die erfreulichste, denn sie beschreibt uns, wie wir unser Leiden lindern und auch ganz auflösen können.

5
Was wir gegen unser Leiden tun können

Es geht nicht darum, was auch immer zu ändern, sondern an nichts festzuhalten und die Augen sowie das Herz zu öffnen.

– Jack Kornfield –

Das Leben des Paares darf nicht die Angelegenheit von einem der beiden sein.

– Dalai Lama XIV –

Die Frage, was wir gegen unser Leiden tun können, ist wohl sehr naheliegend. Wahrscheinlich haben wir schon so manche ruhelose Stunde damit verbracht, darüber nachzugrübeln, wie wir unsere Situation ändern und verbessern können. Was können und was sollen wir tun?

Wir können uns lange mit solchen Fragen aufhalten und uns das Hirn zermartern. Nicht selten drehen wir uns dabei im Kreis. Wenn wir uns auf uns selbst verlassen müssen, sind wir oft irritiert, vielleicht unsicher oder sogar hilflos. Ohne geistige Ruhe und Klarheit sind hier nicht selten Verwicklungen vorprogrammiert. Vielleicht nehmen wir uns Veränderungen vor, wollen das nächste Mal unbedingt anders reagieren … und tappen dann doch wieder in die gleichen Fallen und erleben unheilsame Wiederholungen.

Durch die Erste Edle Wahrheit haben wir erfahren, dass Leiden neben einem *individuellen* auch einen *universellen* Charakter besitzt, sodass nicht nur wir, sondern alle Menschen immer wieder davon betroffen sind. Es ist ganz normal. Es ist nicht persönlich. Es ist universell. Dramatisieren wir es also nicht und vor allem, machen wir es nicht noch schlimmer, als es schon ist.

Durch die Zweite Edle Wahrheit haben wir etwas über die Ursachen erfahren, die immer wieder zum Leiden führen. Hier müssen wir uns sehr individuell über unsere eigenen Neigungen zur Unwissenheit, zur Anhaftung und zum Widerstand bewusst werden.

Jetzt wenden wir uns der Dritten Edlen Wahrheit zu. Diese vermittelt in besonderem Maße Hoffnung, da sie uns aufzeigt, *dass* wir und *wie* wir unser Leiden beenden können.

Die Dritte Edle Wahrheit

Die Dritte Edle Wahrheit ist die Wahrheit der Befreiung vom Leiden: Wir können unser Leiden beenden. Speziell diese Aussage mag wohl erklären, dass wir auf sämtlichen Buddha-Statuen ein Lächeln erkennen können.

Das von Buddhisten angestrebte Ziel geht über die Linderung und Auflösung von Leiden weit hinaus. Wir praktizieren, um die Dimension zwischen den Polen von Frust bis Lust ganz zu verlassen. Wie bereits erwähnt, stellen uns die buddhistischen Lehren vor eine Wahl. Wir können immer weiter zwischen Lust und Frust, zwischen Freude und Schmerz hin und her eilen, stets nach Positivem streben und Negatives zu vermeiden suchen, stets auf der Suche nach der nächsten Lust, doch dabei immer mit der Erfahrung des Verlustes, denn keine Lust währt ewig.

Ist es möglich, sich wirklich vom Streben nach Lust zu befreien? Hier müssen wir achtsam für uns ergründen, welchen Stellenwert die Lust für uns besitzt und welche Kosten wir dafür tatsächlich aufwenden wollen. Was opfern wir für dieses Streben nach Lust? Wie viel Lebensenergie, wie viel Seelenruhe, wie viele persönliche Leidenserfahrungen geben wir für unser Streben nach Lust? Wie viel Geld, wie viel Arbeit? Wie viele Menschen verletzen, missachten oder missbrauchen wir sogar für unser Streben nach Lust?

Wie könnte eine Abkehr davon aussehen? Eine reine Kopfentscheidung ist hier unsinnig, da viele von uns die konkreten Alternativen nicht wirklich kennen. Der buddhistische Übungsweg führt uns nach und nach zu Erfahrungen, die jenseits von Lust und Frust angesiedelt sind. Wenn wir Qualitäten in uns erfahren, die wir als Freude, Leichtigkeit, Gelassenheit und sogar als Glück erleben, haben wir vielleicht eine bessere Ausgangsposition, um uns für oder gegen einen bestimmten Weg zu entscheiden. Wir sollten allerdings bedenken, dass wir nicht unser Leiden beenden und gleichzeitig weiterhin nach Lust streben können.

Natürlich erscheint es naheliegend, dass wir uns im Rahmen der Überlegungen, wie wir unser Leiden auflösen können, auch nochmals vergegenwärtigen, welche Ursachen dafür relevant sind. Es ist hilfreich, wenn wir die *individuellen* Zusammenhänge unseres Leidens, also unsere persönliche Geschichte, möglichst klar verstehen und diese dann abgleichen mit den *universellen* Ursachen des Leidens: Unwissenheit, Anhaftung und Widerstand.

Ein Beispiel: Unsere Eifersucht

Ein Grund für unser *individuelles* Leiden an und in der Liebe könnte zum Beispiel unsere Eifersucht und Unsicherheit sein. Hier könnten wir versuchen, den speziellen Hintergründen auf die Spur zu kommen: Welche eigenen individuellen Vorerfahrungen bestehen? Überwiegen die negativen? Wie oft haben wir das in unserer Vergangenheit schon erfahren? Wann tritt die Eifersucht auf? Welche Folgen haben die gegenwärtigen Zweifel, das Misstrauen und die Eifersucht?

Wir werden hier vielleicht tief in die *eigene* Geschichte eintauchen und womöglich verstehen lernen, wie realistisch unsere Emotionen sind und wie sie entstehen konnten. Dabei ist eine vorsichtige Dosierung wichtig, denn alles was wir wiederholen, wird sich festigen.

Der nächste Schritt, der Abgleich mit den *universellen* Ursachen, bedeutet, dass wir unsere *eigene* Geschichte einmal in die zweite Reihe stellen und auf unsere *universellen* menschlichen Eigenschaften schauen, die bislang möglicherweise unbemerkt im Hintergrund wirksam sein konnten. Eine typisch buddhistische Haltung und das dazu passende Motto lautet: „Nimm nicht alles so persönlich." Alles entsteht und entwickelt sich in einem sehr komplexen Zusammenhang. Nichts entsteht aus sich selbst heraus. Alles ist demnach ein fließender und längst nicht nur persönlicher Prozess.

Der Buddhismus geht davon aus, dass sich Probleme aus drei Quellen nähren, die in der Zweiten Edlen Wahrheit beschrieben werden. Daher hat unsere Eifersucht wahrscheinlich auch etwas mit diesen drei Quellen, also Unwissenheit, Anhaftung und Widerstand, zu tun.

Unwissenheit und Eifersucht

In der Regel werden wir hier schnell fündig, denn unsere universelle menschliche Neigung zur Unwissenheit kann zu den unterschiedlichsten Varianten von Verblendung führen, die es aufzudecken gilt:

- Vielleicht ist nicht unser Partner der Unsicherheitsfaktor, sondern wir unterstellen ihm etwas, das wir uns insgeheim selbst wünschen, aber weder anderen noch uns selbst gegenüber offen zugeben können. Vielleicht begehren wir einen anderen Menschen, verleugnen das und unterstellen stattdessen unserem Partner, dass er uns hintergeht. Psychologen sprechen in diesem Zusammenhang von Projektionen.

- Vielleicht leben wir mit der Verblendung von vielen tief sitzenden Klischees und Vorurteilen, möglicherweise auf der Basis von schlechten Erfahrungen: Frauen sind eben so …, Männer sind eben so …

- Vielleicht sind wir verblendet oder unwissend in Bezug auf die tatsächlichen Gefühle unseres Partners.

- Vielleicht ist das Zusammenleben mit unserem Partner sehr unachtsam oder unaufmerksam, sodass dieses Unwissen, diese Wissenslücken sozusagen mit unheilsamen Fantasien aufgefüllt werden. Je weniger wir wissen, desto mehr Platz existiert für eigene Fantasien und Illusionen.

Wir müssen uns also sehr selbstkritisch unserer Unwissenheit und Verblendung stellen, unsere Unachtsamkeiten eingestehen und eine Achtsamkeitspraxis in unsere Beziehung hineinbringen.

Grundsätzliches zum Thema Achtsamkeit

Sicherlich gibt es in jeder Kultur gute Traditionen der Achtsamkeit, sodass wir vielleicht fragen könnten, warum wir unbedingt auf die asiatischen oder speziell die buddhistischen Traditionen schauen müssen, um Achtsamkeit zu ergründen. Warum bleiben wir damit nicht in unserer eigenen Kultur?

Neben der Tatsache, dass die asiatischen Traditionen sicherlich die ältesten Wurzeln aufweisen, bestehen auch ein paar recht bedeutsame Unterschiede im Verständnis des Konzeptes von Achtsamkeit. Während die Menschen im Westen vielleicht davon ausgehen, dass wir uns einfach vornehmen, achtsam zu handeln oder eine achtsame Haltung einzunehmen, gehen Buddhisten davon aus, dass Achtsamkeit gar nicht so einfach umzusetzen ist. Das verhindert nämlich unser getrübter Geist. Achtsamkeit ist das Produkt eines klaren, ungestörten und ruhigen Geistes. Ohne spezielle Geistesschulung ist es also auch nicht möglich, wirklich achtsam zu sein.

Für unsere Achtsamkeit ist es unumgänglich, erst einmal unseren Geist zu klären bzw. dessen Qualitäten zu ergründen und kennenzulernen. Wir müssen unsere Anhaftungen, unsere Widerstände und Verblendungen ebenso auflösen wie die stete aktive und passive Benebelung und Dauerberieselung unseres Geistes etwa durch Alkohol, Nikotin, Drogen, zu viel Fernsehen und nicht zuletzt ständige Action. Nach buddhistischem Verständnis ist Achtsamkeit ein Bewusstseinszustand, mit dem wir uns erst einmal vertraut machen müssen. Wenn wir unsere Übungspraxis aufgeben, falsche Entscheidungen treffen, von unserem Weg abkommen, verlieren wir unsere Achtsamkeit sofort wieder.

Der Königsweg zur Achtsamkeit

Der Königsweg zur Achtsamkeit liegt in unserer Meditationspraxis. Erst dadurch werden wir mit den Qualitäten unseres Geistes vertraut gemacht. Nur wenn wir selbst am eigenen Leibe spüren, wie es sich anfühlt, wenn sich unser klarer Geist bemerkbar machen kann, werden wir einen Weg zu unserer eigenen Achtsamkeit finden. Für Paare kann es eine besonders schöne und auch die Beziehung stabilisierende Erfahrung sein, wenn sie durch gemeinsame Meditation diesen Zugang finden.

Wir werden in diesem Kapitel noch detaillierte Anleitungen zur Meditation finden. Die Meditation soll unsere Achtsamkeit stabilisieren und dazu beitragen, aus unserer Übungspraxis und unserem Alltagsleben eine stimmige integrative Einheit zu machen. Ab einem bestimmten Zeitpunkt werden wir dann keinen wesentlichen Unterschied mehr wahrnehmen zwischen Meditation, Staubsaugen, Einkaufen, Kochen, Kommunikation etc. Dieser Zeitpunkt ist sehr bedeutsam. Alles wird dann von unserer Achtsamkeit durchdrungen sein. Unser ungetrübter Geist ist spürbar, wir nehmen unsere dunklen Wolken der Angst, Wut und des Ärgers, unsere Widerstände, Anhaftungen und Verblendungen immer deutlicher wahr. Durch unsere Meditation stehen uns auch die Techniken zur Verfügung, um unseren Geist immer schneller zu klären.

Wie bereits erwähnt, ist die Meditation anfangs ein sehr wesentliches Mittel, um uns dem Ziel zu nähern. Trotzdem können wir in allen alltäglichen Notwendigkeiten und auch Widrigkeiten unsere Achtsamkeit direkt prüfen und trainieren. Dann erleben wir vielleicht ab einem bestimmten Punkt keine Probleme mehr, sondern nur noch Übungsmöglichkeiten. Dabei sollte uns die Weisheit des Mittleren Weges stets als Maßstab erhalten bleiben.

Anhaftung und Eifersucht

In dem Wort Eifer-Sucht steckt schon der begehrliche Suchtaspekt. Der Buddhismus verwendet im Zusammenhang mit unseren Süchten als Metapher gern den Begriff „Hungergeister“, die in uns leben und unersättlich nach Nahrung, Fütterung, Zuwendung oder anderen Formen des Inputs verlangen. Egal wie viel wir ihnen auch davon geben, es ist nie genug, gleichsam wie ein Fass ohne Boden.

Nicht selten ist unsere Eifersucht ein Ausdruck dieses unstillbaren Verlangens – ein Verlangen, das der Partner nie wirklich zu befriedigen vermag. Häufig setzen wir dann noch eine sogenannte selbsterfüllende Prophezeiung in Gang. Ein eifersüchtiger Mensch kann so lange anklammern und dem Partner süchtig Lebensenergie abverlangen, bis dieser sich tatsächlich abwendet und aus Selbstschutz auch abwenden muss. So kann sich der Eifersüchtige danach auch wenigstens selbst bestätigen: „Ich hab´s ja gewusst!“

Eifer-Sucht und Anhaftung sind gewissermaßen also Synonyme. Als Paar sind wir stets auf einem heiklen Kontinuum unterwegs:

Interesse – Sympathie – Begehren – Leidenschaft – Bedürftigkeit – Vereinnahmung – Symbiose – Sucht – Abhängigkeit.

Ein sehr grundlegender buddhistischer Ansatz zur Linderung und Auflösung von Leiden besteht im *Loslassen.* Wir versuchen unheilsame Gedanken ebenso loszulassen wie unheilsame Handlungen. Wir ergründen unsere Verblendungen und lernen diese gut kennen. Nach der Würdigung dieser Gedanken – auch ihrer positiven Aspekte, denn zum Beispiel kann Zweifel durchaus hilfreich sein – werden wir durch Meditationstechniken lernen, diese Gedanken zu beobachten und ihnen ihren gebührenden Platz zuweisen.

Wir können unser vermeidbares Leiden deutlich lindern und auch auflösen, wenn wir auf eine achtsame Weise loszulassen lernen. Hierbei ist es recht wichtig, häufig den Mittleren Weg für sich zu visualisieren, damit wir nicht von einem unheilsamen Extrem (Eifersucht) in ein anderes unheilsames Extrem (Abkehr und Flucht) fallen.

Für viele Menschen ist die Vorstellung vom Loslassen in ihrer Partnerschaft beängstigend, aufregend, ärgerlich oder irritierend. Wenn wir diese Regungen in uns spüren, sollten wir dem nachgehen und schauen, was wir mit der Vorstellung von Loslassen verbinden. Muss Loslassen zum Beispiel immer mit Verlust verbunden sein? Werden wir unseren Partner tatsächlich verlieren, wenn wir innerlich lernen, ein wenig mehr loszulassen? Ist unser Partner etwa ein ungezogener Hund, den wir immer an der Leine führen und festhalten müssen? Würde unser Partner sonst streunen gehen oder sogar ganz weglaufen, wenn wir loslassen? Wenn wir erkennen, dass dies Unsinn ist, können wir uns in der Beziehung vielleicht ein wenig mehr entspannen. Wenn es sich nicht als Unsinn erweist, sondern zutrifft und wir nur durch Kontrolle und Festhalten als Paar leben, müssen wir uns sehr kritisch fragen, ob diese Form der Beziehung wirklich für unsere Weiterentwicklung heilsam ist.

Es kann recht lohnenswert sein, wenn wir selbstkritisch unsere Erwartungen betrachten und unsere Neigungen zur Anhaftung erkennen.

Ein kleiner Exkurs zu den Stufen der Problembewältigung

Tulku Lama Lobsang beschreibt im Rahmen seiner Unterweisungen ein Vier-Stufen-Modell der Problembewältigung. Jeder einzelne Mensch verfügt generell über unterschiedliche Ressourcen für die Bewältigung von Problemen. Je nach aktueller Verfassung können diese auch nochmals variieren.

Diesen Sachverhalt müssen wir würdigen und beachten, wenn wir über die verschiedenen Alternativen zur Problembewältigung nachdenken.

Wir finden hier vier verschiedene Strategien, mit Problemen umzugehen:

1. vor dem Problem weglaufen
2. das Problem bearbeiten
3. das Problem als Lehrmeister nutzen
4. das Problem als eine Illusion sehen und nichts tun

Vielleicht gibt es Menschen, denen generell nur die erste Stufe zur Verfügung steht, oder andere, denen diese Stufe vielleicht gar nicht zugänglich ist. Dennoch betont Tulku Lama Lobsang die qualitativen Unterschiede dieser vier Stufen. Es ist schon recht fortgeschritten, wenn wir unsere Probleme nicht sofort beseitigen müssen, sondern uns die Zeit nehmen können, um daraus zu lernen. Die höchste Vollendung und Verwirklichung erreichen wir, wenn wir erkennen, dass Probleme keine feste Substanz haben. Sie sind, wie alles andere auch, zusammengesetzt aus vielen Vorbedingungen, die wiederum ebenfalls einem steten Wandel unterliegen. Alle problematischen Gefühlsreaktionen sind *in* uns und durch unsere Geistesverfassung vermittelt.

Wenn wir deren flüchtigen Charakter und unsere unheilsamen Beimischungen erkennen, dann können sich Probleme relativ schnell wieder auflösen.

Widerstand und Eifersucht

Zu den verschiedenen Facetten des Widerstandes gehört insbesondere auch die ewige Zweifel- und Kritiklust. Eifersucht und Zweifelsucht sind beides sehr nützliche Techniken, die Paaren dazu dienen können, den Abstand zwischen sich zu regulieren. Zweifel schafft Distanz. Wer zweifelt, kann, braucht und darf sich nicht tiefer einlassen.

Die bei manchen Paaren zu beobachtende Kritiklust wirkt auch nicht selten wie ein Ritual, vielleicht stillschweigend verabredet, um sich aneinander zu reiben. Hier können fließende Übergänge bestehen vom liebevollen Necken über ein humoriges und vertrautes Reizen bis hin zu verletzenden Kritiken, eifersüchtigen Kontrollversuchen und auch den Impulsen, den Partner herabzusetzen und kleinzumachen. Auch wenn wir meinen, dass wir uns doch nur freundlich sticheln, sollten wir uns stets vergegenwärtigen, dass sich alles, was wir regelmäßig wiederholen, festigt und im Laufe der Zeit zu festen Charaktereigenschaften werden kann.

Unser Widerstand kann sich recht unterschiedlich zeigen. Er kommt immer dann zum Ausdruck, wenn wir das, was wir vorfinden, anzweifeln, nicht akzeptieren, ablehnen. Oberflächlich betrachtet, benötigen wir im Lernprozess des Loslassens vielleicht erst einmal eine solche Nein-Haltung. Schließlich wollen wir etwas loslassen, um es loszuwerden. Dafür müssen wir uns selbstsicher abgrenzen. Ebenso wichtig wie die Fähigkeit zum Nein ist jedoch eine Ja-Haltung. Wenn wir mit unseren Widerständen auf den *Mittleren Weg* zurückfinden wollen, können uns dabei Übungen helfen, die uns aus der Nein-Haltung herausholen. Wir müssen verstehen, dass uns die Linderung unseres Widerstandes nicht zwangsläufig in ein naives unkritisches Leben führt, sondern einen Weg zurück auf den Mittleren Weg weisen soll.

Die Dankbarkeitsübung

Eine sehr wirkungsvolle Technik dafür ist die Dankbarkeitsübung. Wir nehmen uns ganze Tage vor, an denen wir immer wieder bewusst zur Kenntnis nehmen, was jetzt eben in unsere Wahrnehmung tritt, um uns dann sofort dafür zu bedanken: „Es regnet, danke für den Regen. Das Knie schmerzt, danke liebes Knie, dass du mich trägst. Die Ampel ist rot, danke, dass ich etwas Zeit hier verbringen kann …“

Falls wir, wenn wir von solchen Übungen hören, ohne eigene Erfahrung zu haben, sofort Zweifel hegen, können wir davon ausgehen, dass unser Widerstand recht kräftig entwickelt ist.

Diese Übungen sind zwar sehr gut erprobt, sie müssen aber dennoch nicht einfach nur blind übernommen werden, sondern empfehlen sich zur eigenen Prüfung. Ein Urteil können wir uns immer erst dann erlauben, wenn wir einen Sachverhalt getestet haben.

Streit in der Beziehung

Wie eben am Beispiel der Eifersucht dargestellt, können wir anhand von Unwissenheit, Anhaftung und Widerstand, also den nicht-persönlichen, universell-menschlichen Ursachen für unser Leiden, unsere unterschiedlichen Probleme beleuchten. Vielleicht könnte neben der Eifersucht noch ein weiteres Konfliktthema als Beispiel aufschlussreich sein: Streit in der Beziehung. Bringen wir also einmal unsere Neigung zum Streiten mit den drei universellen Ursachen des Leidens in Verbindung.

Streit und Unwissenheit

Ein typisches Beispiel für Unwissenheit und Verblendung, das häufig zu Streitigkeiten führen kann, ist unser naiver Idealismus: Wäre unser Partner doch nur etwas aufmerksamer, nachsichtiger, verständnisvoller, liebevoller, uns mehr zugewandt, oder auch flippiger, heißer, cooler, schriller etc. Mit einem Wort, wäre er doch nur ein wenig *perfekter.* Doch unser Partner stellt stets aufs Neue unter Beweis, dass er nicht perfekt, das heißt, eben nicht genau so ist, wie wir es uns wünschen.

Wenn sich jetzt ein „Ja, aber ..." regt, ist dies meist ein klares Zeichen für eine recht konflikthafte Situation. Anscheinend bestehen deutliche Verblendungen im Sinne eines Festhaltens an bestimmten Erwartungen, wie Männer oder Frauen zu sein haben, und Vorstellungen von einer besseren Welt ganz allgemein. Wenn wir uns jetzt also ärgern, kann es sehr hilfreich sein, sich die vielen eigenen Hoffnungen und Erwartungen, die wir an uns und unseren Partner stellen, einmal bewusst zu machen. Entweder können wir diese Wünsche und Bedürfnisse dann miteinander kommunizieren oder, was sehr oft der Fall sein wird, wir müssen unsere naiven Idealvorstellungen von einer perfekt passenden Partnerschaft erst einmal aufgeben, den Blick klären und uns selbst den realistischen Bezügen anpassen.

Jack Kornfield sagt uns hier zu Recht, dass es nicht darum gehe, was auch immer zu ändern, sondern an nichts festzuhalten und die Augen sowie das Herz zu öffnen.

Wir nähern uns also einem Paradox: Wir wollen etwas ändern, versuchen aber erst einmal, alles anzunehmen und uns für die Dinge, die wir erfahren, zu öffnen. Diese Haltung kann uns in neue Schwierigkeiten und vorprogrammierte Misserfolge führen. Es ist sehr wichtig, dass wir unsere Motive, Absichten und die daraus folgenden Handlungen selbstkritisch und sehr klar ergründen.

Streit und Anhaftung

Eine weiter oben schon erwähnte, sehr beliebte Form des Anhaftens ist das Rechthaben- und Rechtbehalten-Syndrom. Fast alle von uns stecken wohl voll von ziemlich festen Meinungen. Vielleicht haben wir uns auch lange darum bemühen müssen, endlich einmal unsere Meinung sagen zu können, doch sollten wir uns sehr selbstkritisch fragen, wem unsere Meinungen dienen und worauf der Streit um Meinungen eigentlich hinausläuft.

Unter Buddhisten gibt es das recht provokativ formulierte Statement: *no ego no problem.* Wahrscheinlich definieren wir unser Selbst-Gefühl, das Ego, stark über unsere Eigenschaften, Vorlieben, Abneigungen, Fähigkeiten etc. An diesen Wertmaßstäben wollen wir meist sehr intensiv festhalten, da sie anscheinend ja unser Ego definieren und ausmachen. Wenn wir uns nun in unseren Meinungen, Eigenschaften etc. angegriffen fühlen, erleben wir zumindest unbewusst immer auch eine Bedrohung dieses Ego. Wenn dieses nun aber, wie der Buddhismus es sieht, eigentlich gar keinen festen Kern hat und nur eine Hilfskonstruktion darstellt und wir uns vielleicht zunehmend mehr von unserer Anhaftung daran lösen können, ließe sich daraus folgern, dass wir wohl auch deutlich weniger angreifbar und verletzbar werden müssten.

Haftet unser Ego beispielsweise an dem Selbstbild als eine fleißige Arbeiterin, als Christin, als Mutter oder Ehefrau etc. und müssen wir, um dieser Rolle immer weiter gerecht zu werden, vielleicht unheilsame Handlungen an uns selbst und anderen begehen? Wie intensiv meinen wir, uns verteidigen zu müssen?

Nicht selten entstehen heftige Streitigkeiten, wenn unsere Rollen kritisiert oder vermeintlich angegriffen werden und jemand zum Beispiel sagt: „Mensch, bist du faul!" *Bin* ich kein fleißiger Mensch? Identifiziere ich mich vielleicht mit der Rolle eines fleißigen Menschen oder definiere ich mich sogar darüber? Muss ich diese Rolle dann verteidigen? Muss ich mich überanstrengen, muss ich immer 150 Prozent geben, muss ich etwa mit einer Grippe zur Arbeit gehen, nur um dieser Rolle gerecht zu werden? Mit jedem vermeintlichen Vorwurf können wir auch anders umgehen und ihn dankbar nutzen für eine wichtige Selbstkritik: „*Bin* ich das wirklich? Muss ich so sein?" Wenn nicht, dann müssen wir auch niemand anderen davon überzeugen wollen und uns schon gar nicht darüber ärgern, denn über eine Fehlwahrnehmung brauchen wir uns schließlich nicht aufzuregen. Haben wir aber noch Probleme damit und bauen sich in solchen Situationen beispielsweise Spannungen in uns auf, dann leiden wir noch unter Anhaftungen.

Neben den Rollen, mit denen sich unser Ego so gern identifiziert, besteht natürlich auch noch die Ego- oder Selbst-Liebe, das heißt, die egoistische selbstbezogene Liebe. Diese spüren wir beispielsweise, wenn wir uns vermeintlich gekränkt, nicht genügend gewürdigt, kritisiert oder übersehen fühlen. Eine oft fehlende adäquate Distanz führt dann schnell zu Verwicklungen und Streit. Wir nehmen alles sehr persönlich und haften an dem Wunsch nach Würdigung, nach Respekt, nach Anerkennung und Liebe.

Auch glauben wir irrtümlich oft, jede Kritik und Missachtung habe eine hohe Bedeutung und der Betreffende vertrete diese Ansicht nun fest und dauerhaft. Häufig können wir uns gar nicht vorstellen, dass sich der gesamte Sachverhalt binnen kurzer Zeit schon wieder völlig anders darstellt. Eine adäquate Relativierung kann uns hier manchmal gute Dienste leisten: Wie wichtig wird unser aktueller Ärger, unsere Trauer oder unsere Angst wohl in einem oder in zehn Jahren sein? Oder wie wichtig ist dieses Thema in Relation zu wirklich lebensbedrohlichen Situationen oder existenziellen Nöten? Eine adäquate Relativierung heißt allerdings nicht, alles nur einfach passiv hinzunehmen, sondern ohne Anhaftung, Widerstand oder Verblendung aktiv für heilsame Veränderungen für sich selbst und alle anderen einzutreten.

Wir müssen also jeweils achtsam ergründen, ob in einer Streitsituation etwas wirklich Wichtiges erstritten, verteidigt oder erkämpft werden muss, oder ob es sich nicht einfach nur um ein Ego-Problem handelt. Worum hat sich der letzte Streit eigentlich gedreht? Schon vergessen? Womöglich hat es doch viel kostbare Zeit, also Gegenwart, und Nerven gekostet.

Die Rolle von Vergangenheit und Zukunft

Unsere Anhaftung an die Vergangenheit, an frühere Ereignisse stellt ein sehr großes Hindernis für den notwendigen Wandlungsprozess dar. Wir streiten mit dem Partner viel zu viel über unsere Fehler in der Vergangenheit, denn es fällt uns schwer, Vergangenes loszulassen. Zwar suchen wir vielleicht auch im Streit nach Lösungen, begehen jedoch den Fehler, in der Vergangenheit und zumeist beim anderen nach den Ursachen zu forschen. Unsere letzte Hoffnung ist dann nicht selten die Idee, dass sich vielleicht etwas in der Zukunft verbessern wird. Aber es gibt in der Zukunft keine Besserung. Damit gemeint ist die Tatsache, dass wir nur durch geschulte Achtsamkeit und wache *Gegenwärtigkeit* eine Wandlung und Transformation erreichen. Wir werden nur *jetzt,* also im Hier und Jetzt eine heilsame Wandlung vollziehen, aber niemals in der Zukunft.

Matthias (30 Jahre) argumentiert sehr klar und logisch, warum seine Freundin so viele Probleme habe. Er wirkt recht dominant und selbstsicher. Allerdings hilft ihm die Logik und sein Gefühl, im Recht zu sein, in seiner Beziehung mit einer sehr sensiblen Freundin überhaupt nicht weiter.

Eines Nachts hat er einen Traum, in dem er, in eine Lederkombi eingehüllt, versucht, ein kleines Kätzchen festzuhalten. Sein Griff ist fest und ein wenig brutal. Das Kätzchen hat Angst und wehrt sich, fährt die Krallen aus. Für kurze Zeit versucht Matthias, das Kätzchen mit noch mehr Kraft festzuhalten, doch die Angst der Katze nimmt weiter zu und sie wehrt sich bald in wilder Panik. Matthias fühlt sein

Scheitern, er kann sie nicht länger halten und muss sie loslassen. Matthias spürt im Traum seine Trauer und seine Hilflosigkeit. Als er das Kätzchen dann auf den Boden setzt, läuft es zu seiner Überraschung nicht weg. Matthias stellt einen Teller Milch auf den Boden, das Kätzchen bleibt in der Nähe und streift um seine Beine. Beide sind glücklich.

Werden wir wirklich immer alles verlieren, wenn wir loslassen? Treffen unsere Erwartungen wirklich immer zu? Manchmal müssen wir vielleicht erst ein wenig Vertrauen zeigen oder auch ein kleines Risiko eingehen. Es gibt viele Wege aus dem Streit heraus, doch immer ist ein kleines bisschen Mut dafür notwendig.

Auch Buddhisten können sich durchaus wunderbar streiten, doch eigentlich können sie sich nie lange streiten. Wir sagen, was notwendig ist, und dann ist es wieder vorbei. Wir sind bemüht, keine Negativität zu kultivieren und niemanden bewusst zu verletzen. Doch wir treten auch recht klar für wichtige Belange ein.

An den dabei auftretenden Emotionen halten wir nicht lange fest, sondern lassen sie weiterziehen.

Streit und Widerstand

Manchmal ist Widerstand wichtig, manchmal ist er absolut dumm. Dabei wäre es sehr hilfreich, wenn wir selbst frei wären in unseren Entscheidungen für oder gegen Widerstand.

Schwieriger wird es, wenn wir durch häufige Wiederholungen unseren Charakter gewissermaßen schon zum Widerstand erzogen haben. Vergessen wir nicht: Alles, was wir wiederholen, festigt sich. Das würde bedeuten, dass wir nicht mehr frei reagieren können, sondern lediglich einem Muster folgen.

Können wir die Gegenwart in der Partnerschaft so annehmen, wie sie ist, oder hadern wir damit? Wenn es uns durch Achtsamkeit gelingt, unseren Widerstand deutlich wahrzunehmen, kann es hilfreich sein, vor unseren Reaktionen erst einmal zu ergründen, aus welchen Quellen sich dieser Widerstand speist. Sind wir zur Zeit belastet, dünnhäutiger, reizbarer, oder bestehen verschiedene Stressoren schon länger und hat sich die Situation außen wie vielleicht auch innen schon unheilsam verfestigt?

> Wollen wir ein schweres Leben, so können wir uns der Gegenwart widersetzen und zum Beispiel versuchen, den Partner zu verändern. Wollen wir ein leichteres Leben, so können wir lernen, die Gegenwart anzunehmen, und versuchen, uns selbst zu verändern.

Es ist hilfreich, einmal die eigenen Motive ehrlich und selbstkritisch zu hinterfragen und zu ergründen, wohin die jeweilige Streit-Taktik uns als Paar führen soll. Es gilt auch, die universellen Ursachen, also Unwissenheit, Anhaftung, und Widerstand, individuell zu analysieren, indem wir sie ins Licht unserer bewussten Achtsamkeit bringen. Als Paar erleben wir zusätzlich natürlich noch die verschiedenen Wechselwirkungen, wenn wir mit unserer eigenen Unwissenheit, Anhaftung und unserem Widerstand auf die Unwissenheit, Anhaftung und den Widerstand unseres Partners treffen.

In den dargestellten kurzen Beispielen können wir vielleicht ein paar Ähnlichkeiten mit unserer eigenen Situation erkennen. Es ist sehr hilfreich für eine glückliche Paarbeziehung, wenn wir unsere Achtsamkeit zuerst auf uns selbst lenken. Manchmal kann die Situation aber schon so schwierig geworden und festgefahren sein, dass wir unbedingt Hilfe annehmen sollten. – Details dazu finden wir in dem Buch *Buddhistische Psychotherapie.*

Die Rolle des Hier und Jetzt – für uns und alle anderen

Buddha gelangte neben den *Vier Edlen Wahrheiten* noch zu zwei weiteren, grundlegend wichtigen Erkenntnissen: einerseits der Weisheit des *Mittleren Weges* und andererseits dem Appell, unsere Fortschritte und Erkenntnisse im *Hier und Jetzt,* für uns und alle anderen zu nutzen. Diese drei Aspekte bilden den Inhalt des *Rades der Lehre,* mit dessen Drehen Buddha seine Jahrzehnte währende Lehr- und Heilungstätigkeit begann.

Das Rad der Lehre

1. Erkenne, verinnerliche und verwirkliche die Vier Edlen Wahrheiten
2. auf einem Mittleren Weg
3. im Hier und Jetzt für dich und alle anderen fühlenden Wesen.

Daraus ergeben sich viele Ableitungen. Einige der wichtigsten betreffen die Fokussierung auf das *Hier und Jetzt* und den Appell an uns, auch an uns Paare, sich nicht zu verschließen, sondern Anteil zu nehmen am Leben und Leiden aller anderen, wobei stets die Weisheit des Mittleren Weges zu beachten ist.

Die Konzentration auf das *Hier und Jetzt* ist eine machtvolle Möglichkeit zur Transformation. Ohne buddhistisches Geistestraining sind wir unserem stets unruhigen Verstand fast völlig ausgeliefert. Viele von uns können den eigenen Verstand nur noch mittels Drogen, Medikamenten oder anderer Hilfsmittel beruhigen.

Das stimmt nicht? Wir können es sofort überprüfen. Unterbrechen wir kurz die Lektüre hier und fordern unsere innere Stimme, unseren Verstand dazu auf, einmal nur für eine Minute still zu sein … Schon nach wenigen Sekunden, wenn er überhaupt still wurde, meldet sich unser Verstand: „Was? Worum geht es hier eigentlich? Was soll das denn beweisen?“ und so weiter. Er lässt sich eben von uns nichts sagen. Er hat das Kommando. Er ist nie still und gibt unablässig Kommentare, Befehle, Bewertungen ab.

Eine der vielen Besonderheiten des menschlichen Verstandes ist seine Freude an der Zeit. Er hält die Gegenwart nicht aus und ist daher entweder unausgesetzt damit beschäftigt, mit der Vergangenheit zu hadern oder sich dahin zurückzusehnen, oder er ist mit Fantasien über die Zukunft beschäftigt. Diese Zerrissenheit, bei der wir uns körperlich in der Gegenwart und geistig in der Zukunft oder Vergangenheit zerstreuen, bringt uns viel Unzufriedenheit, Ruhelosigkeit und mangelnde Achtsamkeit.

Daher ist es recht hilfreich, die Konzentration und Achtsamkeit auf das *Hier und Jetzt* zu trainieren. Ein einfaches Benutzerhandbuch, wie unsere Bio-Psycho-Maschine zusammengesetzt ist oder wie sie repariert werden kann, reicht dafür nicht aus. Wir müssen etwas tiefer blicken und verstehen lernen, wie wir *von Grund auf* funktionieren. Daher achten wir neben unseren *individuellen* insbesondere auch auf die *universellen* Probleme, etwa die universelle Problematik mit unserem menschlichen Verstand. Vielleicht kann diese Perspektive ein wenig Trost spenden, da deutlich wird, dass nicht nur wir problembeladen sind, sondern alle anderen auch. Darüber hinaus schärft es den Blick für Faktoren, die mehr hinter den Kulissen wirken. Für die Linderung oder Klärung unserer Beziehungsprobleme können wir an das „Rad der Lehre" anknüpfen und damit auf ein seit mehr als 2500 Jahren bestehendes Modell mit einer Vielzahl von guten Erfahrungswerten aus der buddhistischen Behandlungspraxis zurückgreifen.

Einerseits ist jede menschliche Problematik zwar so einzigartig wie das jeweilige Individuum, andererseits bestehen viele Gemeinsamkeiten und sich häufig wiederholende Grundmuster. Solange wir diese Muster und ihre Auswirkung auf unser Verhalten nicht verstehen, aufdecken und transformieren, werden wir *keine Wahl* haben, sondern immer nur einem *Muster* folgen. In Kapitel 8 werden wir die Zusammenhänge zwischen unserer individuellen Einzigartigkeit und unseren vielen Gemeinsamkeiten noch genauer kennenlernen.

Die Dritte Edle Wahrheit sollte uns einen groben Eindruck vermitteln über die sichere buddhistische Erkenntnis, dass wir unser Leiden tatsächlich lindern und auflösen können. In Rahmen dieses Buches können nur einige Möglichkeiten dafür beispielhaft angeboten werden. Die Grundidee, wenn wir über Techniken zur Linderung und Befreiung aus unseren Leidenskreisläufen sprechen, besteht darin, dass wir unsere geistigen Qualitäten kennen und entfalten lernen. Für die buddhistische Praxis ist die Meditation ein sehr wesentliches Mittel für die Schulung unseres Geistes.

Ein Exkurs zur Meditation: Sorge dich nicht, meditiere!

Für die von uns gewünschten Veränderungen benötigen wir Achtsamkeit und tiefere Einblicke in unsere Eigenarten. Die buddhistische Herangehensweise beinhaltetet zwei untrennbar zusammengehörende Aspekte: Einerseits ist die Wissensvermittlung sehr entscheidend. Wir müssen erkennen, was los ist und was wir dagegen tun können. Wir beschäftigen uns also mit dem Dharma, der buddhistischen Lehre. Damit ist jedoch noch nicht viel erreicht, denn der andere, ebenso wichtige Aspekt ist die praktische Umsetzung unseres Wissens. Wenn wir etwas Interessantes lesen oder erfahren, kann es uns schon recht tief bewegen, aber nichts prägt uns so sehr wie eigene konkrete sinnliche Erfahrungen.

Hier betreten wir den praktischen Bereich der buddhistischen Übungen. Es gibt so viele Übungsmöglichkeiten, wie es alltägliche Situationen gibt. Bevor wir versuchen, in jeder einzelnen Situation das buddhistische Wissen umzusetzen, benötigen wir erst einmal konkrete Übungen, von denen eine der mächtigsten und wirkungsvollsten die Meditation ist.

Einerseits ist der Begriff Meditation mittlerweile sehr bekannt, die meisten haben wohl schon davon gehört. Andererseits bestehen hierüber recht viele Unklarheiten und Missverständnisse.

Meditation ist keine Entspannung, kein Abschalten, kein Abheben oder Wegdriften, keine ewig glücklich machende Wundermethode, keine Klostertechnik und auch keine asiatische Eigenart. Wie für viele andere Trainingseinheiten auch, benötigen wir für eine Meditationsschulung Geduld und Motivation. Außerdem ist eine klare Zielvorstellung hilfreich. Wir wollen hier unseren Geist schulen, und konkret kann das zum Beispiel bedeuten, dass wir die Meditation bei einem Lehrer oder einer Lehrerin erlernen. Wir lassen uns auf einen aktiven Prozess ein, denn Meditation ist ja keine Entspannung, und nehmen unseren Geist zunehmend besser wahr. Insbesondere dosieren wir die geistige Spannkraft, wieder im Sinne des Mittleren Weges, und gehen nicht in die Nervosität und nicht in die Müdigkeit hinein. Wollten wir einfach nur abschalten, in einen netten inneren Film eintauchen und auf einen Meditations-„Trip“ gehen, würde die große Gefahr bestehen, in eine unbewusste und unklare Geisteshaltung zu fallen.

Ein zentraler Aspekt der Meditation liegt in der Zügelung unseres stets unruhigen Verstandes, der vor allem in Ruhephasen unaufhörlich neue Gedanken produziert. Sicherlich können wir unseren Verstand nicht einfach abschalten, lernen jedoch etliche Techniken kennen, die uns neue Handlungsspielräume eröffnen. Ajahn Brahm bringt einen Vergleich damit: Ein Gastgeber begrüßt seine Gäste, verwickelt sie aber nicht in ein Gespräch, sondern ist aufmerksam für neu eintreffende Gäste. Wie dieser Gastgeber, so begrüßen auch wir in der Meditation alle in unseren Geist eintretenden Gedanken. Allerdings werden auch wir uns, wie der Gastgeber, nicht von jedem neuen Gast-Gedanken in ein Gespräch verwickeln lassen. Wir lassen die Gedanken eintreten und wenden uns wieder der Eingangstür zu, um wahrnehmen zu können, welcher Gedanke als nächster Gast eintritt. Interessanterweise werden wir feststellen können, dass mit der Zeit immer weniger Gäste kommen.

Wir müssen uns also schulen. Unter anderem wird Meditation auch als Geistesschulung bezeichnet.

Was ist Geistesschulung?

Wir haben schon erfahren, dass der Buddhismus nicht nur eine Religion ist, sondern von seinem Ursprung her vor allem auch eine Wissenschaft des Geistes und eine praktische Geistesschulung. Der Begriff Geistesschulung ist mittlerweile recht populär geworden. Die Meditation, die wir in diesem Abschnitt des Buches betrachten werden, wird als eine bedeutsame Technik der Geistesschulung definiert. Was ist eigentlich genau damit gemeint?

Der Begriff Geistesschulung ist leider recht missverständlich. Unseren Geist müssen und können wir nämlich direkt gar nicht schulen, denn er ist in seiner Grundqualität schon perfekt. Unser Geist ist nicht mit unserem Verstand gleichzusetzen, zum besseren Verständnis muss zwischen beiden klar unterschieden werden. Diese Differenzierung werden wir allerdings nur durch praktische Erfahrungen beispielsweise in der Meditation nachvollziehen können.

Bei der Geistesschulung durch Meditation handelt es sich eigentlich eher um eine Geistes*entdeckung* und ein Geistes*gewahrsein*.

Durch unsere meditative Übungspraxis erkennen und erfahren wir unmittelbar, dass wir mit unseren Emotionen, mit unseren Körperempfindungen und mit unseren Verstandestätigkeiten nicht identisch sind. Das, was wir sind = unser Geist, kann die genannten Bereiche im meditativen Zustand klar und ruhig betrachten. Wenn wir unsere Emotionen, unsere Körperempfindungen und unsere endlosen, vom Verstand erzeugten Gedankengänge wahrnehmen, dann können wir mit einer gewissen Achtsamkeitsschulung eine weitere Instanz erfahren: unseren Geist. Unser Geist geht weit über unsere Emotionen, unseren Körper und unseren Verstand hinaus.

Die Existenz unseres Geistes und auch sein Erkennen sind uns fatalerweise jedoch nicht sofort zugänglich. Uns fehlt in der Regel die dafür notwendige Achtsamkeit. Leider vernebeln wir mit unseren unheilsamen Konsumgewohnheiten und den unheilsamen menschlichen Grundzügen von Unwissenheit, Anhaftung und Widerstand oft den Zugang zu unserem Geist. Diese Tatsachen müssen wir selbst überprüfen und vor allem auch selbst erfahren, eine rein intellektuelle Abwägung ist völlig unzureichend dafür.

Wenn wir sagen, Meditation sei eine Geistesschulung, dann bedeutet das konkret, dass wir uns durch die Meditation mit unserem Geist *vertraut* machen.

Eine Übersetzung von Meditation ist: Sich-vertraut-Machen.

Wenn wir einmal Zugang gefunden haben und nun über eigene Erfahrungen verfügen, werden wir diesen Zugang sukzessive ausbauen und festigen. Dieser Zugang ermöglicht uns ein tiefes Gewahrsein der wahren Natur unseres Geistes oder, anders ausgedrückt, unserer wahren, nämlich geistigen Natur.

Darüber hinaus können wir dann auf einer praktischen Ebene eine schnelle innere Klarheit herbeiführen. Wir kennen nun unsere emotionalen und verstandesmäßigen Seiten und können beide Aspekte in Ruhe und mit souveräner Klarheit differenzieren und achtsam zuordnen. Wir sind dann im Geist Ruhende und nicht mehr wertende Opfer unseres Verstandes oder Marionetten unserer Emotionen. Wir sind frei.

Die folgende Tabelle soll den Meditationsprozess etwas übersichtlicher werden lassen.

MEDITATION	
Theoretische Grundlagen	– Meditation ist ein aktives Training, ein Vertrautwerden mit unserem Geist – Ohne Schulung ist unser Geist getrübt und nicht oder kaum wahrnehmbar – Meditation ist keine Entspannung – Ziel der Meditation ist Wahrnehmen, Erkennen, Differenzieren und dann das Verlöschen von: • Emotionen • Körperempfindungen • Verstandestätigkeiten – Wahrnehmung unserer geistigen Qualitäten
Praktische Grundlagen	– Die 7-Punkte-Haltung (Sitzposition, Hände, Arme, Rücken, Kopf, Mund, Augen) – Atmung – täglich mehrmaliges kurzes Training
Einige Techniken der Grundstufe	– nur Gedankenzählen (den Verstand zügeln) – nur Emotionen betrachten (die Emotionen zügeln) – nur Körperempfindungen betrachten (Körperempfindungen zügeln) – nur Atemzählen – Objektmeditation – Mantras nutzen – Atemzählen und visuelle Hilfen

Einige Techniken der nächsten Stufe	- Achtsamkeit auf den Atem, insbesondere das Ausatmen - Achtsamkeit auf die Emotionen, den Körper und den Verstand - Achtsamkeit auf die Lücken zwischen den Gedanken - Übertragung der meditativen Erfahrungen auf unser Alltagsleben
Einige Techniken der nächsten Stufe	- Achtsamkeit auf die verlöschenden Gedanken, Körperempfindungen und Emotionen - Achtsamkeit auf die immer größer werdenden Lücken zwischen den Gedanken - Übertragung der meditativen Erfahrungen auf unser Alltagsleben
Einige Techniken der nächsten Stufe	- Wahrnehmen und Erkennen unserer klaren geistigen Qualitäten, unsere Körperempfindungen und Emotionen ruhen - Praxisübung und Alltagsleben verschmelzen miteinander

Die Entwicklung der Meditationspraxis in Stufen

Seit Jahrtausenden lernen Schüler die Meditation, dementsprechend existieren unzählige Erfahrungsberichte. Wir werden hier auf sehr individuelle persönliche, aber auch auf universelle allgemeine Empfindungen stoßen. Teilweise sind wir mit ganz eigenen Problemen konfrontiert, erleben aber auch Probleme, die schon ein Meditationsschüler vor 1000 Jahren genauso hätte durchleben können.

Zu Beginn unserer Meditationspraxis werden wir wohl gelegentlich sehr friedvolle und schöne Meditationen, aber regelmäßig auch schwierige Meditationssitzungen haben. Dann spüren wir beispielsweise unseren stets unruhigen *Verstand*, unsere oft verwirrenden *Emotionen* und unseren häufig angespannten *Körper*. Unser Geist ist mit diesen drei Instanzen auf irgendwie unklare Weise verwoben, sodass wir ein Gemisch aus allen Bereichen erfahren.

Meditation

„Sitze ich auch gerade? Mal sehen, was passiert. Hoffentlich schlafen mir nicht wieder die Beine ein. Was sind denn das für Geräusche? Egal. Heute will ich aber mal richtig tief meditieren. Wie kann ich nur abschalten? Ach ja: Einatmen, ausatmen. Einatmen, ausatmen. Mein Bauch blubbert ganz schön. Was habe ich denn gegessen? Muss ich heute noch einkaufen? Nein, nicht daran denken. Einatmen, ausatmen. Ob ich meine Schultern wohl zu weit nach vorn geschoben habe? Mein Nacken ist verspannt. Vielleicht halte ich den Kopf auch zu weit geneigt. Sehe ich wohl für andere depressiv aus? Sollte ich mich aufrichten oder doch lieber nicht bewegen? Ich bleibe mal so und sehe, wie es weitergeht. Einatmen, ausatmen. Endlich ein wenig Ruhe, der Körper wird ruhiger. Es ist schön, diese Ruhe zu spüren. Mmmh, gleich eine Tasse Tee, das wird köstlich sein. Wie wohl das Wetter heute wird? Ein Spaziergang wäre klasse. Oh je, jetzt wird mein Fuß kribbelig, gleich schläft er wohl ein. Oh, ist das unangenehm. Auch die Wade kribbelt schon. Das Bein ist wie gelähmt. Meine Oma war auch gelähmt, wie schrecklich. Wie beängstigend. Sollte ich mich wohl mal kurz strecken? Das ganze Bein ist taub. Schrecklich. Einatmen, ausatmen. Beruhige dich. Mein Ohr und meine Nase jucken jetzt auch noch furchtbar. Es kitzelt. Mein Rücken ist auch ziemlich verspannt. Und abschalten kann ich auch nicht. Hoffentlich ist die Meditation bald vorbei."

Diese Schilderung ist wohl vielen vertraut, die ihre Meditationspraxis entwickeln wollen. Hier finden wir eigentlich keine besondere Problematik vor, sondern lediglich die ganz normalen Schwierigkeiten. Die ersten Meditationssitzungen sind wie ein erster Blick in ein recht lange vernachlässigtes Warenlager. Da wurde lange keine Inventur mehr gemacht, alles liegt durcheinander.

Je weniger wir meditieren und insbesondere, je länger wir in unserem Alltagsleben in unheilsamen Verhaltensweisen verharren, desto länger bleiben wir auf den ersten Meditationsstufen hängen. Unser täglicher Sinnes-Input, die Reize und oft auch die Reizüberflutung füllen und verwirren unser inneres Warenlager.

Wenn wir die Achtsamkeit nach innen richten, erkennen wir, dass ein Chaos in uns herrscht. Der Verstand in Form von Gedanken, Erinnerungen, Wünschen und Sorgen, die Emotionen und die Körperempfindungen erzeugen verworrene Empfindungen und trüben unseren Geist völlig ein.

Meditation

„Sitze ich auch gerade? Mal sehen, was passiert. Hoffentlich schlafen mir nicht wieder die Beine ein. Okay, mein *Verstand* meldet sich also. Na, Verstand, gibt es noch etwas zu berichten? Was machen eigentlich gerade die *Emotionen?* Ich sorge mich um das, was in der nächsten Zeit auf mich zukommt. Ich spüre Angst und auch ein wenig Trauer. Was sagt der *Körper* dazu? Es gibt Anspannungen im Nacken und im Rücken. Der Bauch ist auch verkrampft, die Atmung ist nicht leicht. Aber es ist okay. Einatmen, ausatmen."

Verstand, Emotionen und Körper können sich nach und nach beruhigen. Die differenzierte *Wahrnehmung* der drei Bereiche wird klarer. Mit zunehmender Übungspraxis lernen wir die Bereiche Verstand, Emotionen und Körper immer mehr zu differenzieren. Es entsteht eine deutlichere Wahrnehmung dieser Prozesse.

Meditation

„Einatmen, ausatmen. Ich spüre die harmonische Anspannung des *Körpers,* der sich in der sanften Spannung der aufrechten Haltung entspannen kann. Die *Emotionen* sind da. Es ist okay. Die Beine schlafen wieder ein. Es ist okay. Der *Verstand* sprudelt kontinuierlich. Die Einflüsterungen wollen nicht aufhören. Zu allem gibt er einen Kommentar. Einatmen, ausatmen. Es ist okay. Alle Empfindungen und Gedanken unterliegen den stetigen Veränderungen. Der Fluss der Wahrnehmungen geht leichter, er fließt. Einatmen, ausatmen."

Nun können wir den Körper zunehmend besser beruhigen. Die Beine schlafen immer noch ein, doch das ist okay. Wir nehmen wahr, wie sich die körperlichen Empfindungen während der Meditation stetig verändern. Die Emotionen finden ebenfalls ihren Platz. Wir spüren, wie unsere Emotionen sich im Körper einnisten und dort Reaktionen hervorrufen. Unser Verstand ist wie ein kleiner überaktiver Affe. Er ist stetig auf der Suche. Schnell ist er gelangweilt, doch Ruhe findet er kaum. Wir bleiben bei der reinen Wahrnehmung dieser Vorgänge. Unsere Wahrnehmung kann die drei Bereiche Verstand, Emotionen und Körper immer klarer differenzieren. Wir spüren, dass wir nicht mehr nur direkt an unserem Körper mit unseren Emotionen verhaftet sind. Die Position des Wahrnehmenden wird immer deutlicher.

Meditation

Da ist *Wahrnehmung*. Die Wahrnehmung strömt ungehindert. Sie verharrt immer nur kurz und fließt dann weiter. Es ist ein ruhiger und klarer Zustand. Anspannungen im Verstand, im Körper und in den Emotionen kommen und gehen. Es ist okay. Es bleibt ruhig und klar.

Der Wahrnehmungsprozess richtet sich auf die Bereiche Verstand, Emotionen und Körper. Der Wahrnehmungsprozess verharrt nirgendwo, er bleibt stetig im Fluss. Nach und nach verändert sich jede Empfindung. Auch die Geschwindigkeit der einströmenden Empfindungen kann sich nun verändern. Der Fluss der Wahrnehmung kann sich nach und nach verlangsamen.

Meditation

Da ist *Wahrnehmung*. Die verschiedenen Eindrücke treten immer wieder in die Wahrnehmung. Da sind Körperempfindungen. Da ist die Wahrnehmung eines anderen Menschen, des Partners. Da sind Emotionen. Da ist ein Luftzug von draußen. Da sind Bäume. Da ist Sonne. Da sind Gerüche. Da sind Eindrücke, dass es zum Beispiel bald regnen wird. Alles ist da. Alles ist okay. Es ist ruhig und klar.

Die Wahrnehmung kann in gleicher Weise sanft auf verschiedene Bereiche gelenkt werden, auf den Verstand, den Körper, die Emotionen, nun aber auch auf unseren Partner, unsere Kinder, Verwandte, Kollegen etc. Sie kann sich auch eigenständig verändern. Da ist Wahrnehmung. Die Wahrnehmung strömt stetig, sie löst sich von Widerständen und Anhaftungen. Der Blick wird klarer und freier.

Dieser Verlauf ist auch im günstigsten Falle nicht konstant. Es wird zwischendurch immer wieder Meditationen geben, die unruhiger sind, in denen sich der Verstand nicht beruhigt, die Emotionen stark wahrnehmbar bleiben und der Körper vielleicht ständig Schmerz- oder Spannungssignale sendet.

Die verschiedenen Meditationen sind so verschieden wie die Menschen, die meditieren. Dennoch konnten im Laufe der Jahrhunderte, in denen Praktizierende Meditationserfahrungen gesammelt haben, auch viele Gemeinsamkeiten und Übereinstimmungen festgestellt werden. Das folgende Bild zeigt einen sehr oft beschriebenen Verlauf sowohl innerhalb einer Meditationssitzung als auch über viele Meditationssitzungen hinweg.

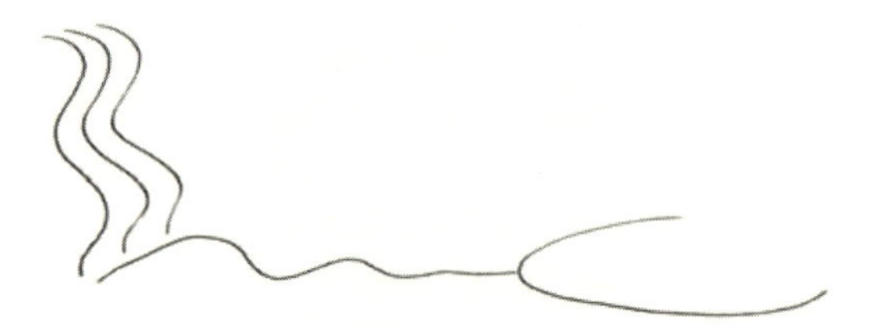

Zuerst erleben wir (links im Bild) einen wahren Wasserfall von Gedanken. Scheinbar sind wir angefüllt mit unzähligen Ideen und Gedanken. Dieser Strom wirkt anfangs oft beängstigend. Im weiteren Verlauf (Bildmitte) erleben wir, wie der Strom noch starke Wellen von Gedanken produziert und dann langsam immer ruhiger werden kann. Ab einem bestimmten Zeitpunkt erfahren wir unseren Geist wie einen ruhigen klaren See (rechte Bildseite).

Die Beschreibung eines derart komplexen Vorgangs wie der Meditation wird wohl immer unvollständig bleiben müssen. Jede noch so gute Beschreibung kann zudem nie die eigene praktische Umsetzung und die eigene Überprüfung ersetzen. Allerdings sollte nun zumindest der ungefähre Kurs etwas deutlicher geworden sein.

Die Auswirkungen der Meditation

In der Meditation kann das verworrene Gemisch aus Verstand, Emotionen und Körperempfindungen mit Hilfe einer geschulten Wahrnehmung genauer differenziert und eine klarere Trennung dieser Bereiche herbeigeführt werden. Der reine Wahrnehmungsprozess verstärkt sich zunehmend. Bald können Verstand, Emotionen und Körper mit immer weniger Bewertungen, Urteilen und mit zunehmend mehr Klarheit und Ruhe wahrgenommen werden. Auf dem weiteren Übungsweg können wir immer mehr Begrenzungen und Blockaden lösen, sodass wir unsere eigenen inneren Prozesse ebenso differenziert wahrnehmen lernen wie alle anderen Aspekte unseres Lebens, der Mitmenschen und der Natur um uns herum.

Meditation führt nachweislich zu einer durchgängig höheren Fähigkeit zur Aufmerksamkeit im Alltag. Wir sind achtsamer, bewusster und konzentrierter, ohne dafür eine nennenswerte Anstrengung erbringen zu müssen.

Wir haben am eigenen Leibe erfahren, dass sich alle Empfindungen im Fluss befinden. Eine der vielen Konsequenzen, die von etlichen Meditierenden berichtet wird, ist die Erfahrung, auch in kritischen Situationen spürbar ruhiger und gelassener bleiben zu können. Wir können dann vieles in Ruhe betrachten, ohne gleich darauf zu reagieren. Es ist ebenfalls möglich, mit der zunehmenden Befreiung jetzt eigene echte Entscheidungen zu treffen, wie zum Beispiel nun nicht mehr auf eine vermeintliche Provokation einzusteigen, sondern vielleicht zu lächeln und mit Zuwendung zu reagieren. Oder, wenn es die Situation erfordert, auch einmal klar und deutlich die eigene Meinung zu sagen, danach aber auch schnell wieder die Spannungen weiterziehen zu lassen.

Viele Meditierende berichten ebenfalls davon, dass es für sie nun keine Wartezeiten mehr gebe. Jede Gelegenheit kann genutzt werden, um sich in der Situation zu lösen, sie anzunehmen, zu atmen, zu lächeln und den Moment einfach zu genießen. Wir warten nicht, wir sind zufrieden und vielleicht sogar glücklich.

Die Erfahrung zählt

Meditation ist eine *Praxis*methode, die nur begrenzt theoretisch vermittelbar ist. Auch können die hier beschriebenen Erfahrungen und die Ziele der Meditation nur sehr begrenzt mit Worten weitergegeben werden. Ohne eigene Erfahrungen wird sich alles etwas unklar und vielleicht sogar unrealistisch anhören.

Ziehen wir als Analogie einen bildlichen Vergleich heran: Die kleine Robbe liegt auf felsigem Boden, sie wird ihn wohl deutlich spüren, aber sie weiß nicht, was ein fester Boden wirklich bedeutet, und kann ihn auch nicht einordnen oder relativieren. Vielleicht sticht, zwickt und drückt der felsige Boden sogar, doch sie nimmt den Boden wohl einfach als gegeben hin. Erst wenn die Robbe zum ersten Mal in den Ozean eintaucht und den festen Boden verlässt, erkennt sie, was fester Boden heißt und wie er einzuordnen ist.

Wie individuell eine Meditation aussehen kann, möchte das folgende kurze Beispiel beschreiben:

Jochen (47 Jahre) berichtet, hier verkürzt wiedergegeben, von seiner letzten Meditation:

„Ich bekam einen Brief von meiner Exfreundin, der mich enorm ärgerte. In mir kochte es. Ich versuchte vergeblich, mich auf andere Dinge zu konzentrieren. Egal was ich auch tat, immer begleitete mich dieser Brief und insbesondere die Vorstellung von dieser unmöglichen Frau. Ich merkte sehr deutlich, dass sich diese Gedanken festgesetzt hatten, wie ein Parasit in meinem Kopf. Ich war wie gefangen. Mein Geist war völlig eingetrübt, ich sann nur auf Rache und Kampf.

Dann dachte ich an meine regelmäßige Meditationspraxis. Hier hatte ich doch das Handwerkszeug erlernt, um meinen Geist zu klären und zu besänftigen. Ohne so recht daran zu glauben, setzte ich mich auf mein Kissen und begann meine Meditation. Ich spürte sofort, dass ich kaum atmen konnte. Alles war verkrampft und verspannt. Auch der Nacken brannte und stach schmerzhaft. Ich war verzweifelt. Anfangs versuchte ich mit Gewalt, meine Bauchatmung zu praktizieren, aber ich hatte keine Chance. Ich bekam einfach keine Luft und meine Gedanken sprudelten wütende Fantasien hervor.

Dann passierte etwas sehr Bemerkenswertes: Irgendwie kam ich auf die Idee, meinen inneren Unruhestifter doch einmal selbst zu befragen. (Ich nenne ihn in klassischer Weise Mara.) ‚Mara, was ist hier los, was machst du mit mir? Was willst du?' Augenblicklich erschien vor meinem inneren Auge eine Herde wütender Nashörner; auf dem Rücken des größten Nashorns thronte Mara mit einer Peitsche und heizte die Tiere damit an. Mara freute sich, er hatte seine Action. Anfangs war ich total überrascht von dem Bild, aber okay. Ich begann ein Gespräch, in dem ich Mara vermittelte, dass ich ihn recht gut einschätzen könne; er sei für mich schon oft hilfreich gewesen, aber nun solle er bitte die wütenden Nashörner dort hinten auf den grünen Ebenen vor den Bergen grasen lassen. (Die Bilder entstanden unwillkürlich.) Dafür würde ich ihn sicher demnächst einmal rufen, um mit ihm in den Kampf zu ziehen. Nach ein wenig Hin und Her zog er mit den Nashörnern in Richtung Berge. Und da spürte ich plötzlich eine deutliche Erleichterung, ich konnte wieder ein wenig besser atmen. Dieses Gefühl konnte ich verstärken. Aber dann kam wieder der Brief in mein Bewusstsein und ich sah eines der Nashörner wieder direkt vor mir. Mit klarer Stimme sagte ich zu ihm: ‚Nicht gegen mich, nicht gegen die eigenen Leute.' Es drehte tatsächlich um und trottete den anderen hinterher. Mein Verstand kam immer mehr zur Ruhe, meine Emotionen klärten sich ebenfalls. Aber mein Körper schmerzte insbesondere im Nacken enorm. Ich achtete auf die Spannungen, wie sie sich hin und her bewegten. Meine Atmung half dabei, die Spannungen zu lindern. Nach und nach verstärkte sich ein klarer und ruhiger Zustand. Ich war unendlich dankbar und zufrieden."

Durch dieses Beispiel wird vielleicht deutlich, wie individuell, kreativ und spannend eine Meditation verlaufen kann. Es wird auch deutlich, dass nicht jede Meditation nur ruhig und friedlich verläuft. Ebenfalls erkennen wir sehr schön den Ablauf durch die einzelnen Ebenen von Verstand, Emotionen und Körper.

Sicherlich haben wir es hier nicht mit einer typischen Meditation zu tun, sondern eigentlich mit einer Vorstufe, in der Jochen erst einmal für die notwenigen Vorbedingungen sorgte, um dann im weiteren Verlauf die Meditation in Ruhe und Klarheit praktizieren zu können. Trotz der Eigentümlichkeit dieses Beispiels können wir gut erkennen, dass Jochen seine Meditation zwar lenkte, dabei jedoch keinen eigenen Druck erzeugte. Die notwendigen Schritte erfolgten sanft, wenn auch richtungsweisend.

Auch ohne die Fortführung des Meditationsbeispiels erkennen wir sehr schön, wie die Meditation bei der notwendigen Befreiung von unheilsamen Geisteszuständen für uns hilfreich zu sein vermag.

Meditation oder Kopfkino?

Es gibt unendlich viele Varianten, wie Meditation umzusetzen ist. Weil dieser Prozess so komplex ist, wäre es anfangs recht hilfreich, mit den ersten Meditationsschritten unter der Anleitung eines Lehrers zu beginnen. Wir benötigen diese Hilfe insbesondere in der Anfangsphase, doch zum Teil auch noch im weiteren Verlauf unserer Übungspraxis, um Meditationserfahrungen einschätzen zu können. Es ist sehr wesentlich, dass wir differenzieren lernen zwischen unseren Verstandes- und unseren Geistestätigkeiten. Die Meditationserfahrungen können durchaus auch Aktivitäten unseres unruhigen Verstandes sein, der uns die interessantesten Bilder und Visionen anbietet. Das wäre dann allerdings nur eine kostenlose Version von Kopfkino. Würde Jochen zum Beispiel von einer Vision in die nächste eintauchen, könnten wir nicht mehr von Meditation sprechen.

In der Meditation wollen wir uns mit unserem Geist vertraut machen. Wenn wir unsere Körpersignale, unsere Emotionen und unsere Verstandestätigkeiten gut kennen und einschätzen und die unterschiedlichen Aspekte zuordnen und differenzieren lernen, können wir im Verlauf der Meditation so still werden, dass wir vielleicht eine Chance bekommen, unsere geistigen Qualitäten zu erspüren und wahrzunehmen. Die Erfahrung hat dann eine völlig andere Struktur als alles, was wir vorher wahrnahmen. Diese zum Teil recht verschlungenen Pfade sind aber sehr viele Menschen bereits vor uns gegangen. Daher erscheint es sinnvoll, deren Erfahrungen zu nutzen.

An dieser Stelle beenden wir die Ausführungen zur Meditation als eine der wesentlichen Einflussmöglichkeiten, die uns zur Verfügung stehen. In diesem Kapitel befassen wir uns mit den Möglichkeiten, die wir zur Veränderung nutzen können. Für diese Überlegungen haben wir uns vor allem mit der Dritten Edlen Wahrheit beschäftigt, die uns zeigt, wie wir Leiden beenden können. Nun wenden wir uns dem nächsten Punkt zu: der Vierten Edlen Wahrheit, die wir an dieser Stelle nur relativ kurz beleuchten. Sie umfasst die Umsetzung unserer Fortschritte in unseren Alltag. Diese Vierte der Vier Edlen Wahrheiten wird auch „der Achtfache Weg" genannt. Es werden acht sehr wichtige Bereiche unseres Lebens benannt, von denen wir jeden einzelnen überprüfen können.

Die Vierte Edle Wahrheit

Diese Vierte Edle Wahrheit vom Rechten Weg führt uns noch tiefer in die Praxis unseres Alltags hinein. Sie verdeutlicht nochmals den wichtigen buddhistischen Appell, nicht auf dem Meditationskissen die Verwirklichung zu suchen, sondern unsere Erkenntnisse und Fortschritte in den Alltag zu integrieren: zu unserem eigenen Vorteil und dem Nutzen aller anderen Wesen.

In dieser Vierten Edlen Wahrheit werden konkret die relevanten Lebensbereiche aufgelistet, denen wir uns achtsam für unsere Verwirklichung zuwenden sollten. Wir finden hier die folgenden Bereiche:

(1) unsere Ansichten oder Erkenntnisse
(2) unser Denken
(3) unsere Rede
(4) unser Handeln
(5) unsere beruflichen Tätigkeiten
(6) unsere Motivation
(7) unsere Achtsamkeit und
(8) unsere Konzentration

Jeder dieser acht Bereiche verdient eine vertiefte Betrachtung und Würdigung. Wir werden an dieser Stelle jedoch nicht in sämtliche acht Lebensaspekte eintauchen, sondern im Rahmen unserer Thematik stellvertretend den dritten Aspekt, unsere Rede, die Kommunikation innerhalb der Liebesbeziehung herausgreifen.

Dabei ist sicherlich jeder der acht Aspekte des Edlen Achtfachen Weges gleichwertig. Für eine vertiefte Bearbeitung all dieser Themen sei daher auf das Buch *Buddhistische Psychotherapie* verwiesen.

Der dritte Aspekt des Edlen Achtfachen Weges: Die Kommunikation in der Partnerschaft

Dem Thema Kommunikation kommt im Rahmen einer Paarbeziehung wohl eine besondere Bedeutung zu.

Die langjährigen Erfahrungen aus der buddhistischen Psychotherapie und die Schilderungen von anderen Paartherapeuten weisen auffällige Ähnlichkeiten auf: Ein Hauptproblem sehr vieler Paare ist die Kommunikation. Oftmals haben sich hier unheilsame Strukturen, Gewohnheiten und subtile Probleme festgesetzt, manchmal sogar, ohne dass die Betroffenen es wahrnehmen.

Die Form unserer Kommunikation ist meist ein Ausdruck unserer Bewusstheit – oder eben leider deren Einschränkungen. Aufgrund von mangelnden (1) Erkenntnissen, getrübtem (2) Denken, zu unbedachten (4) Handlungen, unklarer (6) Motivation, zu geringer (7) Achtsamkeit und fehlender (8) Konzentration werden wir in unserer Kommunikation schnell gewalttätig. Die Verbindung von Kommunikation und Gewalt ist tatsächlich eine alltägliche Kombination. Jeder von uns hat wohl schon oft die Erfahrung gemacht, wie verletzend und destruktiv verbale Äußerungen sein können.

Die folgende Tabelle soll eine kleine Übersichtshilfe geben über unsere heilsamen ☺ und auch unheilsamen ☹ Kommunikationsmöglichkeiten.

☺	☹
Achtsame Körpersprache: Haltung, Mimik, Gestik, Tonfall	Kampfhaltung, Opferhaltung
Nötige Distanz: Innen + Außen	Anhaftung + Identifikation, Widerstand
Ich-Formulierungen	Du hast … Man macht …

Eigenes Empfinden formulieren	Vorwürfe, Bewertungen
Fragen stellen	Feste Meinungen, Vorurteile
Zuhören, Wiederholen, Empathie zeigen	„Einfache" Lösungen (Ratschläge sind Schläge)
Konkretes: jetzt, gestern Abend	Generalisierungen: alles ..., immer ...
Konkreter Wunsch als Abschluss	Unausgesprochene Erwartungen

Bis auf die Thematik der Körpersprache, die von besonderer Bedeutung ist, haben die anderen genannten Punkte in der Tabelle keine Rangordnung oder unterschiedliche Wichtigkeit.

Eine achtsame Kommunikation hat dieselben Wurzeln wie die Achtsamkeit selbst: Im Mittelpunkt steht unser Körper und in diesem Fall genauer unsere Körpersprache in Form der Haltung, Mimik, Gestik und des Tonfalls. An dieser Stelle wird recht deutlich, dass unser Körper neben unseren bewussten Verstandestätigkeiten eine Art Eigenleben zu führen scheint. Natürlich ist uns allen klar, dass im Körper sehr viele Vorgänge weitgehend automatisch ablaufen, ohne dass wir es bewusst steuern, zum Beispiel die Verdauung, der Blutdruck, chemische und elektrische Vorgänge etc. Fatalerweise führt unser Körper oft aber anscheinend auch nach außen ein Eigenleben. Vielleicht möchten wir uns gern konstruktiv verständigen und merken gar nicht, wie wir mit verschränkten Armen, hochgezogenen Schultern und einem grimmigen Gesichtsausdruck etwas ganz anderes vermitteln. Die friedfertigsten Reden wirken unglaubwürdig, wenn wir uns durch eine angespannte, feindselige oder übermäßig verschlossene Körpersprache verraten.

Genauso wie die bewusste Achtsamkeit in allen anderen Bereichen führt eine gelungene Kommunikation also stets über die *körperliche* Achtsamkeit. Für eine heilsame Kommunikation, zum Beispiel mit unserem Partner, benötigen wir daher erst einmal eine körperliche Bewusstheit, die in den nächsten Schritten dann zu emotionaler und schließlich zu geistiger Ruhe und Klarheit führt.

Alle anderen Aspekte der achtsamen Kommunikation aus der obigen Tabelle, so wie Ich-Formulierungen, Konkretisieren, Empathie, Fragenstellen und Zuhören, sind zwar ebenfalls bedeutsam, doch eher als Abrundung und zum Teil als technische Hilfen zu sehen. Wenn wir also auf unseren Partner mit dem Wunsch nach einem klärenden Gespräch zugehen, müssen wir achtsam bedenken, was unser Körper uns selbst und unserem Partner sagt oder sagen soll.

Die Quintessenz des buddhistischen Weges

Die Vierte Edle Wahrheit vom Achtfachen Weg vermittelt uns, dass wir unsere heilsamen Fähigkeiten, unsere konstruktiven Seiten, unsere Anteil nehmenden und mitfühlenden Qualitäten, unsere Liebe nicht nur isoliert auf ganz spezielle Menschen oder Situationen beziehen oder uns ihnen gar völlig verschließen dürfen. Es reicht auch überhaupt nicht, nur darum zu wissen oder nur darüber zu reden oder zu philosophieren.

Die gesamte buddhistische Lehre ist auf diesen Punkt hin ausgerichtet: Verwirkliche deine eigenen Fortschritte, setze sie in deinem Alltagsleben um, realisiere sie, um dir und allen anderen zu helfen.

Die buddhistische Vorstellung von tugendhaftem Verhalten gibt uns hier den Kurs vor: Unterlassen wir unheilsame und negative Gedanken und Handlungen und kultivieren wir *aktiv* die Verwirklichung der heilsamen Aspekte in unserem gesamten Alltag. Eine angestrebte Verwirklichung unserer Fortschritte ist nur dann gelungen, wenn wir sie in möglichst alle Lebensbereiche einfließen lassen und umsetzen. Die Trennung zwischen der „guten" buddhistischen Praxis und dem „normalen" Alltagsleben, kann nicht das Ziel unserer Bemühungen sein. Mit ein wenig Geduld für unsere regelmäßigen Übungen werden wir bald an einen Punkt gelangen, an dem Übungszeiten und Alltag, Theorie und Praxis miteinander verschmelzen.

Nochmals zur Erinnerung: Wir *haben,* im Sinne von *besitzen,* keine Beziehungen, sondern *leben* aktiv unsere Beziehungen und kultivieren sie bewusst. Damit sind also nicht nur die Liebesbeziehungen, sondern ebenso alle anderen gemeint, wie kollegiale Beziehungen, Freundschaften, familiäre oder nachbarschaftliche Beziehungen.

Ein bewährtes Unterstützungsprogramm

Solche Appelle und Aufforderungen zur Praxis finden immer wieder schnell Zustimmung und Beifall, doch die Umsetzung kann sich als ungemein schwierig erweisen. Um sich wirklich auf den buddhistischen Weg einzulassen und die gut erprobten Hilfsangebote und Praxisanleitungen optimal nutzen zu können, kann ein sehr heilsames Rezept in einem Drei-Stufen-Programm bestehen:

1. Wir vertrauen auf die tiefen Erkenntnisse, die *Buddha* vor so langer Zeit zur Befreiung führten und die er danach an seine Mitmenschen weitergab. Buddha durchlebte Reichtum und Armut, Sinnesfreuden und Askese. Er fand dann den Mittleren Weg und erreichte die Befreiung.

2. Seine Erkenntnisse führten zur buddhistischen Lehre, dem *Dharma,* und sind im Laufe der Jahrhunderte sehr häufig erprobt und bestätigt worden; wir können sie heute in vielen guten Büchern nachlesen.

3. Wenn wir dann noch einen *Sangha,* eine hilfreiche Gemeinschaft von Gleichgesinnten finden, mit denen wir zusammen üben und uns gegenseitig unterstützen können, dann haben wir ein recht gutes und Erfolg versprechendes Unterstützungsprogramm gefunden.

Frank (45 Jahre) wünscht sich sehr, durch die Meditation abschalten zu können und sich endlich – wenn auch nur für kurze Zeit – frei zu fühlen. Doch er hat immer wieder Schwierigkeiten mit seiner Müdigkeit, die ihn in der Meditation regelrecht überfällt. Frank lernt langsam, dass Meditation nichts mit Abschalten, sondern mit einem Geistestraining zu tun hat. Er erhält die Anregung, sich seine geistige Spannung auf dem Bild des Mittleren Weges vorzustellen. Nach einiger Zeit kann Frank recht gut spüren, wenn seine geistige Spannung zu sehr absinkt und ihm der Schlaf droht.

Diese Art von dosiertem Training kann Frank bald auch auf viele andere seiner Lebensbereiche übertragen. Er erzählte, dass es ihm besonders im Umgang mit seiner Frau helfe, die eigenen Ansprüche an sie zu dosieren, und darüber hinaus auch die Selbstwahrnehmung deutlich steigere.

6
Die unheilsamen Wiederholungen

> Die unheilsamen Aspekte unserer Persönlichkeit
> können erkannt und umgewandelt werden,
> sodass unser natürliches Temperament
> heilsamen Ausdruck findet.
>
> – Jack Kornfield –

Ein besonders leidvoller Aspekt unseres Erlebens besteht oft in der Tatsache, dass wir die schmerzhaften Erfahrungen, die wir gemacht haben und die wir künftig unbedingt vermeiden wollen, doch immer wieder aufs Neue erleben. Wir merken dann, dass wir in einer Art Kreislauf gefangen sind. Es scheint Wirkmechanismen zu geben, die uns fast unbemerkt auf eine sehr unheilsame Art lenken und uns immer wieder zu denselben Problemen hinführen.

Im vorigen Kapitel haben wir die *universellen* und übergeordneten drei Ursachen – Unwissenheit, Anhaftung und Widerstand – für einige unserer Schwierigkeiten und insbesondere unsere Beziehungsprobleme kennengelernt. Sicherlich gibt es noch weitere Quellen, die den Nachschub für unsere Probleme liefern. So warten Krankheit, Alter und Tod auf uns und alle anderen Wesen, sie sind weitere *universelle* Ursachen für unser Leiden. Daraus entstehen vielfältige Leidenserfahrungen, weil wir diese beängstigenden Themen sehr gern verdrängen und verleugnen, bis sie uns dann doch einholen und wir meist völlig unvorbereitet darauf reagieren müssen. Das Verdrängen dieser Tatsachen kostet permanent, jede Minute, Energie – und in der Regel nehmen wir dies nicht einmal zur Kenntnis. Die Nöte, die entstehen, wenn wir uns unvorbereitet einem großen Problem stellen müssen, kann wohl jeder nachvollziehen. Unsere Unwissenheit, unsere Anhaftung und unser Widerstand verschlimmern in der Regel diese Probleme noch.

Diese Dynamik sollte in den verschiedensten Ausprägungen und Facetten (1) *erkannt* und *verstanden* werden. Dann können wir das

Verständnis für unsere Situation (2) *vertiefen* und *verinnerlichen.* Wenn wir auf diesem Weg sind, können wir uns ernsthaft daran machen, die Situation zu verändern, das heißt, unser Wissen (3) *umsetzen* und *verwirklichen.* Dieser Drei-Schritte-Prozess beschreibt die buddhistische Weise des Umgangs mit allen Erkenntnissen. Dieser recht konstruktive Weg benötigt einige Übung und Geduld, vor allem deshalb, weil wir oft auf Abwege geraten.

Das sich unheilsam wiederholende Streitkarussell

Ein Indiz dafür, dass wir wahrscheinlich wesentliche Probleme ignorieren oder verdrängen, ist das Streitkarussell. Dass wir weitgehend blind einem Muster folgen, merken wir oft erst dann, wenn wir zum wiederholten Mal an den gleichen unliebsamen Punkt gelangt sind, immer wieder an der gleichen Stelle stecken bleiben oder erneut dort ankommen: Streitpunkte, die sich immer wiederholen, immer die gleichen Probleme, die gleichen Diskussionen, die gleichen Argumente und Vorwürfe.

Ohne eine bewusste und selbstkritische Durchdringung unserer Handlungen und Umgangsformen, gerade auch in unseren Liebesbeziehungen, werden wir immer nur einem unbewussten Muster folgen, doch leider nie eine eigenständige Wahl treffen können. Deshalb werden wir oftmals so etwas wie ein Déjà-vu-Erlebnis haben, das Gefühl einer nur allzu bekannten Wiederholung. Und täglich grüßt das Murmeltier …

Leiden verstärkt unsere Unbewusstheit

Dieser Wiederholungszwang scheint in uns angelegt zu sein. Wir wiederholen, was wir schon kennen. Diese Verhaltensmuster sind uns vertraut, und auch wenn sie vielleicht sehr problematisch sind, prägen sie sich oft doch tief in uns ein. In der Regel sollen uns diese in uns angelegten Muster allerdings helfen und unserer Entlastung dienen. Wir müssen nicht jeden Tag das Rad neu erfinden, sondern können, ohne erst viel nachdenken zu müssen, auf routinierte Abläufe zurückgreifen.

Es ist jedoch notwendig, dass die Nutzung solcher Muster wieder mehr in unser Bewusstsein tritt. Ohne diese Achtsamkeit bestimmen diese weitgehend unbewussten Muster unsere Handlungen und im Laufe der Zeit dann auch unsere Gewohnheiten und, damit verbunden, unseren Charakter und unser Schicksal. Wenn wir leiden, steigert sich das Ausmaß unserer Unbewusstheit noch. Wenn wir unseren Geist nicht schulen, verbringen wir gewöhnlich ohnehin schon die meiste Zeit des Tages in Unbewusstheit, und Leiden verstärkt noch unsere Unbewusstheit.

Wir haben viele Fertigkeiten erlernt, wie etwa Laufen, Autofahren oder Kaffeetrinken, die nun in uns als Programm gespeichert sind. Wenn wir zum Beispiel Kaffee oder Tee trinken, werden wir uns kaum auf die einzelnen damit verbundenen Handlungsschritte konzentrieren müssen, wie den Arm auszustrecken, die Finger auszustrecken und zu krümmen, die Balance zu bewahren, während wir die Tasse halten, weil diese Tätigkeiten als unbewusstes Programm in uns ablaufen. Damit verbunden ist, dass wir dann auch die weiteren Details dieses Tee-Trink-Programms nicht mehr wahrnehmen, wie den Duft, die Wärme, den Geschmack und den Genuss.

Unser Tag besteht zumeist aus Tausenden dieser Abfolgen, die wir einfach abspulen lassen. Das ist einerseits eine Erleichterung, doch es führt uns auch zu Unachtsamkeit und in ein Nur-noch-Funktionieren hinein. Plötzlich ist es schon wieder Abend und wir fragen uns: „Wo ist denn die Zeit geblieben?" Tauchen in diesem Ablauf auch noch Probleme auf, neigen wir dazu, in noch tiefere Unbewusstheit abzusinken. Unsere psychischen und/oder körperlichen Schmerzen, Sorgen, Ängste, unser Ärger und unsere Wut etc. führen uns noch tiefer in unsere unbewussten Muster hinein. Unsere Kompetenz etwa zur Problembewältigung verabschiedet sich dann völlig. In solch einem Zustand regredieren wir gewissermaßen auf Kleinkindniveau und neigen dazu, am liebsten nur noch zu weinen, zu schreien oder etwas kaputt machen zu wollen.

Derartige Vorgänge treten regelmäßig auf und begleiten unser Leben und leider beherrschen sie es zumeist auch oder prägen es doch zumindest. Wie viele wichtige Momente haben wir durch derartige Fehlreaktionen schon negativ beeinflusst? Muss das so sein?

Aus dieser Schilderung ergibt sich eine klare Aufforderung zur Geistesschulung. Wir müssen die vielen unbewusst gewordenen Muster in uns wieder in den Fokus unserer Achtsamkeit nehmen. Sicherlich wäre es eine Überforderung, jetzt sämtliche Einzelheiten jeder Handlung analysieren zu wollen, gedanklich aufzusplittern und jeweils einzeln wahrzunehmen. Es erscheint jedoch sinnvoll, wenn wir einfach damit beginnen, uns für bestimmte mechanisch ablaufende Tätigkeiten, wie beispielsweise das Tee- oder Kaffeetrinken, etwas Zeit zu nehmen und unsere Achtsamkeit daran zu trainieren.

Der Buddhismus weist uns sehr eindrücklich darauf hin, dass wir definitiv eine Wahl haben – oder zumindest hätten. In der Regel müssen wir jedoch leider erst einmal sehr viele Wiederholungen durchleben, bis wir damit durch sind. Gemeint ist hier, bis wir die Nase voll davon haben *und* uns klar geworden ist, dass wir nicht weiter Energie damit verschwenden, um den anderen ändern zu wollen. Wir müssen uns selbst ändern.

Dieser Punkt ist elementar wichtig für eine sinnvolle und Erfolg versprechende Herangehensweise: Wir sind zwar perfekt, so wie wir sind, doch wir müssen dringend etwas ändern.

Wenn sich aufgrund solcher Muster die Einzelfälle immer und immer wiederholen, drohen beachtliche Gefahren auf mehreren Ebenen für uns und andere. Wir haben schon gehört, dass sich durch Wiederholungen unserer Handlungen nach und nach unsere Gewohnheiten herausbilden, die sich dann wiederum zu relativ festen Charakterzügen entwickeln. Deshalb sei hier wieder der gleiche Appell wiederholt: Es ist wichtig, dass wir sehr hellhörig und aufmerksam werden, wenn sich Dinge in unserem Leben wiederholen.

Das Gute an dieser weniger guten Situation ist, dass wir mit diesen Problemen nicht allein dastehen. Schon viele Menschen vor uns haben sich damit abgemüht. Die buddhistischen Lehren und Praxisanleitungen bieten hier einen reichhaltigen und über viele Generationen hin gut geprüften Erfahrungsschatz. Wir können daher auf hilfreiche Methoden der Geistesschulung zurückgreifen. – Zur weiteren Vertiefung sei auf das Buch *Buddhistische Psychotherapie* verwiesen.

Neben den konstruktiven konkreten Handlungsalternativen für die jeweiligen Situationen benötigen wir generell ein positives, also heilsames Grundverständnis von uns und allen anderen als Fundament, auf dem wir alles andere aufzubauen versuchen.

Unser Innerer Edler Kern

Wir haben Probleme, alle anderen auch. Diese unangenehmen Dinge, unsere schlechten Angewohnheiten, unsere unheilsamen Reaktionen, die uns oft selbst erschrecken mögen, sind *nicht* unsere Grundsubstanz.

Ich *habe* eine Grippe, aber ich *bin* keine Grippe. Ich *habe* Ärger, aber ich *bin* kein ärgerlicher Mensch. Ich *habe* Angst, aber ich *bin* kein ängstlicher Mensch. Ich *habe* Trauer, aber ich *bin* kein trauriger Mensch. Zwar *habe* ich vielleicht schon lange ein Problem, das mich begleitet, aber es ist eben nur ein Begleiter und kein fester Bestandteil von mir. Wenn wir das nicht mehr differenzieren können und uns selbst schon völlig mit einem Problem identifizieren („Ich *bin* ein ängstlicher, wütender, trauriger Mensch"), dann ist es wirklich an der Zeit, hier einmal etwas aufzuräumen.

Wenn wir einen möglichen Partner kennenlernen, spüren wir zuerst vielleicht hauptsächlich unser Begehren und sehen den anderen in einem sehr speziellen Licht. Viele Psychologen arbeiten mit ihren Klienten daran, bei anderen Menschen sowohl positive als auch negative oder kritische Anteile wahrzunehmen und zu würdigen und beide Bereiche integrativ als zusammengehörig sehen zu können. Das heißt, wir sollten niemanden idealisieren oder dämonisieren. Wenn wir in einem Menschen nur noch negative Eigenschaften sehen, erleben wir wahrscheinlich gerade eine schwere Verblendung. Das gleiche Problem, nur mit anderen Vorzeichen, tritt auf, wenn wir einen Menschen idealisieren und nur noch positive Eigenschaften bei ihm sehen. Verliebtsein kann ein schöner Wahn sein.

Hieraus ergibt sich ein Bild von uns Menschen als zweiseitige Wesen, jeder ist demnach Dr. Jekyll *und* Mr. Hyde. Das Gute *und* das Böse in uns scheinen uns erst ganz zu machen.

Buddhisten haben hier einen etwas anderen Blickwinkel. Prinzipiell steckt in den obigen Ausführungen zwar einiges an Einsicht, dennoch bietet die buddhistische Sicht hier eine hilfreiche Erweiterung. Zum besseren Verständnis nähern wir uns dem Thema einmal chronologisch: Wir betreten diese Welt als Neugeborene und damit als reine und unschuldige Wesen, die weder eine gute noch eine böse Seite kennen. Der Buddhismus nutzt hier die bildhafte Vorstellung, dass wir mit einem unberührten und wertvollen Inneren Edlen Kern, unserer Buddha-Natur, auf diese Welt kommen.

Dieser Edle Kern ist zu Anfang noch ungeschützt und sehr verletzbar. Da nicht einmal die perfektesten Eltern über Jahre hin 24 Stunden pro Tag alles richtig machen können, nicht jede emotionale Regung ihres Kindes auffangen und kompensieren, nicht sämtliche eventuell problematischen Reize von ihrem Kind fernhalten können, müssen wir als kleine Kinder lernen, diesen Edlen Kern in uns selbst zu schützen. An genau dieser Stelle entsteht etwas sehr Beachtenswertes: Wir bilden unsere Schutztechniken und auch unser Ich-Gefühl aus.

Das Ich und der Innere Edle Kern

Im Grunde als Schutzfunktion entwickeln wir Strategien, die uns unsere Selbstwirksamkeit erfahren lassen. Kleine Kinder freuen sich sehr, wenn sie merken: *Ich* mache das. *Ich* kann etwas bewirken. Das erzeugt Freude, weil es unter anderem auch die Angst lindert. Es entsteht eine Freude am Effekt, die uns wohl unser ganzes Leben begleiten wird.

Daraus entwickeln sich dann weitere Kettenreaktionen. Kinder beginnen unermüdlich weiter ihre Grenzen und ihre Macht auszuprobieren. Was kann *ich*, was darf *ich?* Das Ich-Gefühl stärkt sich immer mehr. Immer weitere Strategien zur Selbststabilisierung und Selbststärkung werden entwickelt, und all diese neu entstehenden Fähigkeiten legen sich gleichsam schützend um unseren Inneren Edlen Kern.

Der Vorteil dabei scheint auf der Hand zu liegen, wir werden erwachsen. Die Kehrseite davon ist leider, dass wir den Zugang zu unserem Inneren Edlen Kern verlieren. Wir werden zwar erwachsen und funktionieren recht gut, spüren jedoch, dass etwas fehlt, so als ob wir etwas verloren hätten. Das kann so weit gehen, dass wir uns selbst fremd werden. Vielleicht spüren wir Gefühle der Isolation und Einsamkeit, erleben schnell ein Gefühl der Langeweile oder Leere.

Hieraus ergeben sich unter anderem für unsere Partnerschaft wichtige Konsequenzen. Schauen wir uns unseren Partner einmal aus einer etwas anderen Perspektive an: Wir betrachten ihn als eigenständigen Menschen und stellen vielleicht einmal unsere Sehschärfe etwas niedriger ein, wir defokussieren also. Dabei versuchen wir den Edlen Kern, den jeder von uns hat, wahrzunehmen oder ihn eventuell zu spüren. Vielleicht erkennen wir dann zuerst einmal die aus den unterschiedlichsten Emotionen gebildeten dicken Schutzmauern, die vielen Abwehr- und Verteidigungswälle, vielleicht ganze Schichten aus Schutzfunktionen, Abwehrmaßnahmen, Stützen zur Selbststabilisierung, Alkohol, Nikotin und anderen Schmerzmitteln.

Es braucht Zeit, Geduld, Vertrauen und Zuversicht, zumeist auch viel Sicherheit und nicht zuletzt Liebe, um uns dem Edlen Kern in uns und um so mehr dem in anderen zu nähern. Wenn wir aber erst einmal unseren Blick darauf richten, kann dies unsere Weltsicht, unser Verständnis füreinander und für uns selbst grundlegend verändern und transformieren.

Spüre deinen Inneren Edlen Kern in dir.
Auch dein Partner trägt seinen Inneren Edlen Kern in sich.

Je mehr wir das erkennen, würdigen und dementsprechend handeln, desto weniger stark muss der Partner seinen Inneren Edlen Kern vor uns schützen.

Diese zugegeben etwas vereinfachte Vision vom Edlen Kern in uns vermag sowohl Partnerschaften als auch uns selbst grundlegend zu transformieren. Wenn wir dieses Verständnis tief in uns verankern und dann verwirklichen, wird es zukünftig unmöglich sein, den anderen bewusst zu verletzen. Ein tiefer Respekt für die eigenen Qualitäten und die des anderen werden sich auf diese Weise unaufhaltsam festigen. Ohne diesen Zugang können wir nur im Bereich unserer eigenen Schutzmauern wie auch denjenigen unserer Mitmenschen agieren. Daher erscheint es lohnenswert, zu verstehen und durch gezieltes Achtsamkeitstraining selbst zu erfahren, dass es uns jede Minute des Tages Energie kostet, unsere Schutzmauern aufrechterhalten zu wollen.

Logischerweise ergibt sich aus der geschilderten Dynamik die Notwendigkeit, die Schutzschichten und Abwehrmauern, die unseren Inneren Edlen Kern umgeben, vorsichtig und achtsam zu durchdringen. Das Ziel könnte darin bestehen, wieder einen guten Zugang zu unserem Edlen Kern, zu unserer Buddha-Natur zu bekommen. Wir brauchen dann nicht mehr so viel Energie auf das Bemühen verschwenden, uns rigoros schützen zu wollen. Dann werden wir in deutlich spürbarer Resonanz, flexibler, dynamischer, freudiger und kraftvoller unseren Alltag leben können. Alles wird sich leichter anfühlen.

Des Weiteren erkennen wir dadurch unseren eigenen Wert und den hohen Wert eines jeden anderen Wesens. Damit können wir unser Wissen zum Wohle aller anderen Wesen heilsam einsetzen.

Daniela (38) und Heiko (43) berichten von den schon so lange währenden Bestrafungen, die sie einander und auch sich selbst zufügen. Daniela ist oft sehr wütend auf Heiko, sie schreit ihn dann an und rennt Türen schlagend aus dem Zimmer. Nicht selten beruhigt sie sich dann mit einer Tafel Schokolade, Gummibärchen und Pralinen. Heiko merkt meist auch weniger seine Hilflosigkeit als vielmehr seine angestaute Wut und seinen Frust. Es fällt ihm nicht selten richtig schwer, Daniela nicht anzugreifen. Am liebsten würde er sie manchmal packen und schütteln. Er versucht sich dann mit Alkohol wieder zu beruhigen.

Als Daniela und Heiko von der Weisheit des Inneren Edlen Kerns in jedem Menschen erfahren, reagieren beide spontan sehr intensiv darauf. Sie erkennen ohne lange Erklärungen die Bedeutung, die es für sie haben könnte. Nach einiger Zeit kommen sie wieder, beide tragen ein T-Shirt mit einer großen goldenen Kugel in der Mitte.

Daniela und Heiko berichten, wie die Vorstellung vom Edlen Kern in sich selbst und besonders auch im anderen ihr Leben und ihr Bewusstsein füreinander verändert hätte. Wenn sie nun in Streit geraten, erinnern sie sich gegenseitig daran, wie sehr jetzt ihr Innerer Edler Kern leide. Sie streiten zwar noch gelegentlich, aber es hat eine andere Qualität erhalten, die deutlich spürbar von gegenseitigem Respekt und Mitgefühl getragen wird.

Wir müssen aus den Kreisläufen des Streitens und damit des Leidens aussteigen. Ein wichtiger Aspekt dabei ist die Notwendigkeit der *Wertschätzung* für sich selbst und für alle anderen Wesen. Respekt füreinander ist ebenso wichtig wie Vergebung.

In Vergebung frei

Vergebung ist ein allumfassendes Prinzip: Wir selbst benötigen Vergebung, uns soll vergeben werden, wir müssen lernen, uns selbst zu vergeben, und wir sollten auch allen anderen vergeben können.

Natürlich ist es dabei nicht nur wichtig, sondern unumgänglich, die richtige Geschwindigkeit und Dosierung zu finden. Daher ist eine wirklich tief verinnerlichte, ernsthafte und ehrliche Vergebung oftmals eher das von uns angestrebte Ziel und nicht eine Voraussetzung für unsere buddhistische Übungspraxis. Vielleicht kann Vergebung eine Art Etappenziel sein, das wir anvisieren, darauf hinarbeiten, es immer mehr zulassen und irgendwann auch erreichen, um es dann aber schon wieder zu überwinden auf unserem weiteren Weg zur vollständigen Befreiung. Ohne Vergebung für uns und alle anderen gibt es wohl keine wirkliche Befreiung.

Es ist durchaus lohnenswert herauszufinden, was wir dafür benötigen, um vergeben zu können. Wie viel Sühne erwarten wir von uns selbst, wenn uns zum Beispiel Schuldgefühle plagen? Und wie viel Sühne erwarten wir von anderen? Benötigen wir wirklich Rache oder Genugtuung? Werden wir sie jemals zur Genüge erhalten? Liegt die Lösung tatsächlich in der Außenwelt? Wieso ist es oft so schwer zu vergeben? Wie lange wollen wir an unguten Dingen festhalten? Denn

Nicht-Vergeben bedeutet Festhalten und Anhaften an Vergangenem und eine Fortführung unseres Leidens.

Ebenso schwer scheint es manchmal zu sein, sich selbst zu vergeben. Auch für uns können wir die identischen Fragen wie für andere stellen: Welche Sühne müssen wir leisten? Wann ist etwas vergeben? Was braucht es, um uns selbst zu vergeben?

Jack Kornfield erzählt zum Thema des notwendigen Loslassens und Vergebens die Geschichte von zwei ehemaligen Strafgefangenen, die vor langen Jahren von ihren Wärtern gequält und misshandelt wurden und sich nun wiedertreffen. Der eine fragt: „Und? Hast du unseren Peinigern vergeben?", worauf der andere antwortet: „Niemals! Wie könnte ich denen vergeben?" Daraufhin gibt der Erste den Kommentar: „Dann halten sie dich also immer noch gefangen!"

Heike (46 Jahre) berichtet davon, wie oft sie schon nachgegeben hätte. Bereits ihre Eltern hätten ihr immer vermittelt: „Der Klügere gibt nach." Es fällt Heike schwer zu verstehen, dass Vergebung ein Schritt in die richtige Richtung sein soll. Erst nach und nach erkennt sie, dass sie mit der Vergebung auch die Verbindung lösen kann. Ohne Vergebung bleiben wir mit unheilsamen Anteilen von uns selbst oder mit anderen Menschen in Verbindung, die eine unheilsame Wirkung auf uns haben. Heike findet zuerst einen rationalen Zugang zur Vergebung, spürt im weiteren Übungsverlauf aber immer mehr am eigenen Leibe, um wie viel leichter und entspannter es sich anfühlt, wenn sie loslassen und vergeben kann.

Die Qualität und Tiefgründigkeit unserer Vergebung ist unter anderem auch eine Frage unserer Übungspraxis. Für eine ehrliche und tief gehende Vergebung ist es hilfreich, die Praxis des Loslassens zu kultivieren, also die Lösung von Negativität und unheilsamen Emotionen oder Geisteszuständen. Eine bloße Vermeidung oder Lösung von Negativität reicht jedoch nicht aus, wir benötigen zusätzlich noch ein Training zur eigenständigen Erzeugung von heilsamen Geisteszuständen. Wie bereits erwähnt, können viele Menschen recht gut und schnell unheilvolle Emotionen und Geisteszustände wie Wut, Angst oder Trauer in sich erzeugen, doch fällt es uns deutlich schwerer, eigenständig spontan heilsame Geisteszustände wie Freude, Liebe, Mitgefühl und Güte zu produzieren. Wir alle besitzen zwar die Veranlagung dafür, doch ohne gezieltes Training können wir diese Aspekte in uns nicht sichern und sind meist auf äußere Hilfen dafür angewiesen. – Hinweise dafür finden sich in dem Buch *Buddhistische Psychotherapie.*

Es ist leicht nachvollziehbar, dass es nicht ausreicht, nur etwas Ungutes zu unterlassen. Wir müssen dem etwas entgegenzusetzen haben, sonst besteht wieder einmal die alte Gefahr, dass wir in unheilvollen Kreisläufen gefangen bleiben.

In Wut verbunden

Während nicht wenige Psychologen die Meinung vertreten, dass eine Beziehung, in der viel gestritten wird, zumindest immer noch eine Beziehung mit viel Leidenschaft sei, gehen Buddhisten davon aus, dass aus Streit, Wut oder Hass keine heilsamen Blumen erwachsen können. Zusätzlich betont der Buddhismus, dass wir sehr achtsam mit Wiederholungen umgehen müssen. Alles, was wir wiederholen, festigt sich.

Wir müssen daher unsere Negativität und unsere unheilsamen Neigungen, Handlungen und Impulse auflösen und transformieren. Dafür benötigen wir einen gewissen Freiraum. Wenn man nämlich zwei Turteltauben in einen zu engen Käfig sperrt, werden sie permanent aufeinander einhacken. Ist der Käfig groß genug, werden sie ihrem Namen wieder gerecht und turteln miteinander. Leider ist es bei Menschen in der Regel mit dem Umzug in eine größere Wohnung nicht getan. Das erklärt sich daraus, dass wir in Liebesbeziehungen nicht so oft über räumliche Enge klagen, sondern wahrscheinlich häufiger mit Problemen der fehlenden inneren Distanz zu kämpfen haben. Sicher zeigen uns die Turteltauben aber auch die Relevanz einer passenden Entfernung: Wenn wir uns auseinandersetzen wollen, müssen wir uns auseinandersetzen können.

Da unsere Konflikte nicht selten schon relativ festgefahren sind, benötigen wir einige konkrete Hilfen:

Diese Hilfsschritte beruhen auf einer sehr selbstkritischen Eigenanalyse und deren praktischer Umsetzung:

1. Wir befragen uns selbst: Besteht eine echte und klare Motivation für eine Änderung? Haben wir wirklich von unseren altgewohnten Reaktionsweisen die Nase voll?
2. Wir benötigen eine gute und nachvollziehbare Vermittlung vom (buddhistischen) Weg zur Befreiung.
3. Sinnvoll ist auch die Unterstützung durch einen oder mehrere hilfreiche Menschen.
4. Wir kultivieren nach und nach ein vertieftes Verständnis der notwendigen Schritte.
5. Wir entwickeln Geduld mit uns und anderen und
6. Wir benötigen eine gewisse Beharrlichkeit und Geduld für unsere Übungspraxis.

Wenn wir sehr an der Wut haften, müssen wir diesen unheilsamen Geisteszustand dringend überwinden.

In der Regel sind die Partner oft verhakt miteinander. Auf Wut des anderen reagieren wir zum Beispiel ebenfalls mit Wut oder auch mit Trauer oder Angst, die wiederum in uns und im Partner weitere unheilsame Kettenreaktionen bewirken. Es sind lange Kreisläufe.

Unheilsame Zustände loslassen

Mit den unheilsamen Zuständen sind zwei unterschiedliche Ebenen gemeint: Einerseits betreffen sie die unheilsamen Geisteszustände in uns, die wir als Negativität, Wut, Angst oder Trauer erleben und an denen wir nicht selten lange Zeit anhaften. Andererseits sind mit den unheilsamen Zuständen aber durchaus auch äußere Umstände gemeint. Vielleicht verstärkt sich mit unserer eigenen Klarheit auch unser Bewusstsein für die Schwierigkeiten in unserer Beziehung. Wir müssen dann sehr ruhig und klar prüfen, ob wir mit unserem Engagement in unserer Liebesbeziehung etwas Heilsames bewirken können oder ob wir damit auf Ablehnung und Gegenwehr stoßen. Selbst dann ist jedoch eine genaue und selbstkritische Prüfung notwendig: Sind wir eventuell zu missionarisch vorgegangen? Haben wir unsere positiven Absichten nicht adäquat übermitteln können? Wenn wir uns selbst ändern möchten, ist das schon nicht gerade einfach, doch wenn wir unreflektiert versuchen, unseren Partner zu verändern, erleben wir vielleicht noch eine stärkere Gegenwehr.

Vorbild statt Missionar sein

Sicherlich ist es verständlich, dass wir unseren Partner gern daran teilhaben lassen möchten, wenn wir für uns eine neue interessante Sache entdeckt haben. Der dafür möglicherweise eingesetzte Eifer muss aber, wie bereits erwähnt, ruhig und achtsam bedacht werden. Sobald wir nämlich die Idee entwickeln, dass nun auch endlich einmal der Partner einen Veränderungsschub durchmachen sollte, können wir uns leicht auf unheilsamen Boden begeben. Wenn wir generell über Veränderungen nachdenken, die unser Partner doch bitte zu vollziehen habe, ist stets Gefahr in Verzug.

Unser Fokus sollte in erster Linie nur bei uns selbst liegen. Sicherlich sind in unser Verständnis von Verbundenheit auch alle anderen Wesen einbezogen, doch die Überlegungen zur Übungspraxis und zur Umsetzung der buddhistischen Lehre sollten stets auf uns selbst gerichtet sein. Wenn wir spürbare Veränderungen erreichen, wenn wir heitere Gelassenheit und eine freudvolle Grundhaltung in die Beziehung hineintragen können, dann dürfte das wohl wesentlich verführerischer wirken als rationale Überzeugungsversuche, bei denen wir auf unseren Partner einreden.

Die Spielräume, die sich uns hier auftun, sind relativ umfangreich. Es stehen uns sehr viele Möglichkeiten offen, um in der Partnerschaft heilsam zu handeln und zu wirken. Es kann allerdings auch dazu kommen, dass wir erkennen müssen, dass unser Partner nicht mehr den gemeinsamen Weg mit uns gehen kann oder will.

Der heilsame Umgang mit Trennungen

Neben den schönen Momenten einer Liebesbeziehung erfahren wir allerdings gerade hier auch sehr schmerzliche Tiefpunkte: angefangen von kleinen Streitigkeiten, Enttäuschungen, Verletzungen bis hin zu schweren Vertrauensbrüchen und leidvollen Trennungen.

Eine Trennung *ist* schmerzlich. Dagegen gibt es kein Patentrezept. Doch es gibt heilsame und unheilsame Umgangsweisen damit.

Es drohen hier auch viele Gefahren für unsere Weiterentwicklung hin zur Befreiung. Der sich dabei fast immer einstellende Schmerz kann uns wieder in tiefere Unbewusstheit hineinführen, sodass wir vielleicht die falschen Lösungsmuster aktivieren. Sobald wir Leiden verspüren, bei uns wie auch in unserer Umwelt, sollten wir gewarnt sein: Leiden führt, wenn wir uns in einem unbefreiten Zustand befinden, zu Unbewusstheit und, damit verbunden, zu weniger entwickelten Handlungsmustern. Wir neigen dann zur Regression, das heißt, zum Rückfall in unreifere, meist kindliche Handlungsmuster. Dann entstehen solche Impulse wie beispielsweise schmollender Rückzug, Nahrungsverweigerung oder der Drang nach Süßigkeiten oder anderen oralen Beruhigungsmitteln wie Alkohol und Nikotin, das Ausagieren von Wut in Schreien und Weinen, die Lust an der Zerstörung und Rachegefühle.

Solche Krisen bieten uns jedoch auch eine Chance. In der akuten Schmerzphase können wir diesen Aspekt in der Regel allerdings nicht erkennen, dafür braucht es etwas Zeit und Geduld.

Die Vier Edlen Wahrheiten helfen uns auch bei Trennungen

An diesem schweren Thema „Trennung" werden wir nun einmal die Einsatzmöglichkeiten der bereits weiter oben dargestellten Vier Edlen Wahrheiten erproben:

Die Erste Edle Wahrheit hilft uns in der Trennung

Die Erste Edle Wahrheit vermittelt uns, dass Probleme normal sind. Schlimme Dinge passieren immer wieder, sie sind unvermeidbar. Wir können und wollen andere Menschen nicht kontrollieren. Unsere eigene Kontrolle ist schon schwer genug. Manchmal werden wir von Menschen verlassen. Manchmal müssen wir Menschen verlassen. Das tut weh. Wir trauern. Das geschieht in unserem Leben, das geschieht aber auch sonst überall. Kein Mensch kann das grundsätzlich verhindern.

Diese Erste Edle Wahrheit sagt uns, dass wir neben dem ersten Schmerz der Trennung und der damit verbundenen Trauer kein weiteres Leiden zusätzlich erzeugen dürfen. Versuchen wir also jedes Drama zu vermeiden. Gehen wir achtsam mit unserem Schmerz um. Der Schmerz hat die Macht, uns tief ins Unbewusste zu stürzen. Es ist wie eine gefährliche Gratwanderung im Gebirge. Wenn wir leiden, müssen wir unbedingt unser Tempo drosseln und mehr denn je für einen klaren und besonnenen Geist sorgen. Der Schwerpunkt liegt hier bei unserer Einbremsung: langsam, vorsichtig, nicht zu viel.

Die Zweite Edle Wahrheit hilft uns in der Trennung

Die Zweite Edle Wahrheit möchte uns dabei behilflich sein, etwas klarer zu sehen und zu verstehen. Sie benennt die drei kritischen Aspekte in uns, die zu Leiden führen:

1. Haften wir zu sehr an? Klammern wir an unheilsamen Situationen? Wie sehr hat uns zum Beispiel die Angst im Griff? Beschäftigen wir uns zu viel mit der Vergangenheit? Schwelgen wir in Erinnerungen und hadern, wie es doch eigentlich auch hätte sein können? Wollen wir unbedingt festhalten? Ist es wirklich der spezielle Mensch oder wollen wir einfach nur einen Partner behalten und nicht allein sein?

2. Widersetzen wir uns den Veränderungen? Wollen wir die Tatsachen nicht wahrhaben? Formulieren wir im Stillen oder auch laut immer wieder ein Nein? Widersetzen wir uns den notwendigen und unumgänglichen Fakten?

3. Blenden wir die Realität aus? Stecken wir am liebsten den Kopf in den Sand? Ertränken wir am liebsten unseren Kummer in Alkohol oder anderen Drogen? Wollen oder können wir momentan vielleicht gar nicht mehr unsere Optionen überblicken?

Hier finden wir unzählige Fragen, die unsere verschiedenen Ängste, Vorurteile, Meinungen, Erwartungen, Generalisierungen alter Erfahrungen etc. widerspiegeln.

Eine echte und klare eigene Selbstkritik ist nicht leicht. Wir sollten hier jede heilsame Hilfe in Anspruch nehmen, die wir erhalten können.

Die Dritte Edle Wahrheit hilft uns in der Trennung

Die Dritte Edle Wahrheit rät uns dazu, von unheilsamen Aspekten Abstand zu nehmen. Wir können unser unnötiges, nämlich zusätzliches und selbst gemachtes Leiden beenden. Dafür benötigen wir allerdings ein wenig Übung. Eine der wichtigsten Visionen ist die Vorstellung davon, wie wir unheilsame Bereiche von uns selbst und der Außenwelt loslassen. Die Varianten des Loslassens sind recht vielfältig.

Auch hier sind wieder die beiden schon oben erwähnten Ebenen angesprochen. Vielleicht müssen wir manchmal äußerlich einen Menschen loslassen, aber in jedem Fall müssen wir innerlich unsere eigenen unheilsamen Geisteszustände loslassen. Vielleicht verknüpfen wir das Loslassen noch zu oft mit dem Verlust von etwas und sehen nicht die Chancen, die auch darin liegen können.

Eine andere sehr hilfreiche Handlungsstrategie in Übereinstimmung mit der Dritten Edlen Wahrheit besteht in der Achtsamkeit auf das Hier und Jetzt. Wenn wir verletzt werden, driftet der Verstand unablässig in die Vergangenheit und wiederholt das Geschehene geistig, oder er galoppiert in die Zukunft und malt sich dort fantasievoll sehr bunte, zumeist aber grau-schwarze Szenarien aus. Dadurch verlieren wir völlig den Kontakt zu uns und unserer wahren Natur. Diese besteht in der strahlenden geistigen Qualität unserer Existenz, die wir *nur jetzt und hier* spüren und erfahren können. Alles, was uns unter Mitwirkung des Verstandes aus der Gegenwart vertreibt, vernebelt unseren Geist und damit auch den Zugang zu unseren tiefen und stabilen Ressourcen.

Der richtige Umgang mit Krisen und Trennungen fällt uns in der Regel nicht in den Schoß, wir müssen uns darauf vorbereiten. Selbst wenn wir uns eine Weile erfolgreich ablenken können und in der Lage dazu sein mögen, die schmerzhaften Empfindungen zur Seite zu schieben, hat diese Strategie nur Kurzzeiterfolge. Entweder melden sich die verdrängten Gefühle erneut oder treten als Spannungszustände oft in diffuser, aber dennoch leidvoller Form auf. Dazu kommt noch, dass wir früher oder später unvermeidlich wieder auf schwierige Situationen treffen werden. Und das können wir auch nicht verhindern.

Nur wenn wir uns in ruhigeren Zeiten ein wenig vorbereiten und regelmäßig unsere Übungen durchführen, haben wir in schwierigeren Zeiten eine Chance für eine erfolgreiche Umsetzung und Verwirklichung. Viele gehen durch ihr Leben wie durch einen unbekannten Dschungel. Immer wieder erschrecken sie und wundern sich, dass es im Dschungel doch tatsächlich wilde Tiere gibt. Vielleicht erleben wir unser Leben nicht gerade als Dschungel, aber dennoch lassen sich die auf uns lauernden wilden Tiere, die unkontrollierbaren Aspekte des Lebens wie Alter, Krankheit und Tod, nicht leugnen.

Die Vierte Edle Wahrheit hilft uns in der Trennung

Die Vierte Edle Wahrheit lässt uns konkret auf die acht verschiedenen Lebensbereiche schauen, sodass wir detaillierter prüfen können, ob wir in den jeweiligen Bereichen entsprechende Klarheit schaffen können. Wenn wir in einer Trennungsphase leben, sind wir empfindlicher, dünnhäutiger, verletzbarer, vielleicht auch gereizter und wütender. Alle Lebensbereiche des Edlen Achtfachen Weges, also unsere Erkenntnisfähigkeit, unser Denken, Reden, Handeln, Lebensunterhalt, Bemühen, unsere Achtsamkeit und Konzentration, können dadurch im wahrsten Sinne des Wortes in Mitleidenschaft gezogen sein.

In jedem Bereich nehmen wir Rücksicht, und zwar sowohl auf unsere eigene Verfassung als auch auf die Mitmenschen, die einbezogen sind. – Nähere Ausführungen zu diesen Bereichen finden sich in dem Buch *Buddhistische Psychotherapie.*

Der Umgang mit Leiden

Wenn wir leiden, ist es natürlich unser naheliegender Wunsch, das Leiden zu beenden. Wahrscheinlich haben wir recht unterschiedliche Strategien für den Umgang mit unserem Leiden entwickelt. So basiert ein sehr großer Bereich der Selbstberuhigung auf introvertierten Hilfsmustern, bei denen die Energie nach innen fließt, in uns stecken bleibt oder wir sie immer wieder herunterzuschlucken versuchen. Hiermit sind insbesondere die oralen Muster gemeint, die sich um Essen, Trinken, Rauchen und die Einnahme von Beruhigungsmitteln drehen. Es gibt aber auch andere Verhaltensweisen, wie beispielsweise Rückzug, Schweigen und Grübeleien, die in diesen Bereich fallen.

Die andere entgegengesetzte Variante ist die extravertierte. Hier fließen die Energien nach außen und äußern sich explosiv in Reden, Bewegung, Aktion oder Geschrei.

Beide Varianten haben Vor- und Nachteile. Grundsätzlich müssen wir bedenken, welche Reaktionen zu *heilsamen* Ergebnissen führen können. Darüber hinaus müssen wir uns daran erinnern und wahrnehmen, dass jede unserer Handlungen, die wir wiederholen, zu Gewohnheiten führen kann, die wiederum unseren Charakter und über diesen Weg auch unser Schicksal beeinflussen.

Eine der Aussagen, die wir aus den Edlen Vier Wahrheiten ableiten können, lautet: Machen wir unser Leiden nicht selbst noch schlimmer. Im Schmerz ist unser Geist noch getrübter als sonst. Beginnen wir also damit, Wissen einzuholen über diese menschlichen Abläufe und insbesondere über die üblichen Verhaltensmuster in Krisen, die sich seit Tausenden von Jahren in frustrierender Regelmäßigkeit wiederholen. Durch unsere Beschäftigung mit dem angesammelten Wissen finden wir nicht nur einen Weg des Verstehens, sondern auch für uns praktikable Übungsmöglichkeiten, die im ersten Schritt hilfreich dabei sind, unseren inneren Aufruhr zu lindern.

Es kann sich eventuell als nötig erweisen, dass wir wichtige Entscheidungen zu treffen haben oder unheilsamen Impulsen in uns Einhalt gebieten müssen. Die Praxis der Achtsamkeit ist also eine unumgängliche Notwendigkeit. Wir können mit den verschiedenen Wahrnehmungen in Stresssituationen nicht weise umgehen, wenn unser Geist konfus ist. Unser Geist kommt nicht zur Ruhe, solange unsere Emotionen verwirrt und verletzt sind. Unsere Emotionen beruhigen sich nicht, solange unser Körper angespannt und aufgeregt ist.

Die Praxis der Achtsamkeit

Wir erkennen hier die vier Stufen der Achtsamkeit: Körper, Emotionen, Geist und Geistobjekte. Wir beginnen also zuerst damit, uns adäquat um unsere körperlichen Belange zu sorgen. Was täte dem Körper jetzt in heilsamer Weise gut?

Erst danach haben wir eine Chance, unsere Emotionen zu besänftigen. Wo im Körper spüren wir jetzt die Emotionen? Verändern sie sich, wenn wir sie nur achtsam betrachten? Dann klären und beruhigen wir unseren Geist. Ein sehr zentrales Mittel dafür ist wieder unsere Meditationspraxis.

Das mutet wie ein strategischer Aufbauplan an, den zu beachten sich lohnt. Beim Hausbau können wir auch nicht mit dem Dach beginnen, erst muss das Fundament stabil stehen.

Zur Beruhigung von Körper, Emotionen und Geist finden wir bei Buddha fünf konkrete Anweisungen.

Buddhas Fünf Anweisungen zur Beruhigung

1. *Erkennen:* Wir müssen anhalten, zur Besinnung kommen und erst einmal erkennen, was mit uns los ist. Das klingt vielleicht etwas eigenartig, da wir im Schmerz ziemlich heftig spüren, dass wir leiden. Wenn wir uns auf diesen Weg einlassen, werden wir jedoch erkennen, wie sehr wir uns meist ablenken und in blindem Aktionismus versinken.

2. *Annehmen:* Wir beenden den Kampf. Wir verschwenden jetzt keine Energie mehr damit zu hadern, zu zweifeln und zu grübeln. Das Problem ist da. Machen wir es nicht noch schlimmer.

3. *Umarmen:* Wir kultivieren heilsame Umgangsformen für uns und alle anderen. Wir lindern unsere unheilsamen Emotionen und trösten uns und andere. Sämtliche Aspekte unseres Menschseins, auch die bitteren, finden ihren Platz und die entsprechende Würdigung. Es erscheint unsinnig, wenn wir versuchen, unheilsame Regungen in uns wütend niederzukämpfen. Das Prinzip „Krieg dem Krieg" funktioniert nicht.

4. *Tiefes Schauen:* In einem aufgewühlten Zustand sind wir völlig blind und unbewusst. Erst wenn wir zur Ruhe kommen, kann sich der innere Orkan legen; das aufgewühlte Wasser beruhigt sich und nun können wir bis auf den Grund der Ursachen schauen. Was wir zum Teil dort vorfinden, kann die inneren Wogen vielleicht wieder aufwühlen, doch haben wir nun mehr Klarheit. Was bleibt übrig, wenn die Täuschung wegfällt?

5. *Verstehen:* Wir verstehen nun, welche Motive uns bewegen, kultivieren in uns mehr Klarheit. Die körperlichen Spannungen mildern sich, ebenso beruhigen und klären sich unsere Emotionen und unser Geist. Nun können wir weise vorgehen.

Es kann sich als segensreich herausstellen, wenn wir in schwierigen Zeiten auf die Unterstützung eines hilfreichen Menschen zurückgreifen können.

Eine weitere Möglichkeit besteht in der Transformation oder Umwandlung unserer unheilsamen Emotionen.

Die Gefühlsumwandlung

Eine der vom Dalai Lama favorisierten mentalen Techniken ist die Gefühlsumwandlung. Alle unheilsamen Geisteszustände, wie Ärger, Trauer oder Angst, können nicht gleichzeitig neben solchen heilsamen Geistesverfassungen wie Freude, Liebe oder Mitgefühl bestehen. Wir können nicht zum gleichen Zeitpunkt Liebe und Ärger empfinden. Manchmal tritt vielleicht ein schneller Wechsel zwischen unterschiedlichen Gefühlsempfindungen auf, aber ein gleichzeitiges Vorhandensein ist nicht möglich.

Es gibt zahlreiche Studien, die belegen, dass wir sehr gut und schnell unsere kritischen Eigenschaften wie Wut, Angst oder Trauer aktivieren und lange aufrechterhalten können, aber nur schwer deren heilsame Gegenkräfte. Beispielsweise können nur wenige Menschen eigenständig, nach eigenem Belieben, spontan Freude oder Liebe in sich erzeugen und für längere Zeit bewahren. Das bedeutet, dass wir uns besser und länger ärgern können, als uns zu freuen.

Wenn wir uns fragen, wie wir etwas länger glücklich bleiben könnten, werden wohl viele von uns unweigerlich recht schnell nach *äußerlichen* Faktoren suchen. Ein lang ersehnter Urlaub und schon würde es uns besser gehen. Eine Gehaltserhöhung würde auch sehr helfen.

Zur Linderung und Auflösung unserer unheilsamen Emotionen benötigen wir jedoch die sichere *eigenständige* Entwicklung heilsamer Emotionen in uns und aus uns selbst heraus. So erreichen wir nach und nach eine immer größere Unabhängigkeit von äußeren Umständen.

Wenn zum Beispiel Ärger in uns entsteht, was meist sehr schnell passiert, nehmen wir ihn zur Kenntnis, so als würde ein alter Bekannter an der Tür klopfen. Wir versuchen nicht, ihn wütend zu verjagen, sondern zügeln alle weiteren unheilsamen Gedanken, lockern unseren Körper, atmen entspannt. Durch unser Meditationstraining können wir nun die Gelassenheit in uns verstärken. Wir wissen durch die Meditation, wie sich das anfühlt, und können es deshalb schneller abrufen. Durch die Stärkung einer heilsamen Emotion wie der Gelassenheit baut sich naturgemäß der unheilsame Zustand von selbst in uns ab.

Diese innere Umwandlung können wir auch in unsere Partnerschaft tragen. Der Dalai Lama erklärt uns, dass Wut und Zorn niemals durch Wut und Zorn besiegt werden können. Auch hier ist es möglich, den Prozess der Gefühlsumwandlung, den wir *in* uns ablaufen lassen können, nun auch im Außen umzusetzen. Wenn unser Partner wütend ist, reagieren wir nach demselben Muster, wie oben dargestellt: Wir nehmen die Wut unseres Partners zur Kenntnis. Wir versuchen, nicht einfach nur selbst wütend zu reagieren, sondern zügeln alle weiteren unheilsamen Gedanken, lockern unseren Körper, atmen entspannt. Durch unser Meditationstraining können wir nun Gelassenheit, Liebe und Mitgefühl schneller abrufen und in uns verstärken.

Nur heilsame Kräfte lindern unheilsame Zustände. Das mag vielleicht trivial klingen, doch meistens reagieren wir eben nicht nach diesem Muster, sondern versuchen es mit dem Gegenteil und wundern uns dann noch, dass wir scheitern.

Nur ein Gedanke

Ebenso wie heilsame und unheilsame Emotionen nur getrennt entstehen können, so können auch Gedanken nur nacheinander auftreten. Vielleicht haben wir öfter das Gefühl, in uns seien tausend Gedanken und Ideen gleichzeitig vorhanden. Wenn wir diese Dynamik aber genauer ergründen, dann können wir die uns überlieferten buddhistischen Erkenntnisse bestätigen: Es gibt immer nur *einen* Gedanken. Der kann sich zwar schnell wandeln, aber es gibt keine zwei Gedanken gleichzeitig. Wenn wir es mittels Konzentration bewerkstelligen, uns auf einen Gedanken zu fokussieren, ihn sozusagen festzuhalten, können keine weiteren Gedanken auftauchen.

Auf den ersten Blick scheint dieser Prozess unsere Selbstkontrolle relativ einfach zu machen: Wir müssen also nicht einer ganzen Schar von Gedanken Einhalt gebieten, sondern nur einen Gedanken zügeln lernen, ihn einbremsen und lenken. Wenn wir dann diesen einen Gedanken zähmen, wird er friedlicher und folgsamer. Im weiteren

Übungsverlauf wird es immer schneller möglich sein, dann auch noch diesen einen Gedanken aufzulösen.

Im Buddhismus wird hierfür oftmals das Bild einer Kerzenflamme verwendet. Das Licht symbolisiert unseren Geist. Sind wir zu unachtsam und machen zu viel „Wind“, haben also zu viele Gedanken, dann flackert das Licht und wirft viele verschiedene vorbeihuschende Schatten. Beruhigen wir das Licht unseres Geistes, trüben den Geist nicht weiter ein, überfüttern ihn nicht, gönnen ihm Pausen, trainieren ihn direkt und pflegen ihn, dann erleben wir ein Verlöschen der flackernden Schatten. Unser inneres Licht leuchtet kräftig und strahlend.

Diese Erfahrungen, Erkenntnisse und Lehren lassen sich jedoch nur sehr begrenzt theoretisch vermitteln. Dementsprechend werden sie in Unterweisungen, Seminaren, Retreats und Meditationssitzungen als Selbsterfahrung angeleitet.

Liebe statt Wut

Für eine erfolgreiche Umsetzung dieser Techniken ist es notwendig, dass wir schnell und sicher in nahezu allen Situationen eigenständig verschiedene heilsame Geisteszustände in uns erzeugen können.

Matthieu Ricard, ein bekannter französischer Buddhist, rät dazu, dass wir unbedingt bei gutem oder ruhigem Wetter segeln lernen sollten, denn kein Mensch beginne damit im Sturm. Wenn wir aber bei schönem Wetter recht gut segeln gelernt haben, werden wir auch bei schlechtem oder stürmischem Wetter mit unserem Boot nicht kentern. Nur wenn wir es in relativ guten Zeiten schaffen, unseren Geist zu klären und zu beruhigen, haben wir auch eine Chance, diese Techniken in schlechten Zeiten anwenden zu können.

Wenn wir in einer Wutsituation umschalten lernen zu einem heilsamen Geisteszustand, können wir damit viel Linderung und Positives erreichen. Meist reagieren wir viel zu schnell: Eine Empfindung weckt in Millisekunden Persönlichkeitsanteile in uns, die zum Beispiel personifiziert als unser „innerer Kampfhund“ oder „innerer Angsthase“ in uns leben. Wenn ein solcher Anteil in uns aktiviert wurde, lässt er sich ohne vorhergehendes Geistestraining meistens nur schwer oder gar nicht abstellen und wir bleiben dann in dieser Rolle gefangen. Eine achtsame Bewusstmachung dieser Vorgänge könnte dann zum Beispiel den aufgescheuchten „inneren Kampfhund“ besänftigen und einen hilfreicheren Anteil in uns wecken. Vielleicht benötigen wir dafür einen Aha-Effekt. Bekanntlich brauchen Menschen dann am meisten Liebe, wenn sie es am wenigsten zu verdienen scheinen. Reagieren wir doch einmal mit Liebe auf Wut und schauen, was dann passiert.

Mögliche Gefahren der Praxis

Wir üben uns also in buddhistischer Gelassenheit und Geistesruhe. Werden wir nun keine unliebsamen Emotionen mehr erleiden? Wenn wir aber keine Ruhe herstellen können, ist dies womöglich ein Zeichen für unser Scheitern? Heißt das, dass wir unfähig sind und uns in unser Schicksal fügen sollten?

Ein nicht ganz ungefährlicher Aspekt, den wir unbedingt stets im Auge behalten sollten, ist unsere Neigung, Dinge sozusagen herunterzuschlucken, um sie damit aus der Welt zu schaffen. Das gilt umso mehr, wenn wir uns um Gelassenheit und Ruhe bemühen. Hier dürfen wir nach keiner raschen Wegabkürzung suchen, indem wir alle unheilsamen Regungen verschlucken, verdrängen oder verleugnen.

Ein solches Verhalten ist für viele Menschen eine mögliche Gefahr. Zum Teil sind hier gesellschaftliche und kulturelle Regeln wirksam mit der Konditionierung, immer vernünftig, still und leise, unauffällig zu bleiben. Sicherlich spielt dabei die Erziehung eine Rolle sowie der Charakter. Doch auch Menschen, die sich auf einen spirituellen Weg begeben, versuchen ja ihre Emotionen zu zügeln. Hier entstehen Spielräume für problematische Irritationen. Darf ich denn als Buddhistin noch richtig laut und wütend werden?

Der Umgang mit Gefühlen und Emotionen muss sehr achtsam ergründet werden, damit es nicht einfach nur zu einem Herunterschlucken von unliebsamen Erfahrungen kommt. Der innere Prozess der Aneignung und Entwicklung verläuft meist sehr dynamisch und wechselhaft. Nach einigen Fortschritten kommen immer wieder auch die ungeliebten Rückschläge, durch die wir allerdings oft auch am meisten lernen.

Wir benötigen dafür einiges an Geduld und Zuversicht. Vielleicht ist es auch hilfreich, die kleinen Schritte zu würdigen, indem wir zum Beispiel erkennen, dass wir heute nicht mehr an dem Punkt stehen, wo wir noch vor einiger Zeit gestanden haben.

Ein sehr wesentlicher erster Schritt ist stets das Erkennen unserer Probleme. Das wird oft nicht genügend berücksichtigt.

Stärkeres Leiden ist manchmal tatsächlich hilfreich, da wir so eine größere Handlungsmotivation erfahren. Schwächeres Leiden wird von uns oftmals einfach übergangen und verdrängt.

Wenn wir unser Leiden wahrnehmen, versuchen wir oft sehr schnell in die Handlung zu kommen: Was ist zu tun? Wie kann ich es in den Griff bekommen? Der Macher in uns versucht, durch Druck etwas zu erreichen. Was wir viel eher benötigen, ist jedoch eine Entschleunigung und ein bedachtes achtsames Voranschreiten.

Auch wird unser Weg niemals geradlinig verlaufen. Jede Entwicklung wird kleinere und manchmal auch größere Rückschläge beinhalten. Es ist normal, dass wir gelegentlich stolpern. Dann werden wir jedoch nicht am Boden liegen bleiben und darüber grübeln, wie viele und welche Fehler wir gemacht haben, sondern sofort wieder aufstehen, um unseren Weg weiterzuverfolgen. Dieser Weg benötigt manchmal auch ein paar Hinweisschilder zur besseren Orientierung und bei den Wanderern eine ausreichend gute Zielvision.

Die Arbeit mit Bildern

Interessanterweise können wir oft feststellen, dass wir uns an Bilder und bildhafte Beispiele viel besser erinnern können und sie meist wesentlich schneller als lange Erklärungen verstehen.

Ein alter Indianer erzählt seinem Enkel, in ihm würden zwei Wölfe kämpfen: ein zorniger grauer Wolf und ein sanftmütiger weißer Wolf. Der Enkel wird neugierig, schaut auf den Bauch des alten Indianers und fragt ihn, welcher der beiden Wölfe denn wohl den Kampf gewinnen werde. Der alte weise Indianer antwortet: „Es wird der Wolf gewinnen, den ich füttere."

Auch hier erfahren wir, dass wir nicht nur Unheilvolles eindämmen, sondern Heilsames „füttern", also aktiv fördern und trainieren müssen. Diese „Wölfe" leben in uns allen. Dem Bild zufolge ist es sehr wichtig, sowohl den bissigen Wolf zu zähmen als auch den sanftmütigen Wolf zu nähren. Hier finden wir nicht nur wichtige Herangehensweisen, sondern daraus ergeben sich auch grundsätzliche Strategiefragen: Wollen wir eigene Anteile, wie den bissigen Wolf, mit der Peitsche niederdrücken, oder können wir auch heilvollere Umgangsformen mit uns und unseren schwierigeren Anteilen finden?

Ein weiterer Punkt, der Beachtung verdient, besteht in der traurigen Tatsache, dass wir den bissigen Wolf sehr lange gefüttert haben und er entsprechend stark geworden ist. Je besser wir lernen, mit unseren Emotionen umzugehen, je mehr nicht die Emotionen uns, sondern wir sie im Griff haben, desto besser können wir heilsame Emotionen aufrechterhalten. Damit werden wir uns im nächsten Kapitel beschäftigen.

Simone und Harald streiten viel und lange anhaltend. Beide sind eigentlich ein geradezu perfektes Streitpaar: Beide erleben in Streitsituationen recht ähnliche Empfindungen. Beide erleben fast gleichzeitig das Hochkochen von Wut. Es ist selten, dass zum Beispiel Simone traurig ist und Harald ärgerlich. Meist befinden sich beide in einer auffallend ähnlichen Geisteshaltung.

Den Vorteil aus einer solchen Übereinstimmung können sich beide zunutze machen. Zuerst trainieren sie in neutralen Situationen, sich an den letzten Streit zu erinnern, lassen ihre Wut erneut ins Bewusstsein kommen, um sie dann aber mit einer Situation aus der Erinnerung zu konfrontieren, in der sie beide glücklich waren. Für dieses Switchen nehmen sich Simone und Harald jeden Tag 30 Minuten Zeit. Nach einiger Zeit haben sie auf diese Weise zum ersten Mal einen Streit in eine völlig neue und für beide heilsame Richtung lenken können. Diese positive Erfahrung machte ihnen viel Mut, diesen Weg weiterzugehen. Da beide eine gute Verbindung haben, kann der Impuls zur Transformation nun auch vom anderen ausgehen. Harald sieht Simones Ärger entstehen und erzeugt in sich Mitgefühl, was Simone sofort wahrnimmt.

Dieser Aspekt verdeutlicht unser übergeordnetes Ziel der Befreiung eigentlich recht klar. Befreiung meint hier die Freiheit von emotionalen Automatismen. Wir brauchen keine simplen Roboter zu sein, die immer vorhersehbar und vorprogrammiert nach „Schema F“ reagieren.

7
Der buddhistische Umgang mit unseren Gefühlen

> Unterscheiden Sie genau zwischen der Person und dem Verhalten der Person.
>
> – Dalai Lama XIV –

Eine buddhistische Grunderkenntnis besteht darin, dass wir selbst entscheiden können oder zumindest könnten, wie wir mit unseren Emotionen umgehen. Oftmals scheinen wir ihnen vielleicht ausgeliefert zu sein oder geben ihnen einfach unreflektiert nach. Nicht selten werden unsere Handlungsweisen von einem Begehren oder einer Abneigung bestimmt.

Wir haben bereits erfahren, dass das übergeordnete Ziel von Buddhisten darin besteht, sich und alle anderen fühlenden Wesen zu befreien. Wir wollen also keine Marionetten unserer Emotionen sein, keine simplen Roboter, die nur immer ein „Schema F“ abspulen oder blind auf äußere Einflüsse reagieren.

Unsere Emotionen gehören wohl zu den bedeutendsten Impulsen für unsere Motivation. Sie entscheiden oftmals über unseren Weg, unsere Vorlieben und Abneigungen und damit auch über große Teile unseres Charakters. Es erscheint daher recht wichtig zu wissen, welche Möglichkeiten wir haben, um Einfluss darauf nehmen zu können.

Die Emotionen im Buddhismus

Wie können wir uns als Paar konstruktiv über unsere verschiedenartigen Bedürfnisse verständigen und auch unsere Streitigkeiten und Meinungsverschiedenheiten klären? Wie finden wir wieder auf einen heilsamen Weg zurück, wenn wir vom Partner enttäuscht werden, wenn Eifersucht aufwallt, wenn wir uns nicht oder falsch verstanden fühlen, uns ärgern oder ärgern lassen und streiten? Können uns die alten buddhistischen Methoden wirklich dabei helfen, um heute als modernes Paar bestehen zu können? Und wäre das nicht damit verbunden, dass wir dann alle leidenschaftlichen Emotionen abzulegen hätten? Sind Buddhisten denn nicht *immer* gelassen und cool?

Hier besteht wohl dringender Klärungsbedarf: Tatsächlich finden wir in den buddhistischen Lehren und Praxisübungen sehr viel Hilfreiches für uns, um *in* dieser Welt friedvoller und glücklicher zu leben. Dabei erscheint es wirklich sehr spannend, dass uns 2500 Jahre alte Techniken und Lehren heute noch genauso gut helfen können wie in alter Zeit, obwohl sich unsere Welt seitdem doch so grundlegend gewandelt hat. Allerdings könnte es auch bedeuten, dass wir uns als Menschen nicht im gleichen Maße mitverwandelt haben. Wir reagieren zwar sehr intensiv auf äußere Faktoren und Veränderungen, trotzdem sind grundlegende menschliche Funktionsweisen anscheinend recht ähnlich geblieben. Gleichzeitig sollten wir solche Spekulationen nicht allzu wichtig nehmen. Die buddhistischen Lehren sind nicht dafür geschaffen, um sie blind zu übernehmen. Sie werden angeboten, um sie umzusetzen, sodass wir selbst unsere eigenen Erfahrungen damit machen, sie also eigenständig prüfen können.

Eine häufig gestellte Frage bezieht sich auf die Sorge, ob wir auf dem buddhistischen Weg unsere leidenschaftlichen Gefühle ausschalten lernen müssen. Sind wir als Buddhisten *immer* ruhig, *immer* gleichmütig, *immer* sanftmütig? Die Antwort darauf lautet kurz und knapp: Nein. Es wäre unmenschlich, sich *von* Gefühlen zu befreien. Wenn sich jemand sehr ausgeglichen verhält, und zwar in *jeder* Situation, müssen wir genau prüfen, ob die Gefühle bei dem Betreffenden dann eventuell abgespalten werden, das heißt, ob emotionale Reaktionen eher verdrängt und heruntergeschluckt werden. Die Haltung, als Buddhist nie mehr wütend werden zu dürfen und sich extrem zusammenreißen zu müssen, um Gefühle auszuschalten und unschädlich zu machen, könnte sich als ebenso unheilsam wie explosiv herausstellen.

Ein erklärendes buddhistisches Statement lautet: Wir befreien uns nicht *von* unseren Gefühlen, sondern *inmitten* all unserer Gefühle.

Diese Überlegung trifft auch auf alle anderen Lebensbereiche zu:

Wir befreien uns nicht *von* unseren Mitmenschen, sondern *inmitten* all unserer Mitmenschen.

Wir befreien uns nicht *von* unseren materiellen Gütern, sondern *inmitten* all unserer materiellen Besitztümer.

Schon Buddha vermittelte sehr deutlich, dass wir *in* dieser Welt leben und uns nicht *von* dieser Welt befreien. Wir ändern also nicht primär unsere Außenwelt, wir müssen unsere schönen Dinge nicht verkaufen oder verschenken, wir müssen nicht in einer Klosterzelle leben, wir ändern die Abläufe *in uns.*

Es sei hier kurz angemerkt, dass es zu diesem sehr wichtigen Punkt sicherlich entsprechend unterschiedliche Meinungen gibt, auch innerhalb der buddhistischen Gemeinschaften.

In nicht wenigen buddhistischen Texten finden wir Formulierungen, in denen von *absoluter* oder *vollkommener* Befreiung gesprochen wird. Für viele Menschen dürfte es wohl auch wichtig sein, ein hohes Ideal anstreben zu können. Doch auch hier könnte die Weisheit des Mittleren Weges wieder zu einer wichtigen Richtlinie werden: Spannen wir die Saite zu stark, so kann sie reißen. Spannen wir die Saite zu schwach, so erzeugt sie keinen Klang.

Wir erleben also nach wie vor all unsere Emotionen und Bedürfnisse. Allerdings sind wir mit zunehmender Geistesschulung nicht mehr die hilflosen Marionetten unserer Emotionen. Wir werden sie sicherlich auch nicht zwanghaft kontrollieren, wie einen mechanischen Ablauf, doch wechseln wir generell aus der Rolle des passiv Reagierenden zu der des Akteurs. Wir erwachen aus einem Dämmerzustand, in dem wir weitgehend passiv funktioniert haben. Wir lernen, immer mehr Einfluss zu nehmen.

Das Ziel, das über allen Zielen steht, lautet *Befreiung.* Wie schon mehrmals betont, geschieht die Befreiung allerdings *in* und nicht *von* unseren relevanten Alltagsbezügen. Unsere Eigenverantwortung bleibt also voll und ganz bestehen. Es ist für Buddhisten nicht möglich, sich *von* ihrer Verantwortung zu befreien. Der buddhistische Begriff von Befreiung schließt also keineswegs aus, sich einzubringen, sich zu engagieren. Ein wesentlicher buddhistischer Grundsatz lautet: Du hast die Wahl. Bemühe dich um einen klaren Geist, nutze ihn, um dich und alle anderen zu befreien. Dafür müssen wir aktiv werden und entsprechend handeln, dies allerdings ohne Anhaftung, Widerstand oder Verblendung.

Den Mittleren Weg zwischen den Gegensätzen zu finden, sich als Mensch auch mit allen Emotionen einzubringen, ist ein sehr starkes Spannungsfeld. Das, was uns als Paar zusammenführt, zusammenhält und meist auch trennt, sind unsere Emotionen. Es gibt zwar Menschen, die sehr emotional reagieren, und andere, die sich eher rational orientieren, aber bei uns allen sind Emotionen, mal mehr mal weniger versteckt, ein wesentlicher Antriebsfaktor. Manche erleben ihre Emotionen vielleicht etwas stiller und als einen Bereich, in den sie niemandem oder kaum jemandem Einblick gewähren. Bei anderen Menschen sind Emotionen dagegen für viele gut und deutlich sichtbar.

Da unsere Emotionen für unser Leben und unser Streben nach Glück und Befreiung so wesentlich sind, ist es unumgänglich, einen genauen Blick darauf zu werfen.

Erfahrungen und Emotionen

Wie wir eine Situation bewerten, ist wohl recht entscheidend für unsere darauf erfolgenden Reaktionen. Hier sind unsere Erfahrungen, Erwartungen und Meinungen von besonderer Bedeutung. Wenn wir zum Beispiel nachts im Haus Geräusche hören, werden unsere emotionalen Reaktionen vermutlich sehr davon abhängen, wie wir diese Geräusche einschätzen. Glauben wir an einen Einbrecher, oder sind es doch nur die alten massiven Holzmöbel, die sich zur Nacht abkühlen und dementsprechend knarren?

Wir entwickeln unsere Meinungen meist auf der Basis unserer Erfahrungen. Je direkter unsere Erfahrungen sind, desto sicherer fühlen wir uns in unserer Meinung. Wenn wir zum Beispiel etwas Schlaues lesen und auf diese Weise von bestimmten Sachverhalten erfahren, können wir uns durchaus eine Meinung darüber bilden. Diese nur angelesene

Erfahrung ist aber nicht unumstößlich. Neue Informationen können uns schnell zu neuen Meinungen bringen. Wenn unsere Erfahrungen aber sehr direkt sind, weil es sich um eigene sinnliche Erfahrungen handelt, ändern sich unsere Meinungen nicht mehr so schnell. Wenn wir von jemandem direkt verletzt, angeschrien oder womöglich geschlagen werden, machen wir eigene sinnliche und sehr direkte Erfahrungen, die uns so schnell niemand mehr widerlegen kann.

Das ist unsere Art zu lernen. So bilden wir ein scheinbar gesichertes Verständnis für unsere Welt, in der wir leben.

Wir versuchen nun aber unsere Erfahrungen zu hinterfragen. Sind unsere Emotionen wirklich immer stimmig und gerechtfertigt? Machen wir nicht manchmal Fehler? Wie entstehen eigentlich unsere Emotionen genau? Zum Teil müssen sie doch bei allen Menschen ähnlich ablaufen, da wir vieles ähnlich empfinden. Andererseits reagieren wir oft in derselben Situation anders als beispielsweise unser Partner. Emotionen sind also sowohl allgemein-universell als auch individuell-persönlich.

Unsere ersten eigenen direkten Erfahrungen prägen uns in der Regel deutlich. Wir lernen zumeist, dass unsere Emotionen nach einem scheinbar einfachen Reiz-Reaktions-Mechanismus ablaufen:

Wir hauen uns versehentlich mit dem Hammer auf den Daumen und spüren Schmerz.

Wir sehen etwas Wunderschönes und spüren Begehren.

Ein anderer Mensch kritisiert uns und wir spüren Ärger, Trauer, Enttäuschung oder Angst.

Durch solche direkten eigenen Erfahrungen scheint sich die Vorstellung zu entwickeln, dass unsere Emotionen stets *reaktiv* entstehen: Etwas passiert und automatisch empfinden wir deshalb ein damit korrespondierendes Gefühl. Wir wollen uns nun diesen Ablauf, wie unsere Emotionen entstehen, einmal genauer, gewissermaßen in Zeitlupe anschauen. In der folgenden Tabelle ist der Entstehungsprozess unserer Emotionen zwar vereinfacht, aber dafür klar und übersichtlich dargestellt. Dieser Vorgang läuft in uns allen tausendfach pro Tag ab. Dies geschieht allerdings mit einer sehr hohen Geschwindigkeit unter einer Sekunde, sodass wir diesen Vorgang normalerweise nicht bewusst wahrnehmen.

Interessant ist übrigens, dass moderne neurowissenschaftliche Untersuchungen die traditionellen buddhistischen Erkenntnisse über unsere Emotionen bestätigen.

Aus primären Gefühlen werden sekundäre Emotionen		
A Primäres Gefühl	B Bewertungen	C Sekundäre Emotion
–	+	+ (z. B. Neugier, Vorfreude)
	–	– (z. B. Angst, Wut)
+	+	+ (z. B. Glück, Zufriedenheit)
	–	– (z. B. Gier, Sucht)
~	+	+ (z. B. Ruhe, Gelassenheit)
	–	– (z. B. Langeweile)

Wir sehen in der Tabelle, dass es einen Unterschied gibt zwischen unseren primären Gefühlen und sekundären Emotionen: Wir erleben eine beliebige Situation und reagieren spontan, ohne bewusste Steuerung mit einem primären, zumeist körperlichen Gefühl darauf. Primäre Gefühle sind relativ simpel. Es handelt sich dabei um körperbezogene Spannungszustände, die wir, wenn wir unsere geschulte Achtsamkeit darauf lenken, als positive (+), negative (-) oder neutrale (~) Spannung erfahren.

Dieser Spannungszustand kann als elektrische Spannung in unserem Zentralnervensystem gemessen werden. Würde daraufhin keine weitere Reaktion von uns erfolgen, so würde sich dieser elektrische Spannungszustand nach ca. 20 bis 30 Sekunden von selbst wieder legen. Diesen Sachverhalt sollten wir unbedingt sehr genau erkennen, theoretisch und praktisch ergründen und intensiv in uns aufnehmen: Primäre Gefühle vergehen nach einigen Sekunden, wenn wir sie nur achtsam betrachten. Das heißt, unsere spontanen Gefühle vergehen eigentlich relativ schnell. Warum wir das meistens anders erleben, erfahren wir nun.

Unser Verstand als hilfreicher Quälgeist

Wir haben gerade erfahren, dass sich die elektrischen Ladungen in unseren Nervenzellen, die mit unseren Gefühlen in Zusammenhang stehen, eigentlich nach einigen Sekunden Lebensdauer wieder auflösen würden. Hier kommt es nun aber zu einem sehr beachtenswerten Vorgang: Unser Verstand registriert sofort Veränderungen in uns und daher natürlich auch nervliche Spannungsänderungen. Unser Verstand hat die Eigenschaft, dass er ständig und scheinbar unaufhaltsam nach Zusammenhängen sucht. Wenn diese gefunden wurden, entstehen relativ feste Verbindungen. Konkret bedeutet das zum Beispiel, wenn unser Verstand eine negative Spannung in uns feststellt, dass er blitzschnell nach ähnlichen negativen Erfahrungen sucht. Damit stellt er eine Verbindung her, der er auch eine Bedeutung zuweist, wie etwa: „Hier gibt's Ärger, das kennen wir schon." Als Folge davon entsteht nun die konkrete Emotion, zum Beispiel Ärger, und darin versucht unser Verstand uns dann möglichst lange zu bestärken.

Unser eigener Verstand erzeugt also ihm passend erscheinende Bewertungen und Meinungen, sodass daraus unsere Emotionen entstehen. Diese werden nun wiederum durch unseren Verstand so lange wie möglich aufrechterhalten. Der entscheidende Faktor bei diesem Ablauf ist also unsere menschliche Verstandestätigkeit. Eigentlich würden unsere gefühlsmäßigen Reaktionen, die primären Gefühle, schnell wieder verglühen, doch unser Verstand lässt das zumeist nicht zu, sondern heizt sie weiter an. Er liebt Probleme und hat bezeichnenderweise die Idee, ein schwerer Verlust könnte für uns entstehen, wenn wir an der jeweiligen Emotion nicht lange festhalten. Auf der Basis unserer Vorerfahrungen erzeugen wir also selbst durch unsere persönlichen Bewertungen und Meinungen aus unseren primären Gefühlen unsere sekundären Emotionen. Damit gehören unsere Emotionen uns und wir sind auch selbst dafür verantwortlich. In diesem Zusammenhang sollten wir verstehen, dass es hier nicht darum geht, eine Schuldfrage zu klären, sondern unsere mögliche Einflussnahme darauf erkennen zu lernen.

Für Margret (37 Jahre) ist es anfangs eine fast unannehmbare Vorstellung, dass ihre unheilsamen Emotionen, die sie in ihren letzten beiden Beziehungen erfuhr und die sich in Form von Enttäuschung, Wut und Trauer äußern, nicht durch die damaligen Partner verschuldet wurden.

Seit langen Jahren steckt sie in der sicheren Einschätzung fest, dass alles so gut hätte sein können, wenn nur der letzte Partner nicht so furchtbar selbstsüchtig gewesen wäre und ihr gegenüber eine größere Wertschätzung gezeigt hätte.

Margret findet Zugang zu einer selbstkritischeren Sichtweise, als sie sich achtsamer auf ihre Verstandestätigkeiten fokussieren lernt. Nach längerer regelmäßiger Übung bekommt sie immer mehr Zugang zu ihren inneren überkritischen Stimmen und dem nicht abreißenden Strom von Bewertungen all ihrer Erfahrungen. So langsam lernt Margret verstehen, dass sie jede Situation, jeden Menschen und jede eigene Regung sofort verstandesmäßig bewertet.

Als sie in einer Flirtsituation ihre Achtsamkeit auf ihre körperlichen Reaktionen lenkt, erkennt sie sehr klar, wie schwierig ihr Verstand darauf reagiert. Margret bekommt so immer besseren Zugang zu ihren eigenen inneren Prozessen. Sie hat aufgehört, ausschließlich auf ihre Umgebung zu achten und dort nach Ursachen für ihre Probleme zu suchen. Stattdessen hat sie einen neuen, ihren eigenen, Kosmos für sich entdeckt und findet ihre Entdeckungen recht spannend.

Wenn uns der Partner wieder einmal ärgert und sich bestimmte Gefühle in uns regen, sollten wir doch einmal unseren Verstand genauer unter die Lupe nehmen. Sicherlich sind in der Vergangenheit diese schnellen Vorgänge, wie aus kurzfristigen Gefühlen langfristige sekundäre Emotionen entstehen, völlig unbewusst abgelaufen. Nun kennen wir – zumindest schon theoretisch – diese Prozesse. Wenn unser Partner ein für uns schwieriges Verhalten zeigt, achten wir also zuerst auf unsere primären Gefühle und entwickeln in uns die Rolle eines aufmerksamen Beobachters: Was regt sich körperlich? Wo genau entstehen Spannungsgefühle und wie genau fühlt sich das an? Sind es angenehme oder unangenehme Spannungen?

Dann lauschen wir, was unser Verstand dazu zu sagen hat.

Es sei noch darauf hingewiesen, dass neben der positiven und der negativen auch die neutrale Spannung eine wichtige Rolle spielt. Leider wird sie nur meistens falsch gedeutet, denn viele von uns sind mittlerweile schon fast spannungssüchtig geworden. Der Kick, die Aufregung, manchmal vielleicht sogar das Drama werden mehr oder weniger bewusst gesucht. Die *neutrale* Spannung kann uns Ruhe und Frieden geben, zumindest für eine kurze Zeit, doch nicht selten wird sie als Langeweile missverstanden. Es entsteht zu schnell der Impuls, diesen Zustand wieder zu ändern. Lernen wir also, in der neutralen Spannung in Ruhe zu verweilen.

Unser innerer Beobachter

Fahren wir mit den Überlegungen zur Entstehung von Emotionen fort. Wenn wir das primäre Gefühl in uns lokalisiert haben, verstärken wir weiterhin die Rolle unseres inneren Beobachters: „Na, Verstand, was hast du denn jetzt dazu zu sagen?" Einerseits entziehen wir durch diese Stärkung des inneren Beobachters unserer übermäßigen Verstandesaktivität, die oftmals eigentlich eher als Grübeltätigkeit beschrieben werden könnte, einen Teil der ihr zugeführten Energie. Die Abläufe verlangsamen sich, werden weniger intensiv und besser überschaubar.

Hier ist es dann wichtig, wertfrei zu bleiben. Selbst wenn wir von unserem Verstand vielleicht strenge und ärgerliche Kommentare zu hören bekommen und merken, wie unheilsam sich diese Statements auf unsere Emotionen auswirken, werden wir trotzdem nicht versuchen, unseren Verstand zu unterdrücken oder abzuwürgen. Unser Verstand will uns ja nicht immer nur Böses, häufig hat er uns schon geholfen, doch des Öfteren schießt er eben übers Ziel hinaus. Daher bleiben wir in einer möglichst gelassenen Beobachterrolle und versuchen, den inneren Film ähnlich wie im Kino zu verfolgen. Bei regelmäßigem Training und durch geduldige Wiederholung können wir so allmählich einen sehr guten Zugang zu unseren inneren Abläufen entwickeln. Der Automatismus wird auf diese Weise nach und nach transparenter, langsamer und dann bald auch besser lenkbar. Durch die Stärkung des inneren Beobachters schaffen wir somit eine neue innere Instanz oder zumindest eine Stärkung der bereits bestehenden inneren Instanz.

Tanja (49 Jahre) kann mit der Beobachterrolle sehr schnell und sehr viel anfangen. Sie berichtet, dass sie sich selbst recht häufig wie von außen sehe. In ihrer Geschichte hatte Tanja sehr schlimme Gewalterfahrungen gemacht. Es erschient logisch, dass ihre Fähigkeit, in eine Beobachterrolle zu gehen, ihr früher oft geholfen hatte, sich von den realen Vorgängen in ihrem Leben zu distanzieren. Für Tanja wurde es zuerst einmal wichtig, nicht zu oft die Rolle eines Beobachters einzunehmen. Sie trainierte intensiv verschiedene Achtsamkeitsübungen, um sich besser im Hier und Jetzt zu verankern. Nur damit machte die Distanzierung für Tanja auch einen Sinn.

Für eine möglichst stimmige Balance zwischen der Loslösung aus unseren Verstrickungen und einer Verwurzelung in unserer Welt benötigen wir eine geschulte Achtsamkeitspraxis, vielleicht auch etwas Rat und Hilfe von heilsamen Menschen, sowie eine regelmäßige Übungspraxis.

Unsere verschiedenen Persönlichkeiten

Zum besseren Verständnis unserer inneren Vorgänge benötigen wir noch Informationen zu einem weiteren wichtigen Punkt, der sich auf unsere verschiedenen Persönlichkeitsanteile bezieht.

Wenn wir zum Beispiel mit kleinen Kindern spielen, sind wir wohl meistens sehr nachsichtig mit ihnen. Vielleicht bekleckern sie uns beim Essen oder ziehen uns an den Haaren, doch womöglich lachen wir gemeinsam mit ihnen darüber. Wenn wir allerdings im selben Restaurant von einem anderen Gast unbeabsichtigt bekleckert werden, reagieren viele von uns vielleicht weniger humorvoll darauf. Je nach Situation und Verfassung reagieren wir also komplett unterschiedlich auf einen ähnlichen Anlass. Anscheinend sind wir manchmal ein friedfertiger und dann wieder ein kämpferischer Mensch. In manchen Situationen erleben wir uns als stark und durchsetzungsfähig, in anderen Situationen fühlen wir uns vielleicht klein und schwach. Manche Mütter können, wenn es um ihre Kinder geht, zur Löwin werden. Wenn sie sich aber zum Beispiel am Arbeitsplatz für eigene Belange gegenüber dem Chef durchsetzen müssten, wird nicht selten aus der kämpferischen Löwin ein Angsthäschen. Anscheinend leben in uns ganz unterschiedliche „Tiere“ in Form von Persönlichkeitsanteilen. Was hat es mit diesen auf sich?

Es gibt in unserem Gehirn zwar lokalisierbare Regionen, in denen zum Beispiel unsere Sprachfähigkeit gesteuert wird; in anderen Bereichen werden unsere motorischen und koordinativen Fertigkeiten geregelt und wiederum in anderen unsere Herztätigkeit, unsere Verdauung etc. Es gibt in unserem Gehirn jedoch keinen speziellen Knotenpunkt, an dem unser Ich-Gefühl entsteht. Es gibt weder im Kopf und auch nicht im Herzen einen bestimmten Sitz unserer Persönlichkeit. Neurowissenschaftler gehen heute davon aus, dass unsere Persönlichkeit *modular* aufgebaut ist, das heißt, dass es in unserem Gehirn verschiedene Module gibt, verschiedene Bereiche, aus denen sich unsere Persönlichkeit offenbar zusammensetzt. Vereinfacht ausgedrückt, haben wir im Kopf verschiedene Persönlichkeitsknoten.

Interessanterweise entspricht genau das auch dem buddhistischen Verständnis von unserer Persönlichkeit. Der Buddhismus geht davon aus, dass es keinen festen Persönlichkeitskern gibt. In uns, im sogenannten Speicherbewusstsein sind unendlich viele Facetten von gelebten und ungelebten, von aktiven und unterdrückten, von gehemmten und geförderten Persönlichkeitsvarianten angelegt. Unser Ich-Gefühl, das uns ein festes Ich suggeriert, ist nur eine Illusion unseres Geistes, um die ganze Dynamik etwas übersichtlicher zu machen. Würden wir unser Ich-Gefühl einmal unter eine Lupe legen, wird es sich ähnlich verhalten wie ein Materiebaustein: Wir können es in immer kleinere Teile zerlegen. Es wird immer kleiner und kleiner, immer weiter aufgelöst, doch es wird uns nicht gelingen, einen festen Ursprungskern zu finden.

Wir verfügen also über sehr unterschiedliche Persönlichkeitsanteile. Wir alle haben eine Vielzahl davon: unsere Angst-Persönlichkeit, unsere Schmerz-Persönlichkeit, unsere Opfer-Persönlichkeit, unsere Kämpfer-Persönlichkeit, unsere Weise-Persönlichkeit, unsere Dummi-Persönlichkeit etc. Wenn ein bestimmter Persönlichkeitsanteil aktiviert werden konnte, stellt sich unser Verstand sofort darauf ein, indem er versucht, diesen Bereich möglichst lange am Leben zu erhalten. Wir haben dann meistens keinen Zugang mehr zu anderen Ressourcen. Wenn beispielsweise unsere Opfer-Persönlichkeit aktiviert wurde, haben wir die feste Empfindung, Opfer *zu sein,* und unser Verstand bestärkt uns darin. Wird dagegen unsere Kämpfer-Persönlichkeit aktiviert, produziert unser Verstand gern kämpferische Parolen und unterdrückt weisere oder nachgiebigere Anteile in uns. Irgendwie scheint jeder Mensch mehr oder weniger multipel veranlagt zu sein.

Mit diesen in sich schon ganz unterschiedlichen Persönlichkeitsanteilen treffen wir nun auf unseren Partner und aktivieren bei ihm ebenfalls spezielle Anteile. Da treffen dann zum Beispiel nicht mehr eine Frau und ein Mann aufeinander, sondern eine Kämpfer- und eine Opfer-Persönlichkeit machen sich gegenseitig das Leben schwer. Wie unheilsam und tragisch die Konsequenzen daraus sein können, wissen wir wohl alle.

In der Regel treten wir unvollständig und manchmal sogar zersplittert in den Liebeskontakt. Es erscheint daher wichtig, ja sogar unumgänglich, sich den eigenen Persönlichkeitsanteilen zu stellen, sie sehr genau wahrnehmen zu lernen und konkret die eigene Beobachter-Persönlichkeit zu stärken und zu sichern. Hier geht es zunächst einmal weniger um Beherrschung als um ein Kennen- und Verstehenlernen. Aus buddhistischer Sicht ist es sehr wichtig zu verstehen, dass *wir* weder unser Verstand noch unsere verschiedenen Persönlichkeitsanteile *sind.*

Wir können für uns einen großen Entwicklungsschritt verbuchen, wenn wir in einer konkreten Situation erkennen, dass sich jetzt gerade nicht wir, unser Ich in den Vordergrund zu schieben versucht, sondern lediglich einer unserer Persönlichkeitsanteile.

Außerdem sollten wir bei diesem Vorgang erkennen, dass unser Verstand dabei die Regiearbeit übernimmt.

Wer sind wir eigentlich wirklich?

Ich setze *mich* auf *mein* Meditationskissen. Es entsteht ein Prozess, der zwar damit umschrieben werden kann, dass *ich meine* inneren Vorgänge beobachte, doch bei weiterer Analyse erkennen wir vielleicht, dass wir hier vorsichtiger mit den Worten umgehen müssen. In der Meditation erkenne *ich,* dass mein *Ich* verschiedene Bestandteile aufweist:

- Der Verstand wird spürbar, er liebt das Grübeln, das Anhaften und den Widerstand.
- Die verschiedenen Persönlichkeitsanteile färben und trüben den Verstand.
- Die Erfahrungen liefern alte Bilder.
- Die Fantasie lässt neue Ideen entstehen.
- Mein Körper erzeugt Probleme.

Wenn diese verschiedenen Facetten im Meditationsprozess ihren Platz finden, spüren wir irgendwie, dass es da noch etwas Zusätzliches gibt. Wir nehmen wahr, dass es verschiedene Bereiche von uns gibt, aber hinter alldem erahnen wir irgendwann und erkennen wir später, dass dort noch etwas wesentlich Umfassenderes existiert: unser Geist.

Eine Aufgabe der Meditation besteht darin, uns mit unserem Geist vertraut zu machen. Nicht nur darüber zu lesen, sondern selbst unmittelbar zu erfahren, wie sich die Qualität unseres Geistes anfühlt. Geistige Befreiung bedeutet, diesen Prozess zu erkennen und sich aus der Identifikation mit dem Verstand, den Persönlichkeitsanteilen, den Erfahrungen und Fantasien zu lösen.

Wenn wir hören, dass jemand herausfinden will, wer er oder sie wirklich ist, reagieren viele von uns vielleicht mit ziemlichem Unverständnis. Was soll denn die Frage: Wer bin ich? Das weiß doch schließlich jeder, oder nicht? Bei genauerem Hinhören gibt es manchmal jedoch ziemlich aufschlussreiche Formulierungen, die uns auf eine möglicherweise interessante Fährte locken können, wie etwa: „Eigentlich wollte ich ja weiterarbeiten, aber mein Körper hat gestreikt", oder „Ich wollte es zwar nicht, aber etwas anderes in mir, wollte es sehr wohl." Es lohnt sich durchaus, genau auf die folgenden Formulierungen zu achten:

Bin ich krank oder *habe* ich eine Krankheit?

Bin ich dumm oder *verhalte* ich mich dumm?

Bin ich eine Buddhistin oder *lebe* ich als Buddhistin?

Bin ich eine Frau, oder *habe* ich einen weiblichen Körper?

Oder habe ich vielleicht einen Körper, den ich benutze, ebenso wie ich zum Beispiel ein Auto habe und benutze?

Oft führt uns ein Umkehrschluss ein wenig weiter. Vielleicht müssen wir erst einmal klären, was wir *nicht* oder nicht nur sind.

Wir sind mehr als nur unser Körper.

Wir sind mehr als nur unser Kopf.

Wir sind mehr als nur unser Herz.

Wir sind mehr als nur unser Verstand.

Wir sind mehr als nur unsere Emotionen.

Was aber bleibt am Ende übrig? Genau: Es bleibt nichts Festes übrig, was wir wirklich sind. Wir lernen, wenn wir tief schauen, vielleicht die Qualität unseres Geistes kennen. Unser Geist hat jedoch keinen festen Kern. Unser Geist kann sich zur Größe eines Atoms bündeln oder auf die Größe des Universums ausdehnen. Das sind natürlich Eigenschaften, die wir von unserem Ich nicht kennen. Wir müssen feststellen, dass wir unseren Geist eigentlich nicht wirklich kennen. Das mag sich vielleicht etwas schockierend und beängstigend anhören. Kann das denn wirklich stimmen? Wir erleben es selbst doch eigentlich gar nicht so.

Dennoch lohnt sich hier eine genauere und auch tiefere Betrachtung, um unsere Wahrnehmung kritisch zu hinterfragen. Damit können wir langsam einen Zugang finden zu den tiefer liegenden Erkenntnissen:

Alles ist nur zusammengesetzt. Alles ist nur ein stetig sich wandelnder Prozess, der anscheinend aber derart beängstigend für uns ist, dass wir glauben, dem etwas Stabiles und Gesichertes entgegensetzen zu müssen. Daher haben wir uns unsere Vorstellungen von einem festen Ich-Gefühl geschaffen, das bei genauerer Betrachtung allerdings keinerlei festen Bestand hat.

Für eine erfolgreiche und selbstkritische Eigenanalyse, die unter anderem für eine Heilung unserer Beziehungsprobleme unumgänglich ist, müssen wir die hier vorgestellten Fakten kennenlernen, verinnerlichen und dann umsetzen.

Diese Fakten sind:

- Wir erzeugen unsere Emotionen durch unsere Bewertungen selbst.
- Wenn wir unseren Verstand beobachten und zügeln lernen, werden unsere Emotionen besser lenkbar und milder.

- Unser Verstand aktiviert bestimmte Persönlichkeitsanteile in uns.
- Unser Verstand versucht diese einmal aktivierten Anteile von uns möglichst lange aktiv zu halten.
- Wir werden immer wieder leiden, wenn wir das nicht ändern.

Es ist oft nicht leicht zu erkennen, dass es nicht in erster Linie die äußeren Umstände sind, die unsere Emotionen erschaffen. Die Umwelt hat einen deutlichen Einfluss auf unsere primären Gefühle, sie erzeugt schnell verschiedene Spannungszustände in uns, doch wir selbst sind es, die daraus lang anhaltende Emotionen schaffen.

Demnach ist es nicht unser Partner, der schuld daran ist, dass wir ärgerlich, traurig oder ängstlich werden und dann auch länger bleiben. Vielleicht erkennen wir auch bereits jetzt schon, dass zum Beispiel ein anderer Mensch auf unseren Partner ganz anders reagieren würde.

Paul (53 Jahre) sah sich selbst sein Leben lang als Kämpfer, als Fels in der Brandung für seine oft ängstliche Partnerin. Auch für seine Kollegen war er immer ein Ansprechpartner und jemand, der für sie die Kastanien aus dem Feuer holte. Mit diesen Seiten von sich war Paul sehr identifiziert. Er sagte: „*Ich bin* der immer Starke. *Ich bin* der Fels in der Brandung."

Als Paul sein Achtsamkeitstraining intensiviert und insbesondere seine Achtsamkeit auf seine körperlichen Anspannungen konzentriert, versteht er allmählich, wie anstrengend seine Geistes- und auch seine Körperhaltung ist. Paul erkennt recht deutlich die damit verbundenen Einschränkungen, die daraus entstehenden Zugzwänge und den permanenten Leistungsdruck.

Identifikationen wie „Ich bin der Starke" scheinen auf den ersten Blick vielleicht manchmal verführerisch zu sein, doch sie engen unsere Handlungsmöglichkeiten und insbesondere unsere geistige Schwingungsfähigkeit ein. Dazu kommen wir auch noch in Zugzwang, wenn diese Identifikationen infrage gestellt und kritisiert werden.

Die Identifikation mit unseren Persönlichkeitsanteilen auflösen

Manchmal reichen nur wenige Worte, Gesten oder Blicke, um uns „explodieren“ zu lassen. Damit geben wir anderen Menschen Macht über uns. Wenn sich Menschen gut kennen, wissen sie sehr genau um die „roten Knöpfe“ des Partners.

Auch wir wissen in der Regel recht genau, mit welchen Themen oder Aktionen wir unseren Partner provozieren können. Die weiter oben erwähnte kleinkindliche Freude am Effekt steckt wohl tief in uns allen. Vielleicht können diese Hinweise aber dazu beitragen, dass wir uns und unsere inneren Abläufe besser kennenlernen und damit auch zunehmend mehr Einfluss auf sie ausüben können. Das heißt auch, wir machen uns ein wenig mehr unabhängig auf dem Weg zur Befreiung. Damit schützen wir unsere roten Knöpfe und machen vor allem nicht andere, insbesondere auch unsere Partner nicht mehr für unsere Emotionen verantwortlich.

Einfach ist das sicherlich nicht. Wie fühlen wir uns, wenn wir zu dem anderen sagen: „Weil du das so gemacht hast, fühle ich mich jetzt so schlecht“ und damit suggerieren, der andere sei schuld an unserem Zustand? Und wie fühlt es sich an, wenn wir uns eingestehen: „Ich bin für meine Emotionen selbst verantwortlich“?

Die Herangehensweise, selbst für unsere Reaktionen verantwortlich zu sein, bedeutet allerdings nicht, sich jeden Missbrauch gefallen zu lassen, sich Gewalt anzutun oder andere Missstände zu ertragen. Es geht nicht darum, alle Bewertungen und vielleicht auch den gesunden Menschenverstand aufzugeben, sondern bedeutet vielmehr, sich zuerst der eigenen inneren Abläufe bewusst zu werden und keine weiteren Energien damit zu verschwenden, innerlich zu lamentieren, zu hadern und unseren Verstand in Grübeleien zu verstricken. Wir lernen vielleicht, dass wir in unheilsamen Situationen nicht zwangsläufig traurig werden und lange in depressiven Selbstmonologen verhaftet bleiben müssen. Wir lernen, dass sich unsere Opfer- oder Kämpfer-Persönlichkeit vielleicht schnell in uns meldet, können aber erreichen, dass wir selbst immer schneller innerlich *switchen* und zum Beispiel vom passiven Opferstil zum aktiven Handlungsstil umschalten.

Können wir das wirklich lernen? Oder ist es nicht nur schöne Theorie? Welches Bild haben wir von uns selbst? Welcher Persönlichkeitsanteil wird jetzt gerade bei solchen Fragen aktiviert? Der oder die Hilflose? Der oder die Kritikerin? Können wir uns den Zugang zu unseren Stärken und Qualitäten offenhalten oder nagen sehr starke Selbstzweifel an uns?

Für beide Aspekte gibt es reichlich gute Gründe: Wir haben schon etliches in unserem Leben erreicht und geschafft. Dennoch sind wir auch schon oft gescheitert, haben uns trotz Bemühen, trotz guten Willens und Engagements völlig verirrt.

Lorenz (32 Jahre) leidet in seinen relativ jungen Jahren schon an einem behandlungsbedürftigen Bluthochdruck. Mit rotem Kopf berichtet er, wie gut er die Vorstellung von den ungeschützten roten Knöpfen verstehe. Das sei für ihn absolut typisch. Als seine Freundin ihn das letzte Mal wieder auf ihre typische Art provozierte, visualisierte er bei sich einen großen roten Knopf am Bauch, den er in der betreffenden Situation dann schützen konnte. Lorenz erfuhr, dass er selbst mitentscheidet, ob sich sein Blutdruck drastisch erhöht oder nicht.

So vieles können wir schaffen, doch eine „einfache“ Beziehung zu führen scheint so schwierig zu sein. Warum ist das so?

Die Abhängigkeit von unserer Identifikation als Partner auflösen

Unsere Beziehung läuft momentan gut, also fühlen wir uns – vielleicht deshalb –gut. Unsere Beziehung läuft schlecht, also fühlen wir uns – vielleicht deshalb – schlecht. Oft bemühen wir uns um unsere Beziehung, so gut es eben geht, und verbinden damit vielleicht sogar die Hoffnung, dass wir uns dann besser fühlen.

Diese Gleichung bedeutet ein recht hohes Maß an Abhängigkeit. Unser Glück und Leid wird nicht von uns selbst kontrolliert. Dafür müssen wir unseren Geist schulen. Das grundlegende buddhistische

Ziel ist die Befreiung, das Lösen von Abhängigkeiten und ein Ausstieg aus dem Rad des Leidens. Es hat auch mit der Freiheit zur Wahl zu tun.

Damit können wir einen völlig neuen Kurs in der Beziehung einschlagen. Der Partner ist unzufrieden, gereizt, traurig, in sich selbst zurückgezogen? Das ist okay. Es ist zwar nicht schön, aber es ist okay. Jeder Mensch leidet, hat Sorgen und Nöte, auch unser Partner. Also kultivieren wir unser Mitgefühl und signalisieren dem Partner, dass wir für ihn da sind, *aber* dass es sehr wohl auch Grenzen gibt. Die Emotionen des Partners gehören ihm. Die Verantwortung für meine Emotionen liegt bei mir. Die Verantwortung für die Emotionen des Partners liegt bei ihm.

Um diese Gratwanderung immer wieder aufs Neue erfolgreich zu bewältigen, benötigen wir eine gute und regelmäßige Übungspraxis der Achtsamkeit.

8
Die Fähigkeit zur Liebe

> Wenn wir uns selbst kein Wohlwollen entgegenbringen, dann können wir es auch anderen Menschen nicht entgegenbringen ...
> Paradoxerweise kann man sich selbst nicht helfen, wenn man nicht auch den anderen hilft.
>
> – Dalai Lama XIV –

Wir haben die problematische Eigenart, uns gerade in Krisenzeiten noch zusätzlich mit übermäßig selbstkritischen Fragen und nicht selten auch mit Selbstanklagen zu belasten. Wenn wir zum Beispiel Liebeskummer haben, stellen wir uns selbst dann auch noch solche Fragen wie: „Liegt es an mir? Bin ich zu schwierig für andere? Oder vielleicht zu dumm? Zu clever? Zu selbstbewusst? Zu langweilig? Zu hässlich? Zu dick? Zu dünn? Zu klein? Zu groß? Zu laut? Zu ruhig? Zu extravertiert? Zu introvertiert? Oder bin ich nicht beziehungsfähig? Oder bin ich womöglich gar nicht liebesfähig?" Die Zahl der vermeintlichen Ursachen für unser Scheitern scheint schier unerschöpflich zu sein.

Sicherlich wird sich jeder intelligente Mensch in Problemsituationen fragen: Was ist los? Woran liegt es? Meistens betreten wir hier unsicheres Gelände und verirren uns schnell im Dickicht unseres Geistes, der umso mehr getrübt ist, weil er verletzt ist.

Durch eine gefestigte und regelmäßige Übungspraxis haben wir vielleicht schon gelernt, in einer solchen Problemsituation die Notbremse zu ziehen. Stopp! Erstes Prinzip: Wir machen es nicht noch schlimmer, als es ohnehin schon ist. Wir erinnern uns nämlich an die Erste Edle Wahrheit, die uns unter anderem auch zeigt, dass wir zum ersten unvermeidbaren Schmerz nicht noch einen zweiten vermeidbaren hinzufügen. Im nächsten Schritt werden wir unsere Anhaftungen, unsere Widerstände, unsere Unwissenheit und Verblendung in Relation zu dem jeweiligen aktuellen Sorgenthema ergründen.

Eine recht häufige Empfindung, die uns in Phasen von Liebeskummer überfällt, ist die verzerrte Wahrnehmung von Isolation und Getrenntheit, die Täuschung, dass alle anderen um uns herum es schaffen und zufrieden sind, nur wir nicht, weshalb wir uns einsam und verlassen fühlen. Das buddhistische Verständnis von der Natur aller Dinge um uns herum ist jedoch geprägt durch Erfahrungen und Wissen um die untrennbare Verbundenheit. Das Prinzip der Leerheit der Objekte und deren untrennbarer wechselseitiger Abhängigkeit gehört zu den elementaren buddhistischen Grundsätzen.

Der Begriff der Leerheit

Jedes Objekt unserer Umwelt, dieses Buch, der Stuhl, der Tisch, der Fußboden, unsere Hände, unser Köper, die Luft, die wir atmen, alles steht in wechselseitiger Abhängigkeit. Alles ist zusammengesetzt aus verschiedenen Bestandteilen, die ebenfalls wieder mit anderen Elementen in Wechselwirkung stehen und sich gegenseitig bedingen. Nichts existiert ohne Ursache, ohne Vorbedingung. Dieses Buch zum Beispiel besteht aus Papier, also Holz, aus Tinte, Leim etc. Diese Dinge mussten wachsen, produziert und von Menschen verarbeitet werden, deren Existenz wiederum jeweils von unzähligen anderen Faktoren abhängig ist.

Nichts existiert also völlig unabhängig voneinander. Das heißt auch, alle Objekte unserer Wahrnehmung sind *leer* in Bezug auf Eigenschaften, die sie völlig unabhängig machen. Das Buch hat keine eigenständigen, unabhängigen Eigenschaften. Die *Leerheit* des Buches bedeutet nicht, dass es sich um ein leeres Buch handelt, sondern dass das Buch leer ist von spezifischen Bucheigenschaften. Es ist aber voll von vielen anderen Faktoren, die zusammenkommen mussten, damit es als Buch existieren kann, doch nichts davon ist buchtypisch.

Wenn wir uns tief in die Entstehungsweise und die notwendigen Faktoren versenken, die ein Buch und alle anderen Dinge um uns herum entstehen lassen, verwischen sich irgendwann die Grenzen zwischen den unzähligen wechselwirksamen Faktoren, der Welt und unserer Rolle darin und lösen sich schließlich auf. Wenn wir nun noch einbeziehen, dass alle Objekte um uns herum, die Kleidung, die wir tragen, der Boden, auf dem wir stehen, auch die Menschen und wir selbst aus diesen vielen wechselseitig voneinander abhängigen Faktoren zusammengesetzt sind, erkennen wir unsere untrennbare Vernetzung mit der Welt.

Das ist es, was Buddhisten unter Leerheit verstehen. Der Begriff könnte etwas missverständlich sein, doch vielleicht ist deutlich geworden, warum die untrennbare Verbundenheit aller Objekte und Leerheit zusammengehören. Aus dieser buddhistisch-wissenschaftlichen Erkenntnis und als Ausdruck unserer tiefen Verbundenheit ist unter anderem der zentrale Appell an unser Mitgefühl entstanden.

Wenn wir uns nun, auf welcher Ebene auch immer, als getrennt von anderen erleben, bilden wir damit so etwas wie eine Wahnvorstellung oder zumindest als Ausdruck unserer Unwissenheit eine fixe Idee von Isolation und Getrenntheit, die in der Natur nicht vorkommen. Das Wesen der Natur unter Einschluss des Menschen ist Verbundenheit. Immer und überall, wo dieses Prinzip verloren geht oder missachtet wird, entstehen Leiden, Krankheit und Zerstörung. Wir sind dazu aufgerufen, immer wieder zum Verständnis unserer Verbundenheit zurückzukehren.

In unseren Partnerschaften ist diese Verbundenheit oft wohl am meisten spürbar. Obwohl wir sie hier stärker erleben, ist es sehr hilfreich, die buddhistische Erkenntnis von unserer Leerheit und Verbundenheit immer wieder zu verinnerlichen: Ich bin so, weil du so bist. Er ist so, weil du so bist. Du bist so, weil er so ist. Sie ist so, weil du so bist. Du bist so, weil sie so ist. Wir sind so, weil sie so sind.

Die Kassiererin im Supermarkt ist so, weil ich so bin? Die Jugendlichen im Park sind so, weil ich so bin? Der Bettler an der Ecke ist so, weil ich so bin. Mein Partner ist so, weil ich so bin? Ja, genauso verhält es sich.

Alles hängt zusammen

Wir müssen hier Zusammenhänge erkennen, die nicht direkt auf der Hand zu liegen scheinen, zum Beispiel zwischen dem Verhalten verschiedener Mitmenschen und unserem Wunsch nach Schnäppchen, guten Renditen, bunten, farbenfrohen Kleidern, exotischen Früchten, modernen Materialien, schicken und leistungsstarken Autos. Deshalb verlagern große Konzerne ihre Produktionen in arme Länder mit Billiglöhnen, deshalb wird in großer Tiefe nach Erdöl gebohrt, deshalb werden überall auf der Welt Menschen ausgebeutet, deshalb wird die Natur durchwühlt, zerstört und vergiftet. Deshalb werden die Meere, die Urwälder und andere Lebensräume angegriffen. Deshalb müssen viele Menschen ihre Heimat verlassen, müssen flüchten, erleben Kriege um Rohstoffe etc. Unter anderem deshalb verlassen auch Menschen ihre Heimat und arbeiten in der Fremde für sehr wenig Geld. Und deshalb ist vielleicht so manche Angestellte oder so mancher Arbeiter nicht so freundlich, wie wir es gerne hätten.

Wenn es uns schwerfällt, eine Verbindung zur Angestellten oder zum Arbeiter herzustellen, können und sollten wir vielleicht mit der Verbindung zu unserem Partner beginnen. Nehmen wir uns etwas Zeit, um zu ergründen, was beispielsweise das Verhalten unseres Partners mit uns und unserer Art zu sein zu tun hat. In diesem Bereich drohen nämlich viele Gefahren der Verstrickung und Verblendung.

Ein wichtiger Anhaltspunkt kann zuerst einmal unsere Grundhaltung sein, wenn wir aufhören, zwei *unabhängige* Wesen zu sehen oder die Ursache von Problemen einseitig wahrzunehmen. Wir können unsere Unterschiede mit dem Partner entweder ständig hervorheben oder unsere Verbindung mit ihm achtsam ergründen. Womöglich treffen wir bisher noch eindeutige Bewertungen, wer recht hat und wer nicht. Es braucht vielleicht etwas Geduld und manchmal auch Unterstützung, um zu erkennen, dass wir alle in einem Prozess, einem sich stetig wandelnden Strom der Ereignisse treiben, in dem wir Veränderungen erkennen können und zum Beispiel nicht alles so furchtbar persönlich nehmen müssen. Sich gegen diesen Strom zu stellen kann recht töricht sein, sich aber nur mittreiben zu lassen vielleicht nicht minder.

Jeder Mensch ist eine Welle im Ozean

Ein oft als hilfreich empfundenes Bild ist der Ozean. Wir können uns Menschen mit Wellen im Ozean vergleichen: Jede Welle und auch jeder Mensch ist einzigartig und doch allen anderen ähnlich.

Auf den Wellenspitzen besteht Individualität, wir können jedes Individuum zählen und identifizieren, auch mittels Genetik, Fingerabdrücken etc. Weiter unten in der Welle gibt es schon Gemeinsamkeiten, zum Beispiel in Form von Gruppen wie Frauen und Männer, Blonde und Dunkelhaarige, Alte und Junge, der Zugehörigkeit zu bestimmten Berufsgruppen etc. Noch weiter unten in der Welle lösen sich die Unterschiede dann irgendwann völlig auf. Wir Menschen sind alle aus Fleisch und Blut, ernähren uns, atmen und pflanzen uns fort. Hier finden wir dann auch Eigenschaften, die wir mit den Tieren und dann sogar mit Pflanzen teilen: Wir benötigen Wärme, Licht, Sauerstoff und wollen alle leben.

In unserer Beziehung ist unser Partner unsere Nachbarwelle. Auch wenn er manchmal von einem anderen Stern zu sein scheint, so betrifft das lediglich einen kleinen Teilaspekt der Person, nämlich die Wellenspitze. Oftmals scheinen wir uns aber gerade auf diesen Aspekt zu fixieren und blenden den umfassenderen aus. In den tieferen Strukturen sind wir uns sehr ähnlich und entstammen alle der gleichen Quelle, dem Ozean. Die Bewusstmachung dieser Tatsachen kann uns in schwierigen Situationen wie bei Streitigkeiten dabei helfen, um Unverständnis, scheinbare Unvereinbarkeit, starre Haltungen und Standpunkte zumindest aufzulockern.

Dabei sollten wir allerdings nicht mit dem Gefühl einer stetigen Entgrenzung und Auflösung vorgehen, sondern sowohl mit einer Wertschätzung der eigenen Welle wie der des anderen als auch mit der Wahrnehmung der untrennbaren Verbundenheit. Wir brauchen eine stetige Achtsamkeit für die Gratwanderung zwischen den eigenen Belangen und denen des Partners oder Mitmenschen wie auch aller anderen Wesen.

Schließlich gibt es nicht nur menschliche Wellen. Auch die gesamte nicht-menschliche Umwelt ist in ihrem Leben und Leiden Teil des Ozeans und hat dementsprechend eine direkte Verbindung zu uns Menschen.

Dieses Bild der Wellen im Ozean beschreibt sehr anschaulich die Vereinbarkeit zwischen Individualität und Universalität. Unsere untrennbare Verbundenheit untereinander und mit allen Aspekten unserer Umwelt versteht der Buddhismus als Erklärung für die Leerheit des einzelnen Objektes bzw. Subjektes. Alles ist leer von Eigenschaften der Unabhängigkeit und voll von Eigenschaften der Abhängigkeit von allen anderen. Wenn wir unsere Leerheit und gleichzeitig unsere Verbundenheit realisieren, eröffnet sich uns ein Kosmos an gedanklichen und emotionalen Möglichkeiten, aber ebenso auch jede Menge an *Verantwortung* für uns und alle anderen Wesen.

Vielleicht mögen wir die Verbundenheit beispielsweise mit für uns weniger angenehmen Zeitgenossen nicht so gern wahrnehmen. Es fällt uns womöglich schwer, uns für diesen Aspekt zu *öffnen.* Meistens ist es ratsam, ganz bescheiden anzufangen und anfangs zuerst einmal einen guten Kontakt zu uns selbst aufzunehmen. Wie fühlt sich jetzt in diesem Augenblick mein Körper an? Gibt es irgendwo Spannungen? Ist meine Atmung etwas schwer? Was wäre jetzt gut?

Als Nächstes nehmen wir die Verbindung mit unserem Partner wahr, die sowieso untrennbar von uns vorhanden ist. Anfangs ist es einfacher, die Verbundenheit mit jemandem wahrzunehmen, den man mag. Eine fortgeschrittene Übung besteht darin, die Verbindung auch mit Menschen zu realisieren, die man eigentlich nicht so mag. Im weiteren Verlauf der buddhistischen Übungspraxis erkennen wir dann unsere untrennbare Verbundenheit mit der Umwelt und gelangen vielleicht manchmal sogar zu der Einsicht, dass es keinen Unterschied gibt zwischen mir, anderen und der Umwelt.

Diese Einsichten lassen sich allerdings ausschließlich durch *praktische* Übungen zur Geistesschulung, wie zum Beispiel der Meditation, vermitteln.

Konkret bedeutet es, dass wir differenzieren lernen zwischen unserem Verstand, den verschiedenen Persönlichkeitsanteilen, unseren Erfahrungen und unseren Fantasien, damit wir einen Zugang zu unserem eingenebelten Geist entwickeln können.

Nur durch diese eigenen konkreten Erfahrungen unserer *geistigen* Natur, nur wenn wir am eigenen Leibe spüren, wie es sich anfühlt, wenn wir mit unserem ungetrübten Geist in Kontakt treten, finden wir einen wirklichen Zugang zum tieferen Verständnis für uns selbst und für alle anderen, die uns umgeben.

Vielleicht ahnst du schon etwas, womöglich regt sich ein intuitives Verstehen und du spürst in dir eine Resonanz auf das eben Erfahrene. Der nächste Schritt sollte dann unbedingt in einer Vertiefung dieses Wissens bestehen und darauf folgend natürlich die praktische Umsetzung. Eine rein theoretische Herangehensweise kann nur sehr oberflächlich vermitteln, was genau hier gemeint ist. Wir können beispielsweise zwar oberflächlich erahnen, wie ein Taucher schwerelos in kristallklarem warmem Tropenwasser schwebt und dies auch mittels herrlicher Dokumentarfilme sehen, doch wenn wir es selbst niemals erlebt haben, werden diese Bereiche des Lebens uns immer weitgehend verschlossen bleiben. Ohne eigene Erfahrung gibt es kein vertieftes Wissen. Deshalb ist es unumgänglich, auf die buddhistischen Unterweisungen stets auch die entsprechenden praktischen Übungen folgen zu lassen.

Der Innere Edle Kern und die Liebe

Ein zusätzlicher Aspekt der Verbundenheit soll nochmals in Erinnerung gerufen werden: Wir alle tragen in uns unseren Inneren Edlen Kern (vgl. Kapitel 6). Dies ist ein sehr mächtiges Symbol, dessen bewusst zu sein eine tief gehende Transformation in uns bewirken kann, wenn wir es nur intensiv verinnerlichen und verwirklichen können.

Achte auf deinen eigenen Inneren Edlen Kern. Der Edle Kern ist für viele Buddhisten ein Symbol für die in allen Menschen existierende Buddha-Natur.

Wenn wir unseren Zugang zu unserer geistigen Natur entdecken, stärken und sichern, kommen wir diesem tief in uns angelegtem Wunder endlich wieder näher.

Wenn du das schaffst, werden in der Folge davon, und wie von selbst, viele vorher schwierige Aspekte in eine Ordnung kommen und sich klären. Es entsteht eine Dynamik, die dann fast zwangsläufig zu sehr heilsamen Veränderungen führt. Ebenso wie wir negative Teufelskreisläufe erzeugen können, ist es uns auch gegeben, heilsame Kreisläufe zu erzeugen. Wenn wir diesen Zugang zu unserem Edlen Kern, unserer Buddha-Natur und unserem Geist gefunden haben, ist es fast unmöglich, sich zum Beispiel weiterhin roh sich selbst und anderen gegenüber zu verhalten, regelmäßig mit Genussgiften den eigenen Geist einzutrüben oder sich selbst zu verletzen. Die einmal erreichte Klarheit und der Zugang zu einer so mächtigen Kraftquelle in uns fühlen sich so lebensfroh und leicht an, dass wir es kaum übers Herz bringen werden, wieder durch unheilsame Handlungen Rückschritte bei uns zu bewirken.

Die Fähigkeit zur Liebe

Was haben nun die bislang in diesem Kapitel beschriebenen Prinzipien von Leerheit, Verbundenheit, Edlem Kern und Zugang zu unseren geistigen Qualitäten mit der Fähigkeit zur Liebe zu tun?

Wenn wir leiden, weil wir zum Beispiel Wut, Trauer oder Angst empfinden, wenn wir uns von der Liebe entfernen und sogar manchmal denken, dass wir vielleicht nicht lieben können oder nicht liebenswert sind, dann hat das wahrscheinlich etwas mit Unwissenheit, Anhaftung oder Widerstand zu tun. Wenn wir *verblendet* und *unwissend* nicht unsere wahre Natur von Verbundenheit erkennen, keinen Zugang zu unseren geistigen Quellen haben, wenn wir an unheilsamen und oft wahnhaften Vorstellungen *anhaften,* wenn wir uns tief gehenden Erfahrungen *widersetzen,* dann verhindern wir den Zugang zu etwas Allumfassendem, das viele Menschen als Liebe bezeichnen.

Auch wenn wir nicht genau definieren und erschöpfend erklären können, was Liebe wirklich ist, wissen wir intuitiv aber dennoch, was hier gemeint ist. Anscheinend kann unser Herz schnell etwas begreifen, das unserem Verstand nicht so leicht zugänglich ist. Hier lässt sich wieder ein gutes Beispiel für die Weisheit des Herzens und die Grenzen unseres Verstandes finden.

Die Fähigkeit zur Liebe besteht vielleicht auch darin, mit der Wahnvorstellung aufzuräumen, wir seien getrennt und isoliert. Wenn wir wieder einen Zugang zu unserer wahren geistigen Natur, unserem Inneren Edlen Kern, unserer Buddha-Natur finden, erfahren wir am eigenen Leibe etwas, das im Buddhismus als die Vier Grenzenlosen Geisteszustände bezeichnet wird: Liebe, Mitgefühl, Freude und Gleichmut. Auch die beiden anderen Eckpfeiler der buddhistischen Weisheit, Leerheit und wechselseitige Abhängigkeit, verweisen auf unsere untrennbare Verbundenheit. Wenn wir diese Aspekte in uns kultivieren und erfahren, dann spüren wir die Verbundenheit – und damit wohl auch die allumfassende Liebe. Liebe scheint daher ein sehr verbindendes Prinzip zu sein.

Vielleicht können wir zusammenfassend auch sagen, dass die buddhistische Lehre die Erkenntnis unserer Verbundenheit widerspiegelt, die dann unweigerlich zu einem starken Mitgefühl der Menschen untereinander und zueinander führt. Buddhismus ist Liebe.

Wir sollten hier aber nicht allzu intellektuell vorgehen. Diese Zusammenhänge können nur durch eine praktische Selbsterfahrung verinnerlicht werden. Auf diese Weise finden wir auch für andere Grundlagen, wie beispielsweise die Erfahrung der Natur unseres Geistes, den entscheidenden Zugang. Dadurch erfahren wir selbst, wie sich der Kontakt mit unserem Geist anfühlt. Wir spüren, wie unser Geist sich auf einen kleinen Punkt zusammenziehen, aber auch, wie er sich ausdehnen kann. Das ist unsere wahre Natur.

Leider fehlen heute in vielen Kulturen die notwendigen Praxisübungen. Sie sind entweder verloren gegangen oder haben ihre Kraft verloren. Da wir aber alle tief in uns über diese Natur verfügen, besteht eben auch bei sehr vielen Menschen ein mehr oder weniger bewusster Impuls zur Suche danach. Es wirkt schon etwas eigenartig, dass wir etwas suchen müssen, das wir in uns tragen und das um uns herum alles mit allem verbindet.

Wahrscheinlich gibt es keinen vermeintlich dummen Fisch, der sich fragt: „Was ist eigentlich Wasser? Und gibt es Wasser tatsächlich oder bilde ich es mir nur ein?" Also Augen auf, oder vielleicht besser: Herz auf! Dieses Motto ist wohl manchmal eher eine Ziel- oder Etappenvision als eine Voraussetzung für den Start. Viele von uns benötigen vielleicht erst einmal festen Boden unter den Füßen, bevor sie es wagen zu schwimmen.

Die intensive Erfahrung von Verbundenheit kann die Sicherheit der eigenen Wahrnehmung, zum Beispiel der eigenen Grenzen, sehr verunsichern. Wir benötigen ein ausreichendes Gefühl der Selbstsicherheit, bevor wir unser Ego und alles, was damit verbunden ist, lockern und lösen können. Auf diesem theoretischen Weg mag sich das nach einem Paradox anhören, dass wir erst etwas festigen sollen, um es dann als Illusion zu erkennen und aufzulösen. Die praktische Herangehensweise der Selbsterfahrung wird uns allerdings eines Besseren belehren.

Jeder Mensch hat dabei sehr unterschiedliche Herangehensweisen und insbesondere auch eine unterschiedliche Geschwindigkeit.

Henry (56 Jahre) fühlt sich als Robinson Crusoe. Er benutzt auch auffällig oft dazu passende Vergleiche, wie zum Beispiel: Jeder Mensch ist eine Insel. Henry fühlt sich eigentlich eher als isoliertes Individuum. Er kann kaum nachvollziehen, was seine Liebesfähigkeit mit seiner Vorstellung über die Natur und der Verbundenheit damit zu tun hat.

Wir beginnen unsere Suche nach einem passenden Freitag, dem Gefährten von Robinson Crusoe. Hier ergründen wir Henrys Gefühle von Verbundenheit. Seine Sehnsüchte und Ängste werden ihm schnell deutlich. Er erkennt auch, dass ihn die Idee von Getrenntsein, Abstand und sogar Isolation zu beruhigen scheint. Doch Henry spürt auch zunehmend mehr, wie sehr diese Schutzmauern zu seinen Gefängnismauern wurden. Henry berichtet bald, wie „gemütlich" er es sich in seinem „Mausoleum" gemacht habe.

Mit zunehmender Meditationspraxis erfährt Henry einen immer besseren Zugang zu sich und lernt einen Weg kennen, der aus seinem Labyrinth aus Verstandesabwehr, emotionalen Verstrickungen und schlechten Erfahrungen herausführt. Als er das erste Mal einen Zugang zu seiner inneren geistigen Quelle findet, spürt Henry intensive Glücksmomente; er weiß nun, in welche Richtung sein weiterer Weg führt: Jeder Mensch ist eine Insel und jede Insel ist am Meeresboden mit allen anderen Inseln verbunden.

Wir finden im Buddhismus viele scheinbare Paradoxa, wie zum Beispiel die Erkenntnis, dass wir alle sehr individuell sind, aber auch ganz ähnlich, dass wir perfekt sind, aber dringend etwas ändern müssen. Insbesondere für unsere Liebesbeziehungen machen diese Paradoxa einen großen Reiz aus: Auf einer Ebene sind Männer und Frauen völlig verschieden. Auf einer anderen Ebene sind Männer und Frauen kaum zu unterscheiden.

9
Frauen und Männer

Nach buddhistischer Auffassung besitzen Männer und Frauen das,
was man die Natur Buddhas,
das Potenzial des Erwachens nennt,
ohne Unterschied.
Sie sind ihrer Essenz nach vollkommen gleich.
– Dalai Lama XIV –

Wenn wir beim Graben zufällig auf ein menschliches Skelett stoßen, können wohl nur die wenigsten von uns bestimmen, ob es sich dabei um ein weibliches oder ein männliches Wesen gehandelt hat. Zumindest auf dieser Ebene lässt sich schon einmal eine hohe Ähnlichkeit feststellen. Wenn wir dieses Suchmuster der Ähnlichkeiten weiterverfolgen, werden wir tatsächlich endlos viele Gemeinsamkeiten finden: Männer und Frauen haben einen fast völlig identischen Organismus, beide brauchen Nahrung, tragen ähnliche Bedürfnisse in sich, wollen Schutz und Liebe, werden geboren, werden älter und alt, erleiden bis auf wenige Ausnahmen die gleichen Erkrankungen und sterben.

Die Wahrnehmung unserer Gemeinsamkeiten hilft uns bei unseren ersten Schritten aufeinander zu. Doch scheinen wir als Paare offenbar auch die Erfahrung der Andersartigkeit zu benötigen, die wohl viele von uns als notwenigen Reiz empfinden. Oder würden wir uns ein Spiegelbild unseres Selbst als Partner wünschen?

Zahlreiche Gender-Studien zeigen uns, dass es *innerhalb* der Gruppen von Männern und Frauen größere Unterschiede geben kann als *zwischen* beiden Gruppen. Das bedeutet zum Beispiel, dass der Unterschied zwischen der kleinsten und der größten Frau viel größer ist als der durchschnittliche Größenunterschied zwischen Männern und

Frauen. Das trifft auf alle anderen Bereiche ebenfalls zu. So sind beispielsweise auch die Unterschiede bei der Gewaltbereitschaft innerhalb der Frauengruppe größer als generell zwischen Männern und Frauen. Wir können durch solche Studien zwar ungefähr feststellen, in welchen Bereichen Männer und in welchen Frauen eher dominieren, doch für die einzelne Person können wir keine verbindlichen Aussagen treffen. Jedes Individuum, ob Mann oder Frau, kann alle erdenklichen Merkmale aufweisen. In diesen Aussagen spiegelt sich unser Wissen wider. Leider ist unser Glaube jedoch etwas träger und braucht daher mehr Zeit, um sich von einmal festgelegten Meinungen und Vorurteilen zu lösen. Das Reizthema des „kleinen Unterschieds" ist folglich für viele Menschen zu einer Glaubensfrage geworden und mit starken Gefühlen, zum Beispiel der Identifikation, verknüpft.

Wollen wir wirklich die Gleichheit der Geschlechter?

Obwohl auch in vielen Staatsverfassungen der Grundsatz verankert ist, wonach Männer und Frauen vor dem Gesetz gleich sind, amüsieren wir uns über kaum etwas köstlicher als über geschlechtsspezifische Klischees. Kaum ein Unterhaltungsstoff reizt uns mehr wie die scheinbar lustige Verunglimpfung der Unterschiede zwischen den Geschlechtern. Kaum ein Entertainer, der dieses Thema ausspart. Immer wieder erscheinen Bücher mit dem Thema, warum Frauen dieses und Männer jenes nicht können, und regelmäßig werden sie zu Bestsellern.

Dabei scheinen viele von uns die schnell voranschreitende Angleichung und Nivellierung der Geschlechter nicht wirklich zu mögen. Gleichwertigkeit in jedem Fall, Gleichberechtigung auch, aber Gleichheit? Als Menschen haben wir wohl die starke Neigung, möglichst alles in Kategorien einzuteilen. Es scheint beruhigend auf uns zu wirken, wenn wir Wahrnehmungen rasch und sicher einordnen können: gefährlich–ungefährlich, essbar–ungenießbar, gut–schlecht, schön–hässlich, lieb–böse und eben auch Mann–Frau. Doch leider haben wir es mit dieser eigentlich hilfreichen Neigung nicht selten übertrieben und können uns nur noch schwer von unserem Zwang zu Bewertungen lösen.

Deshalb legen Buddhisten großen Wert darauf, sich von Anhaftungen zu lösen. Das Anhaften und Festhalten an Rollenklischees, Vorurteilen und festen Meinungen macht uns als Individuen unfrei. Allerdings scheint das buddhistische Prinzip des Loslassens für viele nicht so einfach umsetzbar zu sein.

Viele Paartherapeuten sprechen heute weniger über Männer und Frauen als eher von weiblichen und männlichen *Rollen* innerhalb einer Beziehung. Mit diesem Ansatzpunkt können wir auch gut homosexuelle und lesbische Liebespaare einbeziehen.

Vermutlich kennen viele von uns Frauen, die für sich, in ihren beruflichen Anforderungen und auch in ihren Liebesbeziehungen eine „männliche" Rolle übernehmen. Solchen Argumentationslinien folgen wir gern und schnell. Es wird dadurch auch deutlich, wie sehr wir bestimmte feste Denkkategorien lieben. Wahrscheinlich können uns bestimmte Muster helfen, aber sie beinhalten immer auch eine gewisse Gefahr. Die Frage nach der Gleichheit oder völligen Unterschiedlichkeit zwischen Männern und Frauen oder auch zwischen männlichen und weiblichen Rollenklischees wollen wir hier jedoch nicht weiter vertiefen.

Der Buddhismus und die Geschlechterrolle

Generell versuchen Buddhisten, sich möglichst von Rollen und Identifikationen zu befreien. In unserem Zusammenhang erkennen wir vielleicht, dass es wesentlich leichter ist, sich zum Beispiel von der Identifikation mit einer Helferrolle, einer Opferrolle oder einer Kämpferrolle zu befreien als von der Identifikation mit der Rolle als Frau oder als Mann. Wie soll das überhaupt gehen? Wie kann sich eine Frau von ihrer Frauenrolle, wie kann sich ein Mann von seiner Männerrolle befreien?

Eine hilfreiche Vorstellung dabei mag das Bewusstsein sein, dass wir sehr viele verschiedene Rollenanforderungen zu erfüllen haben. Wir sollten daher vielleicht nicht zu sehr an einzelnen Rollen anhaften und uns nicht zu intensiv damit identifizieren. Auch die Weisheit des Mittleren Weges kann uns hier wieder einmal gute Dienste leisten.

Eine passende Umgangsform damit könnte auch darin bestehen, dass wir zuerst einmal unsere Identifikation mit unserer Geschlechtsrolle erspüren. Wie reagieren wir als Frau, wenn Frauenklischees veralbert, gering geschätzt oder auf andere Weise missachtet werden? Wie reagieren wir als Mann, wenn Männerklischees veralbert, gering geschätzt oder auf andere Weise missachtet werden? Fühlen wir uns dann *persönlich* verletzt oder angegriffen? Hier können wir dann recht gut erfahren, wie sehr wir mit der jeweiligen Rolle verhaftet sind. Durch eine starke Anhaftung erleben wir in uns den übermächtigen Drang, uns diese Rolle erkämpfen und sie verteidigen zu müssen. Je nach Ausprägung dieser Anhaftung werden wir in gleichem Maße leiden und sind in gleichem Maße auch unfrei.

Natürlich besteht die Alternative nicht darin, alle Grenzüberschreitungen schweigsam zu erdulden. Es ist unumgänglich, für die eigenen Rechte einzutreten, und dies auch mit aller Entschiedenheit. Wenn wir uns an buddhistische Prinzipien halten, versuchen wir allerdings, uns ohne zusätzlichen Ballast dafür zu engagieren. Das ursprüngliche Problem wiegt meistens schon schwer genug, da benötigen wir nicht noch eine zusätzliche Belastung durch unsere eigene Negativität. Das heißt konkret, wir werden aktiv gegen Missstände vorgehen, aber ohne Groll, Hass, Wut, Ärger, Trauer, Angst, Selbstzweifel, Anklagen und Grübeleien.

Solche Beschreibungen mögen manchmal dazu führen, dass wir uns selbst fragen, wie oder worüber wir uns als Frauen und Männer definieren. Was ist für uns typisch weiblich und typisch männlich? Vielleicht ist es hilfreich, wenn wir einmal aufschreiben, was wir persönlich für typisch männlich und typisch weiblich halten. Welche Klischees tragen wir mit uns herum? Wie sehr prägen sie unseren Umgang mit dem Partner und wie sehr trüben sie unseren Geist? Ist es überhaupt möglich, wirklich von Mensch zu Mensch miteinander zu kommunizieren? Oder erleben wir meistens nur noch das Gespräch zwischen Rolleninhabern, also zwischen Chef–Angestellter, Mutter–Tochter, Christ–Moslem, Europäer–Asiate, Mann–Frau?

Emilia (45) und Erich (44) hadern häufig mit der Tatsache, dass Emilia deutlich mehr Geld verdient als Erich. Oft laufen die Konflikte nicht offensichtlich ab, sondern unterschwellig zum Beispiel in Form von Diskussionen, wer im Restaurant die Rechnung bezahlt. Eigentlich verstehen sich beide als moderne emanzipierte Menschen. Durch diese Thematik erkennen sie jedoch recht deutlich ihre alten Prägungen, die beide mit sich herumschleppen. Auf der rationalen Ebene können Emilia und Erich recht schnell ihre Anhaftung und Verblendung wahrnehmen, doch auf der konkreten Alltagsebene fühlen sie sich in ihren Rollenidentifikationen fast wie gefangen. Emilia hat oft den frustrierenden Impuls, sich kleiner zu machen, und Erich spürt einen enormen Druck auf sich lasten, immer größer und stärker sein zu müssen als seine Frau.

Das Paar braucht sehr viel Zeit und leider auch sehr viel Leid, bis beide absolut die Nase voll haben von dem jeweiligen Rollendruck. Der Weg bleibt für beide aber noch lange heikel. Es bedarf einer regelmäßigen achtsamen Nachjustierung.

Wir versuchen hier zu ergründen, wie Paare einen heilsamen gemeinsamen Weg miteinander finden können. Da unsere Überlegungen von den buddhistischen Lehren getragen sind, fragen wir uns aber natürlich auch, wie wir als Männer und Frauen die Befreiung finden können. Unser thematischer Schwerpunkt könnte daher die Frage hervorrufen, ob Männer und Frauen unterschiedliche Wege zur Befreiung gehen können oder gehen sollten.

Der männliche und der weibliche Weg

Mit dem männlichen oder weiblichen Weg ist nicht der Weg der Männer oder Frauen gemeint, sondern es handelt sich hier lediglich um Bezeichnungen für zwei verschiedene Umgangs- und Verhaltensformen. C. G. Jung hat die weibliche und die männliche Seite in jedem Menschen beschrieben und sie Anima und Animus genannt. Auch die chinesischen Bezeichnungen Yin und Yang für die weibliche und die männliche Kraft, die sich nicht nur auf uns Menschen beziehen, sondern die gesamte Natur durchdringen, dürften mittlerweile wohl allgemein bekannt sein.

Leider lesen sich die üblichen Beschreibungen von männlichen und weiblichen Varianten nur selten wertfrei. So heißt es zumeist, dass zum Beispiel das Behütende, Annehmende, Emotionale, Nährende etc. mit unserer weiblichen Seite und das Harte, Strenge, Rationale etc. mit unserer männlichen Seite in Verbindung stehen. Daher wäre es ein bedeutsamer Schritt zu erkennen, dass beide Seiten in beiden Geschlechtern angelegt sind. Wir können als Männer und Frauen dann Einfluss darauf nehmen, welche Seite wir in uns kultivieren und fördern bzw. wie wir eine harmonische Balance zwischen beiden Seiten herstellen. Sicherlich erleben wir noch sehr viel Druck, vor allem in Form eines subtilen Anpassungsdrucks im großen Rahmen durch die Wertmaßstäbe der jeweiligen Kultur und in kleineren Bezügen durch die Familie, das berufliche Umfeld und den Freundeskreis, in dem wir leben. Es besteht zwar ein gewisser Spielraum in der gesellschaftlichen Toleranz, doch generell fühlen sich viele Menschen nicht wirklich frei. Wir vollziehen noch ziemlich viele Zwangshandlungen, ohne dass wir diese als solche erkennen. Welche Prozeduren lassen Frauen und Männer über sich ergehen oder bemühen sich selbst nach Kräften, um zumindest ungefähr dem zu entsprechen, was ihre jeweilige Kultur von ihnen erwartet.

Sicherlich gibt es hierfür auch leichtere oder erschwerte Umstände, die von äußeren Bedingungen abhängen. Nicht ohne Grund zieht es viele Menschen in Großstädte, weil sie glauben, dort unter anderem einen höheren Grad an *äußerer* Freiheit erleben zu können. Oft ist diese Freiheit leider aber auch mit mehr Isolation und Gleichgültigkeit teuer erkauft und es ist nicht wirklich die Freiheit, die frei macht. Wir sprechen hier von *innerer* Freiheit, die wir unabhängig von äußeren Bedingungen entwickeln wollen.

In diesem Zusammenhang können wir den buddhistischen Appell zur Befreiung schon fast als einen revolutionären Aufruf beschreiben: Werde dir deiner *Anhaftungen* – einschließlich derjenigen an deine verschiedenen Rollen – bewusst und löse dich dann davon. Fühle dich frei. Entwickle keine *Widerstände* gegen natürliche Veränderungen. Durchdringe deine *Verblendung,* die dich mit Vorurteilen behaftet.

Kommen wir zu dem männlichen und dem weiblichen Weg zurück. Innerhalb der buddhistischen Lehren gibt es sehr unterschiedliche Herangehensweisen an unsere Schwächen. Eine Variante, die auch Buddha oft erwähnte, könnte als eine *männliche* Herangehensweise umschrieben werden. Hier sollten wir unsere unheilsamen Impulse niederdrücken, sie beherrschen und zügeln lernen. Beispielsweise sollten wir in schwierigen Situationen unsere Zunge stark unter unseren Gaumen pressen und mit Druck versuchen, alle aufkommenden unheilsamen Impulse zu beherrschen und zu besiegen. Wir sollten mit unseren Schwächen ringen wie mit einem Angreifer. Das männliche Motto lautet: Kämpfe und siege. Unterdrücke und beherrsche.

Eine andere, ebenso hoch geschätzte buddhistische Tradition könnte als eine *weibliche* Umgangsform beschrieben werden: Hier sollen wir all unsere verschiedenen Anteile, auch unsere dunklen Seiten, annehmen, sie umsorgen, sogar füttern, hegen und wertschätzen.

Unsere inneren Dämonen

Es gibt zahlreiche buddhistische Erzählungen, die eine bestimmte Form der Problemlösung vermitteln möchten. Eine sehr beliebte Geschichte handelt von einem weisen König, der einmal sein Schloss verlassen musste. Sogleich kam ein Dämon aus dem Schlosskeller, der lange auf diese Gelegenheit gewartet hatte, ging in den Thronsaal und besetzte den leeren Thron. Die herbeieilenden Wachen beschimpften den Dämon und drohten ihm massiv, woraufhin er aber nur noch größer wurde. Die Wachen bekamen Angst und beschossen den Dämon mit ihren Waffen, doch dieser wuchs nur noch weiter und wurde immer stärker und größer. Die Situation schien ausweglos zu sein: Je aggressiver die Wachen vorgingen, desto mächtiger wurde der Dämon. Als der König in sein Schloss zurückkehrte und das Problem erkannte, eilte er sogleich zu dem Dämon und bat ihn mit sanften Worten um Entschuldigung für das Verhalten seiner Wachen; das Leben als Dämon wäre bestimmt auch nicht immer leicht. Der König ließ dem Dämon Essen und Trinken kommen. Die Folge war, dass der Dämon immer kleiner wurde und mit jeder weiteren Nettigkeit des Königs und von dessen Gefolge zunehmend schrumpfte, auf diese Weise immer machtloser wurde und besser zu handhaben war.

Nicht selten berichten Menschen, dass sie mit den Schwächen ihrer Angehörigen und auch mit denen ihrer Berufskollegen sehr viel nachsichtiger umgehen als mit ihren eigenen Schwächen. Eigenlob stinkt bekanntlich. Wir sind es gewohnt, mit uns selbst streng zu verfahren.

Eigentlich ist etwas schon anstrengend genug, aber egal, ein bisschen geht noch ... Wehret den Anfängen, nur keine Nachlässigkeit zeigen, keinen Schlendrian einreißen lassen. Eine derart rigide Haltung verengt unseren Handlungsspielraum erheblich.

Wie wollen wir mit unseren äußeren und inneren Konflikten umgehen? Wir haben *äußere* Konflikte mit unseren Partnern und anderen Menschen und natürlich auch reichlich Probleme und Konflikte *in* und mit uns selbst. Die Geschichte vom Dämon stellt uns die Frage, wie wir eine solche Situation handhaben wollen. Wollen wir kämpfen und dadurch unsere inneren wie äußeren Dämonen vielleicht sogar noch stärken? Oder wollen wir einen friedvollen Weg praktizieren? Es mag Situationen geben, die mehr Strenge und eine gewisse Härte erfordern, doch sollten wir stets beide Handlungsvarianten wahrnehmen und auch wertschätzen. Eine zentrale buddhistische Aussage lautet: Du hast die Wahl!

Für die Beantwortung der Frage, wie wir am besten mit Konflikten umgehen, sollten wir allerdings nicht nur unseren Verstand zurate ziehen. Die einseitig von ihm gelieferten Bewertungen sind häufig mit Vorsicht zu genießen. Als Praktizierende bemühen wir uns, unsere tausendfachen Bewertungen, die unser unstillbarer Verstand uns anbietet, nicht allzu ernst zu nehmen. Natürlich werden wir unseren Verstand niemals völlig ignorieren können, aber wir überlassen uns auch nicht unreflektiert seiner Führung. Die Frage, ob zum Beispiel die männliche oder die weibliche Art des Vorgehens die bessere sei, erscheint unwichtig und oft sogar gefährlich, da wir uns hier sehr schnell in Bewertungskategorien und Rollenidentifikationen verstricken. Wir müssen jeweils ganz individuell einen guten, stimmigen und passenden Weg für uns und unser Leben finden.

Es kann durchaus hilfreich sein, sich immer wieder in Erinnerung zu rufen, dass wir uns nicht *von* männlichen und weiblichen Mustern befreien müssen, sondern dass unsere Befreiung *inmitten* unserer Rolle als Frau oder Mann stattfindet. Wir nehmen vielleicht die verschiedenen Rollenmuster zeitweise an, wir nutzen sie, aber wir *sind* es nicht. Genießen wir es also, Frau oder Mann zu sein, doch nehmen wir es auch nicht allzu ernst. Wir finden unser Glück in der Mitte.

Zweifellos ist es für viele schwer, solche Sowohl/Als-auch-Antworten hören zu müssen. Einfache und klare Anweisungen und Aussagen haben dagegen einen hohen Verführungswert. Doch wir leben nun einmal damit, dass wir als Männer und Frauen sowohl gut als auch gleichzeitig so mies sein können. Wie können wir damit umgehen? Oder, anders gefragt, wie können wir den aktuellen Status verbessern?

Ein sinnvoller Wandlungsprozess wird von Buddha beschrieben und ist seitdem unzählige Male erprobt und verwirklicht worden.

Die Vier Prinzipien der Wandlung

Der folgende Vier-Schritte-Prozess geht auf Buddha zurück, der diesen Prozess als die „Vier Prinzipien der Wandlung“ beschrieben hat:

1. Erkennen
2. Akzeptieren
3. Erforschen
4. Nicht-Identifizieren

Betrachten wir uns selbst mit klarem Blick und ruhigem Geist und (1) *erkennen* unsere heilsamen und unheilsamen Eigenschaften. Wenn wir hier einen guten Zugang gefunden haben und eine offene Bilanz ziehen können, werden wir das, was wir erkennen, (2) *akzeptieren.* Es wäre töricht, die vorhandenen Fakten zu ignorieren oder die Probleme, ohne sie zu ergründen, sofort aus dem Weg räumen zu wollen. Im nächsten Schritt werden wir unsere unterschiedlichen relevanten Themen weiter (3) *erforschen.* So bekommen wir ein gutes Verständnis für unsere Stärken und Schwächen. Hier müssen wir sehr achtsam sein, dass wir uns mit den wahrgenommenen Eigenschaften (4) *nicht identifizieren.* Wir *haben* diese Eigenschaften zurzeit vielleicht ausgeprägt, aber wir *sind* nicht diese Eigenschaften.

Bei diesem Prozess erkennen wir vielleicht unsere Neigung, schnell frustriert zu reagieren. Diesen Punkt akzeptieren wir, doch wir ergründen auch, was es damit auf sich hat. Grundsätzlich werden wir unsere Neigung zur Frustration aber immer nur als einen unliebsamen Begleiter betrachten und nicht als festen Bestandteil unserer Persönlichkeit.

Wenn wir eine ehrliche und selbstkritische Bestandsaufnahme durchführen, erkennen wir bei beiden Geschlechtern den ganzen Kosmos aus guten, schlechten, klugen, dummen, herrlichen, furchtbaren und noch vielen weiteren Eigenschaften. Unsere persönlichen, daraus erfolgenden Urteile sind das Produkt unserer Erfahrungen, Generalisierungen und Meinungen. Sie sind daher zumeist höchst subjektiv und aufgrund unseres noch nicht geklärten und getrübten Geistes wahrscheinlich fehlerhaft. Eine der sich daraus ergebenden Aufgaben könnte darin bestehen, dass wir lernen, mit den Ähnlichkeiten und der Andersartigkeit *respektvoll* umzugehen. Männer haben früher und bis heute Frauen offensichtlich viel Leid zugefügt, doch auch Frauen fügen Männern – oft mehr oder weiniger dezent – Leid zu. Männer vollziehen an anderen Männern und Frauen an anderen Frauen das Gleiche. Das buddhistische und mittlerweile auch das westliche Weltverständnis ist zutiefst systemisch vernetzt. Eine simple Verknüpfung von einer Negativgruppe, die sich an einer Positivgruppe vergeht, dürfte daher wohl eine viel zu große Vereinfachung darstellen. Wir Menschen sind eine ziemlich ambivalente Spezies, die mit ihren inneren Engeln und Dämonen leben lernen muss.

Wenn diese Thematik jetzt etwas bei dir in Gang gesetzt hat, dann nimm dir einen Augenblick Zeit und ergründe deine Bewertungen und die damit verbundenen Anhaftungen und Widerstände. Wenn wir versuchen herauszufinden, wer im Recht ist und ob Aussagen stimmen oder nicht, besteht eine recht hohe Chance dafür, unser bekanntes Anhaften, den Widerstand und unsere Unwissenheit, also das Spektrum unseres Leidens zu ergründen.

Für Buddhisten spielt dabei die Geschlechtszugehörigkeit eigentlich keine wesentliche Rolle. Unsere wahre Natur erfahren wir durch unseren Geist, wenn wir ihn klären und befreien. Wir definieren und identifizieren uns nicht über unseren Körper oder unser Geschlecht. Allerdings ist es auffallend, dass buddhistische Meister in der Regel männlich sind. Die patriarchalische Dynamik durchsetzt unser Leben offenbar immer noch in vielen Bereichen, und manchmal eben auch dort, wo wir es vielleicht weniger vermutet hätten.

Regt sich schon wieder Ärger? Es ist gut so. Bleibe bei dem Gefühl und prüfe, wohin es dich führt.

Wir versuchen nicht, unsere Gefühle loszuwerden, sondern sie achtsam und bewusst wahrzunehmen und sie dann zu transformieren.

Unser Ziel besteht darin, uns von unseren vielen Rollenidentifikationen zu lösen. Wir *verhalten* uns zwar als Frauen oder Männer, Arbeiter, Christen, Buddhisten, Muslime, Sportler, Maler, Ärzte oder Frauenrechtlerinnen etc., doch wir *sind* es nicht. Wir haben zwar diesen männlichen oder weiblichen Körper, doch dieser Körper definiert nicht unsere Existenz und auch nicht unser Wesen. Da unser Körper uns in der Vergangenheit jedoch die wichtigsten, weil sinnlichen Erfahrungen vermittelt hat, empfinden wir ihn meistens als eine sehr mächtige Identifikationsfläche. Damit sind wir uns dann irgendwann sicher: Ich *bin* eine Frau. Ich *bin* ein Mann.

Die Rollen, über die wir uns definieren, werden von Praktizierenden sehr achtsam und selbstkritisch wahrgenommen. Eine solche Selbstdefinition führt in der Regel zu Anhaftungen, über die wir uns bewusst sein müssen. Die verschiedenen Rollen, die wir in unserem Leben einnehmen, ausfüllen müssen oder auch wollen, sind sehr vielfältig. Hier sind unsere Flexibilität und Anpassungsfähigkeit ebenso gefragt wie das Bewusstsein der Veränderbarkeit und Vergänglichkeit dieser Rollen.

Wir starten alle mit der gleichen Rolle: Wir sind Kinder, wir haben dann die Kinder-Rolle und verhalten uns wohl auch meist dementsprechend. Im weiteren Verlauf entwickeln sich allerdings sehr viele weitere Rollen. Zum Beispiel erkennen wir irgendwann: Ich bin ein Mädchen oder ich bin ein Junge. Damit warten wieder neue Rollen auf uns, die wir irgendwie zu erfüllen haben. Danach folgen unzählige weitere Identifikationsmöglichkeiten: die Frauen- oder Männer-Rolle, die Schüler-Rolle die Sportler-Rolle, die Glaubens-Rolle, die Ethnien-Rolle, die Berufs-Rolle, die Hobby-Rolle, die Mutter- oder Vater-Rolle. Sie alle sind mit der Selbstdefinition „ich bin ein/eine …" verbunden. Es gibt hier sehr viele Möglichkeiten, an denen wir anhaften und damit auf unserem Weg zur Befreiung deutlich eingebremst werden können.

Doch auch einmal übernommene Rollen können sich natürlich – manchmal schneller, manchmal langsamer – verändern. Eine sehr spannende und bedeutsame Veränderung der Rolle kommt in dem Moment zustande, wenn wir von der Frau zur Mutter oder vom Mann zum Vater werden.

10
Vom Paar zur Familie

> Es gibt heilsame und unheilsame Wünsche.
> Lerne den Unterschied kennen
> und finde inmitten aller Wünsche
> Frieden.
>
> – Jack Kornfield –

Diese Kapitelüberschrift verdeutlicht bereits die Thematik der Veränderung. Tatsächlich ist es wichtig, unser angelerntes Denken in Kategorien, als Mann, Frau, Mutter, Vater, Geliebte, Ehemann, Kind, Paar, Familie etc. einmal kritisch unter die Lupe zu nehmen.

Die unterschiedlichen Aspekte, die den Prozess begleiten, Vater oder Mutter zu werden, können wir hier natürlich nicht erschöpfend ergründen, doch vielleicht werden uns buddhistische Überlegungen zu diesem Thema behilflich sein. Das *Anhaften* an Rollen und die oftmals damit verbundene Unfreiheit sind für Buddhisten von recht großer Bedeutung. Wir müssen unsere Achtsamkeit auf Aspekte lenken, über die wir uns definieren wollen. Was bedeutet es nun, Vater oder Mutter zu werden? Welche Verpflichtungen übernehmen wir bewusst als Verantwortliche und welche übernehmen wir unreflektiert?

Die Konsequenzen aus unseren Handlungen sind sehr stark abhängig von unseren ursprünglichen Absichten und unserer Motivation. Wir haben in Kapitel 4 schon erfahren, wie aus unseren Absichten und unseren Taten unsere Gewohnheiten werden und daraus wiederum unser Charakter und letzten Endes unser Schicksal.

Absichten → Taten → Gewohnheiten → Charakter → Schicksal

Die anstehenden Veränderungen, die aus einem Paar eine Familie machen, haben natürlich wesentlichen Einfluss auf unsere Gewohnheiten und als Folge davon auch auf unseren Charakter und unser Schicksal.

Zwar können Kinder auch ohne unseren bewussten Wunsch in unser Leben treten, doch nicht selten stehen wir als Individuen und als Paare auch selbst vor der Frage: „Will ich selbst und wollen wir als Paar ein Kind oder mehrere Kinder?" Die persönlichen Hintergründe und Absichten selbstkritisch zu ergründen ist eigentlich unerlässlich. Wir sollten diese Frage nicht einfach mit der Rationalisierung wegschieben, dass es für den Kinderwunsch keinen logischen Grund gebe oder dass es eben einfach nur ein Instinkt sei.

Was verbinden wir eigentlich mit dem Wunsch nach einem Kind oder Kindern? Wollen wir nicht mehr allein sein? Dient es der Sinnfindung? Geben erst Kinder unserem Leben einen Sinn? Soll es der Identitätsfindung dienen? Fühlen wir uns als Mütter oder Väter aufgewertet? Sollen Kinder als kleine Spiegelbilder unseres Selbst fungieren? Können, sollen oder dürfen Kinder unserem Glück als Individuum und als Paar dienen? Werden Kinder als Bindeglieder in einer schwierigen Beziehung eingesetzt? Sind Kinder als Ergänzung zu anderen Lebensbereichen vorgesehen? Fungieren Kinder als Abrundung eines gelungenen Lebensentwurfs? Welche mehr oder weniger unreflektierten Erwartungen stellen wir an unser Leben? Gehören Kinder einfach dazu?

Viele kritische Fragen, deren ehrliche Beantwortung oft recht schwerfällt. Nicht selten lösen solche Fragen bei etlichen Menschen Ärger und Gereiztheit aus. Wenn beim Lesen etwas in Bewegung kommt, lohnt es sich stets zu ergründen, aus welcher Quelle diese Spannungen stammen.

Identifikation und Anhaftung

Aus buddhistischer Sicht weisen diese Fragen durchaus Gemeinsamkeiten auf, die ergründet werden wollen, und kreisen alle um ein gemeinsames Zentrum. Ein buddhistischer Ratgeber oder Lehrer würde hier nach dem *Identifikationsmuster* und den *Identifikationswünschen* der Hilfesuchenden forschen.

Wir alle neigen sehr zu Anhaftungen und suchen mehr oder weniger bewusst nach Objekten, über die wir uns identifizieren können. Für viele von uns scheint es hilfreich zu sein, solche Fixpunkte zu finden wie: Ich *bin* eine Frau, ich *bin* eine Mutter, ich *bin* eine Lehrerin, etc. Diese „Haltegriffe" sind recht fest in uns eingewachsen. Welche Auswirkungen das haben kann, spüren wir beispielsweise dann, wenn diese Rollen angegriffen, angezweifelt, infrage gestellt oder gar aufgelöst werden

Wenn sich unsere Muster verändern

Wenn nun Kinder in unser Leben treten, gehen damit auch unweigerlich Rollenverschiebungen einher. Aus buddhistischer Sicht kommt dies einem weiteren Zuwachs an Identifikationsmöglichkeiten gleich, die immer auch Gefahren mit sich bringen können. Allerdings entstehen dadurch auch wieder neue Chancen.

Wie erleben wir den Rollenwechsel oder zumindest den Rollenzuwachs durch Kinder? Nicht wenige fühlen dadurch eine deutliche Belastung, dass sie nun nicht mehr nur Frau–Mann, Partnerin–Partner, Geliebte–Geliebter in der Beziehung sein können, sondern zumindest auch noch Mutter–Vater. Diese Dynamik ist vielleicht umso bedenkenswerter, wenn der Wechsel zu schnell oder ungewollt eintritt. So gibt es einen Unterschied dabei, ob wir einen schnellen Wechsel etwa durch die Kinder eines neuen Partners oder mit der Vorbereitungszeit durch eine eigene Schwangerschaft erleben.

Es scheint sehr alte und offenbar tief in uns angelegte Muster zu geben, die uns zur „Brutpflege" drängen. Doch wie eng ziehen wir für uns selbst den Handlungsrahmen dabei? Wenn wir zum Beispiel formulieren: „Ich *bin* jetzt Mutter oder Vater", meinen wir damit unterschwellig auch gleichzeitig: „Und alles andere hat jetzt keine größere Bedeutung mehr"? Wenn diese Position dann allerdings auf den Prüfstand oder in Gefahr gerät, erleben wir oft recht heftige und meist sehr unheilsame Emotionen. Hier auf einem Mittleren Weg zu bleiben dürfte für viele Eltern ein nicht leichtes Unterfangen sein.

Wenn beim Lesen nun eventuell schon Spannungsgefühle auftauchen, könnte das ein Indiz dafür sein, dass sich eine bestimmte Identifikation zu sehr gefestigt hat. Eine Diskussion darüber könnte dann schon ausreichen, um eine leichte und subtile Bedrohung zu spüren. Allerdings wird das meist eher als eine Gereiztheit wahrgenommen, auf die sich unser Verstand gern einlässt und die passenden Gedanken über den Sinn oder Unsinn des Kinderkriegens produziert. Nicht selten wird diese Problematik durch äußere Faktoren dann noch verstärkt. Wir erleben vielleicht auch die Rollenzuschreibungen oder Erwartungshaltungen durch den Partner oder andere Mitmenschen, die uns auf die eine oder andere Art verständlich machen wollen, wie wir uns als Eltern zu verhalten haben oder hätten.

Die Elternrolle als Wachstumsprozess

Ebenso wie die Übernahme der Rolle als Mutter oder Vater wie auch der Verantwortung und der vielen Verpflichtungen als Eltern wertvolle Lektionen für uns darstellen, führen sie uns genauso oft auch auf Irrwege. Sie bieten viele Chancen zur Transformation, aber eben auch zu Anhaftungen, Widerständen und Verblendungen – und damit zu Leiden.

Vielleicht können wir mithilfe dieser Thematik auch sehr gut erkennen, dass der buddhistische Weg ein Weg „mitten hindurch" ist. Natürlich sind wir als Eltern intensiv mit unseren Kindern verknüpft und verbunden. Dabei erfahren wir hier vor allem immens starke Anhaftungen, doch für unsere Befreiung und Linderung unserer Leiden müssen wir uns natürlich nicht *von* unseren Kindern lösen, sondern wir lösen uns *inmitten* aller Lebensbereiche. Insofern kann die Elternschaft für uns eine wertvolle Wachstumschance darstellen, wobei die Aspekte des Dienens und des Wartens einen hohen Stellenwert haben.

Wachsen durch Dienen

Die dienende Rolle der Mutter und des Vaters kann von uns recht heilsam für unsere eigene Entwicklung genutzt werden. Vielleicht erfahren wir auf diesem Weg, durch die Bedürftigkeit des Kindes, eine Lockerung unserer Ego-Fixierungen. Wir müssen eigene Bedürfnisse zugunsten des Kindes vernachlässigen. Die damit verbundenen Erfahrungen können uns unter Umständen auch in anderen Lebensbereichen recht hilfreich sein. Vielleicht erfahren wir, dass die Zurückstellung oder zumindest der Aufschub der eigenen Bedürfnisse zu einer Veränderung führt, die wir als heilsam annehmen können. Was passiert zum Beispiel, wenn wir uns selbst nicht mehr so ernst oder so wichtig nehmen?

Der Begriff „Dienen“ weckt für die meisten Menschen wohl eher negative Assoziationen. Dennoch ist dieser Terminus bewusst gewählt, um zu verdeutlichen, dass wir, wenn wir einem anderen Wesen dienen, das eigene Ego nicht in den Vordergrund stellen können. Dienen erfordert eine starke Hingabe und damit auch eine Lockerung des stetigen Fokus auf uns selbst.

Das buddhistische Grundverständnis der allumfassenden Verbundenheit kann hier ebenfalls deutlich wahrgenommen werden. Die Familie erzeugt in uns ein spürbares Wir-Gefühl. Leider verlassen wir dann aber wieder oft und recht schnell den Mittleren Weg, sodass dieses Wir-Gefühl zu einer Abkapselung von anderen führt und damit die Verbundenheit eben nur auf die Familie beschränkt bleibt.

Wachsen durch Warten

Dienen ist ein Aspekt, der sich entwickeln kann, wenn die Bedürfnisse anderer wichtiger werden als unsere eigenen. In diesem Zusammenhang werden wir oft auch die Erfahrung machen, dass sich in uns Bedürfnisse regen, die wir jetzt kurz- oder mittelfristig nicht so leicht befriedigen können, zum Beispiel weil das Kind oder die Familie etwas anderes von uns erwartet. Wir erfahren also unweigerlich, was mit unseren Bedürfnissen geschieht, wenn wir ihnen nicht sofort nachgeben können. Unter anderem wird sich das Spannungsgefühl, das unsere Bedürfnisse erzeugt, unweigerlich verändern. Daher werden wir wohl recht häufig die sehr wichtige Lektion vermittelt bekommen, dass sich die meisten unserer Spannungen und Bedürfnisse verändern und oft sogar auflösen, wenn wir ihnen nicht sofort nachgeben und folgen. So lernen wir, wie wir mit unseren Antrieben, Motiven, Wünschen, Begehrlichkeiten, Bedürfnissen, Begierden, Ansprüchen, Sehnsüchten und anderen Impulsen alternativ umgehen können. Wir lernen endlich, dass wir einen Einfluss ausüben können, und brauchen dafür nicht mehr als ein wenig Geduld.

Vielleicht ärgern wir uns über unseren Partner, würden heute gern etwas länger schlafen oder den schönen Tag doch lieber mit Aktivitäten in Freien verbringen. Unser Kind fordert jedoch unsere volle Aufmerksamkeit. Nach einiger Zeit fragen wir uns dann vielleicht etwas irritiert, was eigentlich aus unseren anfänglichen Wünschen und Empfindungen geworden ist. Wohin sind sie verschwunden? Diese und ähnliche wichtige Lebenslektionen erhalten wir in solchen Situationen sozusagen „frei Haus". Dennoch ist es lohnenswert, sie achtsam und bewusst wahrzunehmen.

Im weiteren Entwicklungsprozess unserer Kinder werden wir immer wieder mehr oder weniger dazu gezwungen sein, unsere Lektionen zu lernen. Die stetig fortschreitende Entwicklung des Kindes verlangt Anpassung von uns und immer wieder aufs Neue auch die Bereitschaft zum Loslassen. Wenn diese Lektionen nicht gelernt werden können oder wollen, entstehen sehr große Spannungsbögen, die in der Regel zu krisenhaften Zuspitzungen und in der Folge dann zu Gewalt, Verletzungen und meist auch zu Trennungen und Scheidungen führen können.

Die kindliche Entwicklung der ersten Jahre ist ein fundamentales Symbol für die unaufhaltsame Veränderungskraft der Natur wie auch ihrer außerordentlich großen Zerbrechlichkeit. Wir sind gleichsam als Beteiligte und auch als Beobachter dazu eingeladen, einen faszinierenden Prozess zu begleiten, der uns in wenigen Jahren zeigt, wie die Welt funktioniert: Leben entsteht und verändert sich unaufhaltsam und kontinuierlich. Wenn wir diesen Prozess aufhalten wollen, entsteht Leiden. Immer wieder erfahren wir mit unseren Kindern auch intensive Gefühle der Hilflosigkeit. Wir erfahren die große Wertigkeit von Familie und ahnen auch die Gefahren, die der Alltag für uns bereithält.

Darüber hinaus müssen wir aber früher oder später auch erleben, dass wir viele sehr wichtige Lebensbereiche nicht unter Kontrolle haben. Es kann zu einer schweren Erkrankung oder sogar zum frühen Tod eines Kindes kommen. Solche Erfahrungen lassen sich kaum noch in Worte fassen, doch verdeutlichen sie uns vielleicht die dringende Notwendigkeit, auch als Eltern darauf vorbereitet sein zu müssen. Denken wir über unsere Verblendung nach, die uns womöglich glauben macht, dass Kinder immer gesund bleiben. Dass Kindern auch etwas zustoßen könnte, wollen wir nicht wahrhaben und blenden es dementsprechend sofort aus. So verständlich dieser Impuls auch sein mag, wir müssen dennoch achtgeben, dass diese Verblendung nicht zu viele andere Bereiche infiziert. Dann entstehen vielleicht solche Gedanken wie: Es wäre doch schön, wenn die Kinder immer klein blieben oder immer artig, immer gehorsam, wenn sie sich nie verletzen, wenn immer alles einfach für sie bleiben wird, wenn sie im Leben nie enttäuscht werden, wenn sie viel Erfolg haben werden etc. Diese, wenn auch nachvollziehbaren, Wünsche müssen wir selbstkritisch reflektieren. Dazu benötigen wir immer wieder einmal so etwas wie eine „kalte Dusche“. Wir lernen nicht nur durch einfache Bedingungen, Spaß und Genuss, sondern meist durch Fehler, Verletzungen und Probleme. Unsere Kinder werden im Leben noch sehr oft leiden, so wie wir selbst. Es werden garantiert schlimme Dinge passieren. Unsere Kinder werden Krankheiten durchstehen müssen, sie werden erleben, wie Großeltern und dann auch wir selbst, ihre Eltern, sterben werden. Das sind keine Störungen und Fehler, sondern der normale Lauf der Welt. Die Quintessenz aus diesen bitteren Wahrheiten ist die unumgängliche Notwendigkeit der Vorsorge und Vorbereitung darauf.

Achten wir daher auf unnötige *Anhaftungen,* die uns durch die Elternrolle nahegelegt werden. Ebenso sollten wir auftretende eigene *Widerstände* und *Verblendungen* achtsam ergründen und eine regelmäßige vorbereitende Übungspraxis kultivieren.

Unsere lauernden Probleme sind ähnlich vielfältig wie das gesamte Leben. Manchmal handelt es sich vielleicht eher um äußere Faktoren, die inneres Leiden erzeugen, manchmal führen leidhafte innere Vorgänge dazu, dass wir in unserem äußeren Umfeld unheilsame Veränderungen vornehmen. Wenn wir den Fokus nicht nur auf unsere mit Genuss verbundenen Erlebnisse, sondern auch auf unsere Erfahrungen mit Schwierigkeiten richten, finden wir dort hauptsächlich körperliche und geistige Aspekte.

11
Körper oder Geist?

Es ist unser Geist, und unser Geist allein,
der uns fesselt oder befreit.

– Dilgo Khyentse Rinpoche –

Die Achtsamkeit des Körpers erlaubt uns,
unser Leben ganz zu leben.

– Jack Kornfield –

In unseren Liebesbeziehungen spielt sowohl der Körper als auch der Geist eine große Rolle. Der *körperliche* Aspekt ist besonders zu beachten, da er eine stetige Quelle für Lust und Frust bietet. Doch auch der *geistige* Anteil ist von großer Wichtigkeit, da unser Bewusstsein bzw. die Qualität unseres Bewusstseins darüber entscheidet, wie wir die Welt und damit auch unsere Beziehung und unseren Partner wahrnehmen.

Der Buddhismus ist zwar eine Methode der *Geistes*schulung, allerdings trennen viele Fachbegriffe aus dem Buddhismus und anderen östlichen Wissenschaften nicht zwischen körperlichen und geistigen Prozessen, zum Beispiel zwischen Herz und Geist (Sanskrit: *chitta).* Da unser Sprachgebrauch zwischen körperlichen und geistigen Bereichen durchaus klare Grenzen zieht, können hier manchmal Missverständnisse entstehen. Die Psychosomatik und die Neurowissenschaften machen uns deutlich, wie schwer zwischen geistigen und körperlichen Vorgängen zu trennen ist. Zum Beispiel besteht ein schon lange währender Streit darüber, ob Nervenzellen unser Bewusstsein produzieren oder ob unser Bewusstsein das Nervensystem lediglich nutzt, um in Erscheinung treten zu können. Wenn wir uns näher mit den neuronalen Prozessen in und zwischen den Nervenzellen beschäftigen, erahnen wir schnell, wie schwer eine klare Trennung zwischen Geist/Bewusstsein und Körper vorzunehmen ist.

Diesen Sachverhalt blenden wir oft vielleicht aus, wenn wir uns auf unterschiedliche Bereiche der spirituellen Praxis einlassen wollen. Generell haben wir die starke Neigung, voneinander abgegrenzte Kategorien zu bilden, wie etwa auch die Körper-Kategorie und die Geist-Kategorie. Zusätzlich zur dieser Kategorisierung folgen nicht selten noch entsprechende Bewertungen: Der Geist wird von uns sehr häufig als die „gute“ Seite beschrieben. Zwar erleben wir in unseren geistigen Tätigkeiten auch viel Leid; dennoch ist der Geist ursprünglich, wenn er nicht getrübt ist, und bekommt von uns Bewertungen wie ätherisch, rein, frei, grenzenlos etc. Im Gegensatz dazu wird der Körper, obwohl er uns häufig Lust und Spaß vermittelt, gern mit niederen oder animalischen Attributen in Zusammenhang gebracht, dementsprechend oft abgewertet und als hinderlich angesehen für unsere geistig-spirituelle Weiterentwicklung. Die körperbetonten Sinne wollen uns verführen, sie lenken uns nur ab. Nicht selten hören wir auch Statements, die uns vermitteln wollen, dass uns der Körper sehr daran hindere, in den befreiten Zustand einzutreten.

Barbara (23 Jahre) wird von ihrer Mutter Verena (50 Jahre) begleitet. Zuerst erzählt Verena, dass sie vor Sorge um ihre Tochter Barbara nicht mehr schlafen könne. Barbara verliere immer mehr an Gewicht. Außerdem komme sie nicht mehr an sie heran. Ihre Tochter sei auf einem „Esoterik-Trip“ und versuche ihr immer wieder klarzumachen, wie unwichtig das Leben in dieser materiellen Welt doch sei. Auch würde uns unser Körper daran hindern, wahre Befreiung zu finden.

Es ist schön zu erleben, dass Barbara sich trotz dieser sehr dogmatischen Vorstellungen auf eine kritische Selbstreflexion einlassen mag. Sie beginnt unter Anleitung mit der Praxis von Achtsamkeitsübungen. Sie weiß, dass diese Praxis ein wesentlicher

Meilenstein auf dem Weg der spirituellen Erleuchtung ist. Allerdings nimmt Barbara anfangs etwas unwillig zur Kenntnis, dass Buddha uns sehr eindeutig die Botschaft hinterlassen hat, dass unser Achtsamkeitstraining stets seinen Anfang und seine Basis auf der *körperlichen* Ebene hat.

Im weiteren Verlauf kann Barbara einen Zugang zu ihrer Wut auf ihren Körper finden. Barbara spürt zunehmend deutlicher, dass die Disziplinierung und Selbstbestrafung ihres Körpers durch Nahrungsentzug sie in ihrer geistigen Entwicklung sogar eher noch hindert.

Sie erkennt dann auch, dass sie exakt die gleichen Erfahrungen durchmacht wie damals schon Buddha, der genau wie sie damit begann, seinen Körper asketisch zu unterwerfen. Durch diese Gemeinsamkeit erfährt Barbara eine sehr große Selbstbestätigung. Nun kann sie mehr Nachsicht kultivieren und nach dem Beispiel von Buddha einen Mittleren Weg für sich suchen.

Wir werden uns in dieser Welt nie von unserem Körper befreien können. Allerdings können wir unsere körperliche Seite sehr wohl für unsere Geistesschulung nutzen. – Nähere Ausführungen dazu finden sich in dem Buch *Buddhistische Psychotherapie.*

Beide Bereiche, also Körper und Geist, machen uns zu einer Wesenseinheit und haben eine hohe Wertigkeit für unsere Gesundheit. Allerdings benötigen Körper und Geist unterschiedliche Formen der Zuwendung. Ajahn Brahm erklärt, dass unser Körper durch Bewegung, unser Geist aber eher durch Ruhe Energie erhält.

Wenn wir über den Buddhismus und die Liebe sprechen, ist es allerdings völlig unsinnig, den Körper auszublenden. Natürlich gibt es die unterschiedlichsten Formen der Liebe, die zum Beispiel auf platonischer, geistig-emotionaler oder spiritueller Ebene existieren. Doch wenn wir über Liebesbeziehungen sprechen, so haben die Varianten von Liebe, die wir hier vorfinden, sicherlich in der Regel auch eine direkte körperliche Ebene.

Das Schöne am Äußeren

Wenn wir uns zurückerinnern an den Augenblick, als wir unseren Partner zuerst bewusst wahrnahmen, müssen viele von uns sich wohl eingestehen, dass es *äußerliche* oder zumindest auch äußerliche Merkmale am anderen gab, die uns auf ihn aufmerksam werden ließen. Der äußerliche, meist körperliche Reiz ist also sehr häufig eine Art Eintrittskarte in unsere Beziehung. Die Frage nach der Attraktivität ist im Rahmen von Liebesbeziehungen immer noch eine sehr zentrale Angelegenheit.

Aber sollte es uns als spirituell Suchende denn nicht egal sein, wie die äußere Hülle aussieht? Oder verrät uns die Form doch einiges über den Inhalt? In vielen ähnlichen Situationen ist es notwendig, dass wir auf die Form achten. Wenn wir uns zum Beispiel austauschen und kommunizieren, ist es für unser Verständnis entscheidend, in welcher *Form* die Information gesendet wird. Wir müssen hierbei dann auf die Mimik, Gestik, den Tonfall achten, um Ernsthaftigkeit, Gleichgültigkeit, Humor, Ironie oder Sarkasmus unterscheiden zu können.

Wir haben die Körpersprache unserer Mitmenschen sehr gut gelernt. Alle Völker dieser Erde erkennen das in gleicher Weise. Wenn wir den unterschiedlichsten Menschen an den unterschiedlichsten Orten dieser Erde, also etwa Indianer im Regenwald, afrikanische Jäger, amerikanische Banker, mongolische Bauern, Ureinwohner der Arktis oder Australiens, Porträts von Menschen vorlegen, so können alle zweifelsfrei daraus die Stimmung des Fotografierten ablesen, erkennen und benennen.

Des Weiteren gibt es zahlreiche Studien, welche die Zusammenhänge zwischen körperlicher Anziehungskraft, körperlicher Konstitution, Körpergeruch und dem Status des Immunsystems etc. belegen. Anscheinend registrieren wir unbewusst verschiedene körperliche Attribute und schließen unter anderem daraus auf die Chancen einer möglichen Fortpflanzung.

Diese Ebene der Informationsverarbeitung ist uns in der Regel nur schwer zugänglich und häufig wohl auch ein Tummelplatz für Irrungen und Wirrungen. Offenbar lösen sehr viele äußere körperliche Reize und Informationen auf zumeist unbewusster Ebene eine emotionale Reaktion in uns aus, die uns dann für bestimmte Signale empfänglich macht oder aber Abwehrimpulse in uns initiiert. Darüber hinaus nehmen wir natürlich auch bewusst äußere Signale wahr. Nicht selten suchen wir ganz konkret danach. Zum Teil handelt es sich dabei vielleicht um individuelle Vorlieben, andererseits bestimmen immer auch Modetrends und Gesellschaftsnormen, nach welchen Kriterien eine Partnerwahl abläuft.

Unsere „Balz-Rituale" sind zum Teil noch ziemlich archaisch und erinnern nicht selten an unsere nächsten Verwandten, die Affen. Natürlich sind aber auch noch Zivilisationsfaktoren hinzugekommen. Wenn die äußere Form, also der Körper keine optimalen Kriterien erfüllt, scheinen zumindest teilweise auch Statussymbole die Defizite kompensieren zu können und damit als weitere äußere Ergänzungen das Gesamtbild wieder auszugleichen.

Die buddhistische Geistesschulung kann uns darin unterstützen, möglichst viele Muster zu identifizieren, die uns eventuell manipulieren und unsere Freiheit einschränken können. Ohne eine bewusste achtsame Durchdringung unserer körperlichen und oft triebhaften Impulse folgen wir oft tief sitzenden Mustern und Prägungen. Die Notwendigkeit zu einem Geistestraining, das uns daraus lösen und befreien kann, erscheint sehr plausibel.

Die Achtsamkeit auf den Körper und seine Informationen

Die äußere Form, der Körper gibt uns in vielen Bereichen wichtige Informationen. Daher empfiehlt es sich, deren Relevanz und Wichtigkeit zu erkennen. Andererseits aber sehen wir Menschen, die sich sehr stark auf die äußeren Faktoren konzentrieren, als oberflächlich an. Diese Thematik scheint uferlos zu sein. Dennoch lohnt es sich, die eigenen Vorstellungen zur äußeren Form einmal selbstkritisch zu hinterfragen. Für Buddhisten ist dieser Aspekt auch deshalb wichtig, weil schon Buddha den körperlichen Belangen eine hohe Bedeutung beigemessen hat. So erklärt er, dass wir noch vor der spirituellen Praxis auf unsere körperliche Unversehrtheit und auch die unserer Mitmenschen achten müssen. Buddha betont auch, dass einer der buddhistischen Grundpfeiler, nämlich die Praxis der Achtsamkeit, auf der körperlichen Ebene beginnt.

Die Vier Grundlagen der Achtsamkeit

1. Körper
2. Gefühl
3. Geist
4. Geistobjekte

Unsere Achtsamkeitsübungen beginnen also stets (1) mit dem Körper. Wir achten auf körperliche Signale und Botschaften. Erst wenn der Körper klar und ruhig wird, können wir uns auf (2) die Gefühlsebene begeben. Erst wenn die Gefühlsebene klar und ruhig wird, können wir uns der nächsten Ebene (3) des Geistes wirklich nähern. Erst danach finden wir einen Zugang zu (4) den Geistobjekten. (Nähere Ausführungen dazu in dem Buch *Buddhistische Psychotherapie)*

Wenn wir also hadern und grübeln und nach Lösungen suchen, begehen wir meistens den Fehler, auf rationaler Ebene nach Ergebnissen zu suchen. Buddha zeigt uns, dass wir am falschen Ende beginnen. Für eine möglichst gute Vorgehensweise benötigen wir Klarheit und Ruhe in einer heilsamen Achtsamkeit. Dafür müssen wir zuerst unseren Körper klären und beruhigen.

Buddha erklärt auch, dass körperliche Belange uns vor die schwierigsten Aufgaben stellen. Die Ursachen für unser unvermeidbares Leiden liegen in unserer Körperlichkeit: unsere schmerzhafte Geburt, unser Altwerden, unsere Krankheiten und schließlich unser Sterben. Schon Buddha hat also sehr deutlich klargestellt, dass wir uns den körperlichen Belangen zuwenden müssen.

Altwerden als Spiegel der Vergänglichkeit

Wenn wir nun über unsere Liebesbeziehungen nachdenken, erleben wir genau dort das unvermeidbare Leiden, das schon Buddha beschrieben hat. Wir erfahren genau dort, was es heißt, ein Leben auf die Welt zu bringen; wir sehen, wie unser Partner und wir selbst älter und alt werden; wir erleben hier unmittelbar die Auswirkungen von Erkrankungen, und schließlich wartet auf uns und unseren Partner, wie auf alle Menschen, der Tod.

Vielleicht können wir diese Themen eine Zeit lang verdrängen, indem wir beispielsweise regelmäßig eine neue Beziehung eingehen, doch worauf das hinausläuft, dürfte wohl jedem klar sein.

Andreas (47 Jahre) berichtet, dass er seinen Freund Jochen (48 Jahre) nur in Abständen von mehreren Jahren zufällig treffe. Es sei jedoch immer wieder sehr faszinierend zu sehen, dass Jochen anscheinend für seine Freundin einen Jungbrunnen gefunden habe: Die Freundin sei immer Anfang 30 – und das schon seit 20 Jahren.

Vielleicht haben Männer und Frauen, ältere und jüngere Menschen oder Menschen aus verschiedenen Kulturen unterschiedliche Strategien, um die Veränderungen im Leben zu kompensieren. Die Möglichkeiten, den Kopf zumindest für eine Weile in den Sand zu stecken, sind schier grenzenlos.

Wir wissen es zwar nicht, aber möglicherweise steht die plastische Schönheitschirurgie auch erst am Anfang ihres Siegeszuges oder wird eventuell irgendwann einmal durch genetische Eingriffe abgelöst. Die dahinterliegenden Motive sind jedoch bereits zu Buddhas Zeiten bekannt gewesen: unsere *Verblendung* und Unwissenheit über die Tatsache der Unabänderlichkeit von Veränderungen, unser Festhalten, *Anhaften* und unsere Begehrlichkeiten sowie unser *Widerstand* gegenüber unliebsamen Veränderungen.

Die körperlichen Veränderungen, die wir im Laufe der Zeit an uns selbst und unserem Partner bemerken, verdeutlichen uns die Vergänglichkeit. Wenn wir alte Urlaubsfotos betrachten und erkennen, wie wir und unser Partner sich verändert haben, kann dies sehr unterschiedliche Emotionen wecken. Die eindeutige Bewusstmachung unserer Vergänglichkeit und der auf uns alle wartende Tod sind für sehr viele Menschen kein angenehmes Thema. Wir wissen es zwar irgendwie, aber eigentlich wollen wir es nicht wissen.

Das Werden und Vergehen ist der Fluss, in dem wir leben. Das Gute daran ist zum Beispiel, dass die notwendigen Veränderungen erst dadurch möglich sind. Gäbe es kein Älterwerden, gäbe es keine Veränderung, und dann gäbe es auch keine Entwicklungschancen. So aber wissen wir sehr genau, dass sich alles stetig ändert. Die schwierigen Phasen werden sich definitiv verändern, auch sie vergehen.

Diesen Faktor sollten wir so intensiv wie möglich verinnerlichen. Wenn wir in unseren unheilsamen Emotionen verhaftet und verstrickt sind, empfinden wir oftmals eine Art von Zeitlosigkeit. Wenn unser Geist schmerzlich eingetrübt ist, können wir uns kaum vorstellen, dass sich dieser Zustand schon sehr bald wieder ändern wird. Wenn wir die Tatsache der stetigen Veränderung tief verinnerlicht haben, können wir uns in etlichen Situationen ein wenig mehr entspannen, weil wir wissen: „Okay, jetzt gerade ist es bitter, aber schon morgen hat es sich verändert."

Das Negative wird sich also definitiv verändern. Allerdings werden auch die schönen Dinge nicht so bleiben, wie sie jetzt gerade sind. Die Dinge, die wir konservieren wollen, liegen in Spiritus eingelegt, im Eis eingefroren oder im Vakuum verschlossen. Mit einem glücklichen Leben haben diese Dinge allerdings nichts mehr zu tun. Das bedeutet also, entweder zu leben oder zu konservieren, beides miteinander zu vereinbaren ist nicht möglich.

Über den Körper hinausgehen

Wenn wir es allerdings nicht schaffen, über eine körperliche Fixierung hinauszugehen, werden sehr ernsthafte Probleme auf uns warten. Damit ist allerdings nicht die Überwindung unserer körperlichen Seite gemeint, sondern das ausgewogene Annehmen unseres Körpers und die Erfahrung unserer geistigen Qualität, die in uns, und zwar auch im Körper angelegt ist, doch über unseren Körper hinausgeht.

Unsere Aufmerksamkeit liegt bei der Integration von geistigen und körperlichen Belangen. Wir erfahren, dass der eine Bereich nie ohne den anderen Bereich existieren kann. Dementsprechend müssen wir vielleicht wieder lernen, die Einheit zu erkennen, die eigentlich schon immer gegeben war. Wenn wir uns darauf einlassen können, dann sehen wir in uns und in unserem Partner eine geistig-spirituelle Dimension, die weit über jede körperliche Veränderung hinaus ein konstant schönes und warmes Licht strahlen lässt.

Heinz (74 Jahre) und Anna (70 Jahre) sind seit 50 Jahren verheiratet. Sie haben ihr Leben miteinander verbracht. Beim Zuhören neigen wir schnell zur romantischen Verklärung. Heinz und Anna berichten, wie schwer es oft war und wie bitter sie die Veränderungen, auch an ihren Körpern, wahrnehmen mussten. Das Altern anzunehmen kann manchmal durch den Partner ein wenig erleichtert werden, vor allem dann, wenn auch im Alter die sinnlich-körperliche Seite gepflegt wird. Was das angeht, hatten Heinz und Anna recht wechselvolle Jahre; es gab Zeiten, in denen Sexualität kein Thema war, doch sie fanden immer wieder dahin zurück. Jetzt mit 70 Jahren erfahren sie, dass ihnen ein achtsamer Umgang mit Sexualität dabei helfen kann, ihren Körper anzunehmen. Sie können miteinander erfahren, wie angenehm sich der Körper anfühlt, wenn er Zuwendung und Streicheleinheiten bekommt.

Darüber hinaus berichten beide, dass sie, wenn sie sich manchmal anschauen, sehr oft im anderen die junge Frau bzw. den jungen Mann sehen können, die sie früher einmal waren, aber irgendwie auch heute noch sind.

12
Sexualität

> Das sexuelle Verlangen, das alle unsere Sinne anspricht,
> hat eine besonders große Macht über uns,
> die unsere Wahrnehmung ganz radikal verändern kann.
> – Dalai Lama XIV –

Während in den Medien das Thema Sexualität allgegenwärtig scheint und trotz scheinbar schon jetzt nicht mehr zu überbietender Präsenz immer noch Steigerungen erfährt und stetig mehr Raum ausfüllt, beobachten Psychologen und andere Helfer im therapeutischen Bereich im Gegensatz dazu einen auffälligen Rückgang dieser Thematik im individuell-persönlichen Bereich von Beziehungen und dementsprechend auch im Kontext von Beratungs- und Therapiegesprächen.

Während sich die frühen Psychotherapeuten wie Freud, Reich und Jung fast ausschließlich mit Sexualität oder zumindest mit der verdrängten Sexualität auseinanderzusetzen hatten, scheint dieses Thema heute in der Öffentlichkeit einen so großen Platz eingenommen zu haben, dass offenbar auf der persönlichen, insbesondere auf der partnerschaftlichen Ebene immer weniger in heilsamer Weise damit umgegangen wird. Es scheint einen Trend zur Vermeidung bzw. zu einer Art „Virtualisierung“ von Sexualität zu geben, der eine intimere Nähe in Partnerschaften relativiert. Das Thema Sexualität findet oftmals nur noch dann Eingang in die psychotherapeutische Bearbeitung, wenn die unheilsamen Folgen von sexuellem Missbrauch oder andere Formen der sexuellen Gewalt aufgedeckt werden. Der „normale“ Umgang mit Sexualität ist dagegen selten Thema.

JA! sagen können

Während in vielen Therapiesitzungen Themen wie Abgrenzung, gesunder Egoismus, Selbstwahrnehmung, Selbstwahrung, Durchsetzungsvermögen etc. trainiert werden, die letztlich alle damit zu tun haben, „Nein" sagen zu lernen, kommen nicht selten andere Themen, wie zum Beispiel „Ja" sagen, sich voll und ganz einlassen, sich hingeben, sich fallen lassen, loslassen etc. eher zu kurz. Hier werden leider wichtige Ressourcen übergangen, da wir beim Ja-Sagen vielleicht zu schnell eine inadäquate Selbstschutzfunktion oder deren Verlust vermuten. Doch ist nur diejenige Variante des Ja-Sagens problematisch, bei der wir eigentlich „Nein" meinen oder sagen sollten.

Oder sollte es vielleicht nur möglich sein, ein klares „Ja" zu formulieren, wenn wir auch ein klares „Nein" zustande bringen? Tatsächlich berichten Menschen, die sich auf die Suche nach ihrem letzten absoluten „JA!" begeben, von einer sehr wichtigen Erfahrung. Im absoluten „Ja", so berichten viele, lag eine Art leuchtender Moment. Ein Augenblick der Unendlichkeit. Eine Erfahrung, von der sie noch sehr lange Zeit profitieren. Wenn wir ganz und gar dieses „Ja" spüren, löst sich ein Gefühl von Enge und Getrenntheit auf und wir betreten einen Bereich der Verbindung.

Die buddhistischen Übungen, in denen wir unsere Widerstände bearbeiten, unsere Verbundenheit erfahren und die Kultivierung unseres Mitgefühls fördern, werden stets relativiert durch das „scharfe Schwert des Mitgefühls": Unsere mitfühlende Grundhaltung ist eine Ja-Haltung, aber dennoch setzen wir uns aktiv gegen Missbrauch, Unrecht und andere unheilsame Zustände ein.

Mediensex und Partnersex

Während auf gesellschaftlich-kultureller Ebene auch im Bereich der Sexualität immer mehr Entgrenzungen stattfinden, können wir auf der individuell-persönlichen Ebene immer mehr Rückzug, Vermeidung und vielleicht auch Verunsicherung feststellen. Einige Menschen scheinen zwar dem äußeren gesellschaftlichen Trend zu folgen und zum Teil eine Hypersexualität zu entwickeln, doch eine immer größere Anzahl von Menschen beschreibt eher Empfindungen einer Hyposexualität, also dem Verstummen des sexuellen Begehrens.

Sicherlich ist die exakte Festlegung eines „normalen" Mittelmaßes zwischen Hypo- und Hypersexualität kaum möglich, doch scheinen sich die Beobachtungen und Einschätzungen vieler Therapeuten zu verdichten, die von einer sexuellen Vermeidungstendenz bei ihren Klienten berichten. Davon sind recht häufig gerade auch Menschen betroffen, die sich mit spirituellen und auch buddhistischen Themen beschäftigen. Nicht selten werden die buddhistischen Ziele der Befreiung beispielsweise von Anhaftungen als ein Appell gegen Sexualität verstanden.

Hier betreten wir unsicheren, weil widersprüchlichen Boden. Der Dalai Lama will in seiner kurzen Anmerkung, die diesem Kapitel vorangestellt ist, auf die Gefahren aufmerksam machen, die uns heimsuchen können, wenn wir im Begehren unseren Verblendungen folgen. Er deutet jedoch auch auf die außerordentlich große Macht hin, welche die Sexualität für uns besitzt. Diese Macht können wir destruktiv einsetzen, indem wir uns zum Beispiel sexuell ausbeuterisch, sexuell konsumorientiert oder sexsüchtig verhalten und damit uns selbst und andere verletzen. Das süchtige Verhalten kann oft chronisch sein und wird von einer dauerhaften Einnebelung unseres Geistes begleitet. Darin liegt einer der möglichen Gründe für ein vermindertes Problembewusstsein der Betroffenen.

Allerdings ist es ebenso möglich, die machtvolle Kraft der Sexualität für heilsame Erfahrungen zu nutzen. Viele spirituelle Lehrer beschreiben, wie über und mit Sexualität ein Zugang zur spirituellen Ebene gefunden und praktiziert werden kann. Im Gegensatz dazu erklären jedoch andere, auch viele buddhistische Lehrer sehr kategorisch: Vermeide jede Sinnesreizung! Nicht wenige Buddhisten vergleichen die Genuss- und Bedürfnisbefriedigung mit einer Schmerztablette oder, noch drastischer, mit dem Honiglecken von einer Rasierklinge. Mit den süßen oder betäubenden Wirkungen von kurzfristigem Genuss können wir zwar eine Weile unsere Probleme und unser Leiden verdrängen, doch danach kommt alles wieder zurück und nicht selten in verschärfter Form.

In diesem Zusammenhang sollten wir uns noch einmal in Erinnerung rufen, dass sich alles, was wir wiederholen, zu Gewohnheiten und dann zu Charakteranteilen in uns festigt.

Das Gebot der Ausgewogenheit

Wir alle haben unsere Lieblingsphilosophie. Frei nach Goethe zitiert: Ein jeder lernt nur das, was er eben lernen kann. Oftmals fühlen sich distanzierte, also widerständige Menschen von Philosophien angezogen, die unsere Unabhängigkeit und Eigenständigkeit betonen, während Menschen mit einem hohen Kontaktbedürfnis, also anhaftende Typen, Philosophien schätzen, die unsere Verbundenheit in den Vordergrund stellen. Wir müssen achtsam ergründen, warum uns eine bestimmte Aussage anzieht und eine andere eher abstößt, um dann zu beiden einen adäquaten Abstand zu finden.

Eine der zentralen buddhistischen Lehren ist die Weisheit des Mittleren Weges und der klare Appell, im Hier und Jetzt *in* dieser Welt zu leben und sich nicht davon zu entfernen. Die Weisheit des Mittleren Weges ist so leicht zu verstehen und dabei doch so schwer umzusetzen und einzuhalten. Vielleicht benötigen wir manchmal sogar erst einen Entzug und zeitweisen Verzicht auf Sexualität, um für uns die eigene Position klären zu können. Dann ist es eventuell möglich, als Folge davon einen bewussteren Umgang mit der eigenen und der partnerschaftlichen Sexualität zu praktizieren.

Sexualität ist ein sehr wesentlicher Impuls in uns Menschen, ohne den wir als Spezies nicht überleben können. Die buddhistische Nonne und der buddhistische Mönch können ihr Leben genauso leben, wie sie es wünschen, weil zum Beispiel der Bäcker und der Bauer nicht nur ihrem Gewerbe nachgehen, sondern sich auch fortpflanzen und sehr wohl als Buddhisten leben können. Der jetzige Dalai Lama sagt dazu: „Wenn alle ein Klosterleben führten und vom Betteln lebten – die Wirtschaft würde zusammenbrechen, und wir selbst würden vor Hunger sterben!“

Doch wir können auch ohne ein Klosterleben ein buddhistisches Leben führen. Dafür hat Buddha uns fünf Regeln gegeben, die weiter unten aufgeführt werden. Dazu sei Folgendes noch kurz angemerkt: Es gibt so viele Gesetze, Verpflichtungen und Regeln, dass es manchmal für uns etwas eng zu werden scheint. Wir sollten uns jedoch einmal anschauen, ob die folgenden Regeln nicht hilfreich für uns sein können. Regeln sollten unser Leben erleichtern, wir müssen nicht über alles grübeln und jedes Mal neu Entscheidungen treffen.

Diese Thematik bezieht sich auf die *äußeren* Regeln. Was aber ist mit den *inneren* Regeln? Es könnte recht lohnenswert sein, einmal zu ergründen, welchen *eigenen* Regeln wir folgen. Welche Regelungen haben *wir für uns* selbst getroffen? Was werden oder wollen wir sicher nie tun? Schreiben wir diese Regeln doch einmal für uns auf.

Die folgenden fünf Regeln hat Buddha für buddhistische Nicht-Nonnen und Nicht-Mönche, also für Laien, aufgestellt:

1. Kein Lebewesen bewusst töten oder verletzen
2. Nicht-Gegebenes nicht nehmen
3. Mit Sexualität und Beziehungen achtsam umgehen
4. Lügen und grobe Worte vermeiden
5. Die Bewusstheit nicht durch Drogen trüben

Die dritte Regel rät uns also zu einem achtsamen Umgang mit Partnerschaft und Sexualität. Die vierte Regel rät uns zu einer achtsamen Kommunikation.

Können wir uns so verhalten, dass wir unseren Partner nicht bewusst verletzen? Können wir auf sexuelle Abenteuer mit anderen Personen verzichten, wenn es unseren Partner verletzt? *Benutzen* wir unseren Partner zur Bedürfnisbefriedigung? *Benutzen* wir Sexualität, um uns akzeptiert, begehrenswert oder einfach nur besser zu fühlen? Benutzen wir Sexualität als Kick? Benutzen wir gedankenlos Pornografie und Prostitution? Benutzen wir Sexualität zur Beruhigung? Vermeiden wir durch Sexualität partnerschaftliche Auseinandersetzungen?

Generell erscheint es wichtig zu klären, ob wir Sexualität benutzen, um etwas zu erreichen, oder ob wir Sexualität im Hier und Jetzt achtsam und bewusst leben können.

Eine Bauanleitung wurde nicht mitgeliefert

Für den Umgang mit Sexualität werden wir keine Bauanleitung oder Gebrauchsanweisung finden, die uns exakt sagen kann, was in welchen Situationen zu tun ist, ob Sex beispielsweise gut oder schlecht ist, um dann am Schluss, wenn alles zusammengeschraubt ist, Erleuchtung oder Befreiung zu erlangen. Mag sein, dass einige Menschen eher enthaltsamer leben müssen oder auch müssten, während andere sich eher etwas intensiver auf das Leben einlassen sollten.

Die buddhistische Kernfrage in Bezug auf Sexualität lautet: Was macht der Sex mit unserem Geist? Kann der Sex uns unsere Freiheit lassen oder diese sogar fördern, oder führt er uns in eine noch stärkere Anhaftung, in Abhängigkeiten oder sogar Süchte? Sexualität kann uns als achtsame und bewusste Handlung tief im Hier und Jetzt verankern. Sie kann aber auch unseren Geist weiter eintrüben, Leiden hervorrufen und uns triebgesteuert auf allerlei Abwege führen.

Buddhisten streben als oberstes Ziel die Befreiung an. Wir erreichen das hauptsächlich durch die Bewusstwerdung und Klärung unseres Geistes. Dafür ist es unumgänglich, alles zu vermeiden, was unseren Geist eintrübt. Wenn wir also Sexualität achtsam und bewusst praktizieren, können wir damit sogar unsere Fortschritte konsolidieren. Wenn wir Sex als Kick oder für andere Zwecke *benutzen,* vernebeln wir dagegen unseren Geist und führen ihn tiefer in die Unbewusstheit hinein. Demzufolge kann Sex sogar zu weiterem und schwerem Leiden führen. Wenn wir also gelegentlich Honig von einer Rasierklinge lecken, sollten wir dies entsprechend achtsam praktizieren und den Mittleren Weg als eine Art Navigationsgerät und als ständigen Begleiter respektieren und zu Rate ziehen. Eine bewusste Achtsamkeitspraxis führt gleichsam von selbst nach und nach zu einem heilsamen Umgang mit unseren Bedürfnissen.

Sicherlich gibt es auch für Buddhisten viele unterschiedliche Wege, mit Sexualität umzugehen, und jeder muss hier seinen eigenen Weg finden. Jack Kornfield schildert in seinem Buch *Tor des Erwachens* seine Kenntnisse, wie spirituelle Meister mit unterschiedlichstem religiösen Hintergrund mit ihrer Sexualität umgehen. Dabei fand Kornfield von Abstinenz bis zur unachtsamen und ausbeuterischen sexuellen Konsumhaltung (!) alle nur denkbaren Formen vor. Diese und ähnliche Probleme finden wir kulturübergreifend. Zu welchen traurigen Ergebnissen ein erzwungener Zölibat führen kann, können wir leider immer wieder aus den Negativschlagzeiten der Presse zur Kenntnis nehmen.

Möglichkeiten für eine heilsame Sexualität

Gewohnheiten und rituelle Handlungen sollten uns eigentlich helfen, um einem komplexen Leben eine hilfreiche Struktur zu geben. Wenn jedoch nur noch Automatismen am Werke sind, erleben wir einen Mangel.

Vielleicht wagen wir in unserer Partnerschaft einmal ein paar neue Wege. Dazu könnten folgende Anregungen dienen:

• Nehmen wir uns mehr Zeit für die partnerschaftliche Sexualität. Was finden wir dort vor, wenn wir einmal einen genaueren Blick darauf werfen? Ist Sex oftmals das automatisierte Abendritual? Finden wir mit Sex zueinander nach einem langen Fernsehabend, wenn wir vielleicht müde, überreizt oder eigentlich lustlos sind? Schalten wir am Abend doch einmal den Fernsehapparat und das Handy aus.

• Lernen wir klar zu trennen zwischen Zärtlichkeit und Sex. Dafür ist es hilfreich, während der ersten gemeinsamen Testphase möglichst auf Sex zu verzichten und erst einmal wieder viel Raum für den Austausch von Zärtlichkeit zu lassen. Hier können wir vielleicht schon interessante Erfahrungen sammeln: Wird es schnell langweilig? Bauen sich Spannungen auf, die wir als unangenehm erfahren? Muss Zärtlichkeit zwangsläufig immer zum Sex führen? Was bedeutet Zärtlichkeit eigentlich genau? Für uns selbst, aber auch für den Partner?

• Wenn wir Sexualität genießen wollen, ergründen wir, wohin unsere Achtsamkeit wandert. Sind wir mit uns selbst beschäftigt? Oder sind wir nur körperlich anwesend, reagieren mechanisch, während unser Verstand noch Probleme wälzt oder Ängsten und Unsicherheiten nachgeht? Wird der Zwang zu denken jetzt deutlicher spürbar, wenn wir eigentlich an nichts als den Moment „denken" sollten? Oder sind wir in unserem Kopfkino gefangen, denken beim Sex mit dem Partner vielleicht an sexy Filmstars?

Vielleicht ist es möglich, die Achtsamkeit einmal tief in uns selbst zu verankern, wobei Körper, Verstand und Emotion eine Einheit bilden, *und* gleichzeitig den Partner in diesen Vorgang einzubeziehen. Viele Menschen berichten davon, dass es vor allem unser ruheloser Verstand ist, unser unaufhörlicher Zwang zu denken, zu bewerten, sich zu sorgen etc., der eines der größten Probleme im Umgang mit Sexualität darstellt. Unser Herz, vielleicht auch unser Körper möchte loslassen und genießen, doch unser Verstand stellt unangenehme Fragen, er denkt und denkt und denkt ...

Eine weitere, davon unabhängige Möglichkeit mit Auswirkungen auf unsere Sexualität ist die generelle Form unseres Umgangs mit Spannungen. Nicht selten wird Sex genutzt, um eine als zu gering empfundene Spannung, die wir leider oft als Langeweile fehlinterpretieren, zu erhöhen. Hier erkennen wir unsere stetige Suche nach dem Kick wieder. Die andere Variante ist die Nutzung von Sex zum Spannungsabbau. Hier wird Sexualität sozusagen als eine Art „Notdurft" benutzt. Da Sex unter anderem auch diese profane Ebene einnehmen kann, besteht wiederum die Gefahr, dass sich diese Variante durch Regelmäßigkeit einschleift.

Eine buddhistische Herangehensweise an jede Art von Spannung wäre eine *Entschleunigung* und, damit verbunden, eine achtsame Bewusstmachung der verschiedenen dazugehörigen Aspekte:

- Wo genau im Körper fühlen wir Spannungen?
- Welche Bewertungen versucht unser Verstand uns zu vermitteln?
- Welche Emotionen und welche Handlungsimpulse entstehen daraus?

Wir achten darauf, wie sich diese Empfindungen verändern, ohne dass wir bestimmte Aspekte davon verstärken oder fördern. Mit einer leichten entspannten Atmung sorgen wir für unser körperliches Wohlbefinden. Wir verweilen ein paar Minuten lang in dieser Haltung.

Sehr häufig werden wir dann die Erfahrung machen können, dass sich unsere Spannungsgefühle verändern und meist sogar auflösen. Wenn wir diesen Weg ausprobieren, werden wir die interessante Erfahrung machen, dass wir nicht mehr roboterhaft vorprogrammiert jeder unserer spontanen Regungen sofort nachgeben müssen.

Viele Impulse in uns werden von außen angeregt. Dieser stetige Strom der Außenreize ist oft überwältigend. Es erscheint daher sinnvoll, hier die Kontrolle nicht zu verlieren bzw. sie wieder zurückzuerlangen. Diesen Vorgang können wir für sexuelle Impulse ebenso nutzen wie für jede andere unserer spontanen Regungen. Hier helfen uns insbesondere die Übungen des Heiligen Innehaltens, unsere Atemübungen, unser Wissen um die Entstehungsweise unserer Emotionen und hauptsächlich unsere meditative Praxis. – Für nähere Ausführungen dazu sei auf das Buch *Buddhistische Psychotherapie* verwiesen.

Der buddhistische Weg wurde bereits von sehr vielen Menschen ausprobiert, geprüft und gesichert. Er könnte auch für uns viele heilsame Veränderungen bewirken. Das kann bedeuten, dass wir mit zunehmender Übungspraxis kaum mehr in der Lage sein werden, unachtsam, gierig und unbewusst Sex zu konsumieren. Dadurch kann eine Eigendynamik entstehen, die uns ab einem bestimmten Zeitpunkt fast automatisch auf einen heilsamen Weg führt, so als würde sich unsere Geduld auszahlen. Wir gelangen dann von selbst in eine heilsame Strömung, die uns plötzlich sehr leicht und ganz selbstverständlich erscheint. Begriffe wie „Verzicht" oder „Einschränkung" spielen dann zunehmend keine Rolle mehr. Wir erleben Freude, Leichtigkeit, Klarheit, Energie und dann immer mehr ein Gefühl der *Befreiung.*

Auch als Praktizierende werden wir keine menschlichen Belange unachtsam abspalten. Jeder Aspekt unseres Lebens kann uns sehr dienlich sein, beispielsweise als tägliche Übungsanregung. So können wir unser Alltagsleben mit allen seinen Herausforderungen sehr gut nutzbar machen. In einer isolierten und sehr geschützten Situation können wir zu vielen Dingen meist nur einen theoretischen Zugang finden, die eigentliche Feuertaufe findet in unserem Alltagsleben statt.

Die buddhistischen Meditationsmeister der Gegenwart und Vergangenheit, die sich oft und lange entweder in die einsame Natur oder in Meditationsretreats zurückzogen, haben auch immer wieder regelmäßig den Kontakt zur normalen Außenwelt gesucht, um sich direkt mit den menschlichen Belangen auseinanderzusetzen. Nur so erfahren sie wieder einen neuen Impuls zur Übungspraxis.

Kurt (31 Jahre) beschreibt sich als jemand, der stets auf der Suche nach einem „Kick" sei. Zwar fühle er sich vom Buddhismus und speziell von den Möglichkeiten der inneren Befreiung sehr angezogen, empfinde trotzdem aber Widerstand bei der Idee, zukünftig seine sexuellen Bedürfnisse einzuschränken oder womöglich sogar aufzugeben.

Kurt findet im Laufe der Zeit seinen eigenen Zugang zur buddhistischen Lehre; insbesondere spürt er scheinbar ohne sein bewusstes Zutun eine Veränderung in der Umgangsweise mit sich, aber auch mit seiner Freundin. Tatsächlich verändern sich nach und nach auch seine sexuellen Empfindungen. Kurt spürt eine Verlagerung, die er recht blumig beschreibt: „Statt Porno tauche ich nun tief in die Liebe meiner Freundin ein."

Buddhisten, die ihren Weg nicht in einem Klosterleben suchen, finden in unserem Alltag unendlich viele Übungsmöglichkeiten für ihre buddhistische Praxis. Da die Sexualität ein tief in uns verankerter Trieb ist, können wir ihn für eine ebenfalls vertiefte buddhistische Praxis nutzen, um durch sie einen intensiven und tiefen Zugang zu uns selbst herzustellen. Die Energien, die mit unserer Sexualität gekoppelt sind, bieten sehr gute Möglichkeiten, damit zu arbeiten, zu lernen, sie gezielter zu kanalisieren und sie zukünftig unter anderem auch für unsere Transformation zu nutzen.

13
Buddhismus in unserem Alltag als Paar

> Alles Sichtbare grenzt an das Unsichtbare,
> alles Hörbare an das Unhörbare,
> alles Fassbare an das Unfassbare,
> und vielleicht alles Denkbare an das Undenkbare.
>
> – Lama Anagarika Govinda –

Der Buddhismus hat so viele unterschiedliche Facetten, dass dementsprechend auch die Verwirklichung in unserem Alltag sehr vielfältig aussehen kann. Jede Leserin und jeder Leser kann für sich stimmige und wichtige Aspekte herausgreifen, sich damit auseinandersetzen, sie vertiefen und dann im Alltag verwirklichen. Sicherlich ist die Meditation und sind allgemein meditative, das heißt, bewusste und achtsame Vorgehensweisen von zentraler Bedeutung, doch wie bereits erwähnt, gibt es hier keine klare Gebrauchsanweisung mit einem Beipackzettel, der uns rät: „Bitte dreimal täglich eine buddhistische Anwendung für 25 Minuten."

Wir müssen uns zwar genau mit diesen gut erprobten Methoden vertraut machen, doch auch nicht zu sehr daran haften. Denn natürlich ist nicht die Übungspraxis, auch nicht die Lehre das von uns angestrebte Ziel, sondern unsere Befreiung. Alle unsere Tätigkeiten sollten wir an diesem Ziel messen: Was bringt uns der Befreiung näher und was entfernt uns davon?

Um dieses Ziel zu erreichen oder sich ihm überhaupt anzunähern, müssen wir uns erst einmal in Bewegung setzen. Vielleicht beginnen wir unsere Übungspraxis zu festen Tageszeiten. Anfangs ist es meistens ganz hilfreich, zu bestimmten, vorher festgelegten Zeiten zu meditieren. Daher organisieren wir unsere Übungspraxis vielleicht ähnlich, wie wir auch andere Termine planen.

Manche Menschen meditieren gern am Morgen, weil zu Beginn des Tages noch nicht so viele Ereignisse unsere Aufmerksamkeit in Anspruch nehmen. Andere lieben eher die Abendstunden zur Übung. Generell sind ein paar formale Dinge zu beachten: Anfangs ist eine gewisse Regelmäßigkeit sehr hilfreich. Des Weiteren sollten wir lieber öfter kurz und mit Freude praktizieren, als uns längere, aber dafür seltenere Übungszeiten aufzuerlegen.

Erfahrungsgemäß wird sich unser Übungsprozess verändern. Irgendwann spüren wir, dass es nicht auf der einen Seite unsere buddhistische Übungspraxis und auf der anderen Seite unser Alltagsleben geben kann. Langsam, oftmals unbemerkt und ganz von selbst findet ein Integrationsprozess statt, der ab einem gewissen Zeitpunkt sehr häufig eine Eigendynamik erhält. Das bedeutet, dass bald eine Planung nicht mehr notwendig sein wird. Automatisch werden wir unsere Fortschritte nun in unseren Alltag einbringen. Wie wir immer wieder gehört haben, müssen wir, wenn wir uns wirklich befreien wollen, in einem dreistufigen Prozess die buddhistischen Lehren (1) verstehen, (2) verinnerlichen und dann unweigerlich in unserem Alltag (3) verwirklichen.

Vom Teilzeit-Buddha zum Ganztags-Buddha

Der vietnamesische buddhistische Lehrer Thich Nhat Hanh hat den eingängigen Slogan „Vom Teilzeit-Buddha zum Ganztags-Buddha" geprägt. Darin sind mehrere Botschaften verschlüsselt: Die wohl grundlegendste Bedeutung vermittelt uns, dass wir *alle* die Buddha-Natur in uns tragen. Wir alle haben die Veranlagung, den Buddha in uns zu entdecken und zu realisieren. Wir alle können, wie Buddha der Erwachte, auch erwachen und uns befreien. Jetzt!

Um uns dem Jetzt öffnen zu können und möglichst oft diesen Zustand des Gewahrseins der Gegenwart zu aktivieren, benötigen wir einige Übungseinheiten, die uns dabei hilfreich zur Seite stehen können. Wie oben schon beschrieben, sind für uns kleine, sichere und vor allem freudvolle Entwicklungsschritte stets viel Erfolg versprechender als ein forciertes und unachtsames Dahineilen. Folglich nehmen wir uns zu Anfang unseres buddhistischen Übungsweges regelmäßig Zeit für unsere Praxis, die zuerst vielleicht noch etwas Besonderes, eher eine

Ausnahmesituation für uns ist. Im weiteren Verlauf wird es bestimmt irgendwann einmal eine Alltagssituation außerhalb unserer Übungszeiten geben, in der wir auf die spontane Idee kommen werden, unser Wissen und die Übungspraxis jetzt doch einmal anzuwenden. In solch einem Moment erkennen wir vielleicht, wie wir jetzt normalerweise reagiert hätten, also nach unserem alten Muster. Darin erfahren wir unsere Unfreiheit und den deutlichen Wunsch, dieses alte Muster aufzulösen. Durch die Übungspraxis können wir unseren Körper und unseren Geist recht schnell klären und beruhigen. Damit verlassen wir die alten Bahnen und betreten Neuland. Wir werden also nicht mehr an unheilsamen Reaktionen anhaften, dem Leben keinen Widerstand entgegensetzen und unsere verblendeten Ansichten über Recht und Unrecht, richtig und falsch, schön und hässlich, gut und schlecht etc. sehr achtsam und kritisch beleuchten.

Wenn wir nun eine positive Erfahrung machen, werden wir vielleicht unsere buddhistischen Übungen und unsere damit verbundene spirituelle Weiterentwicklung immer häufiger in alltäglichen Situationen erproben und damit auch umsetzen. Diese Erprobungen und Prüfungen bilden einen sehr wesentlichen Aspekt der buddhistischen Praxis. Es gibt hier keine Dogmen oder Glaubenssätze, die wir blind übernehmen müssen. Jede angebotene Information aus der Lehre ist so angelegt, dass wir sie selbst am eigenen Leibe überprüfen können und dies auch sollen.

Wir finden hier nicht nur für uns selbst ein sehr wichtiges Übungsfeld, sondern auch Möglichkeiten, für andere Menschen hilfreich und heilsam tätig zu werden. Schon Buddha lehrte, dass wir unsere Fortschritte in keinem Fall selbstsüchtig nur für uns nutzen, sondern das Ziel in der Umsetzung und Verwirklichung liege, die nicht nur unserem eigenen, sondern auch dem Wohle aller anderen fühlenden Wesen diene.

Diese Entwicklung wird sich dann heilsam weiter entfalten. Sicherlich wird dies immer auch ein sehr persönlicher Prozess bleiben. Doch wir wissen, dass wir nicht die Ersten auf diesem Weg sind. Schon viele Generationen von Menschen sind ihn vor uns gegangen und viele werden noch folgen. Daher sind wir in der recht angenehmen Situation, auf viele Erfahrungsberichte zurückgreifen zu können. In diesem Zusammenhang erfahren wir auch, dass sehr viele Menschen mit zunehmender Übungspraxis recht übereinstimmend von einer Art Eigendynamik berichten, die in der Regel darin mündet, dass es irgendwann keine buddhistischen Übungen mehr gibt und die Trennung zwischen unseren Übungen und unserem Leben sich nach und nach auflöst. Unser ganzes Leben ist dann buddhistisch befreit. Für unser Thema bedeutet dies, dass wir nicht unsere buddhistischen Übungen praktizieren und sozusagen nebenher eine Beziehung führen, sondern stattdessen eine verwirklichte Liebesbeziehung realisieren: befreit verbunden.

In der Anfangsphase benötigen wir wahrscheinlich noch eine ruhige Atmosphäre zum Praktizieren und Üben. Wir mögen auch selbst spüren, dass unsere ersten Erfolge noch auf sehr wackeligen Füßen stehen. Beispielsweise erfahren wir in einer Abendmeditation in unserer Gemeinschaft, dem Sangha, einen tiefen Frieden, sodass wir vielleicht ein wenig verblendet und abgehoben heimwärts schweben, wo uns dann der Partner schon ungeduldig erwartet, um uns daran zu erinnern, dass wir wieder einmal vergessen haben, die Waschmaschine anzustellen. Vielleicht erleben wir solche Situationen anfangs als einen Bruch und glauben, die Problematik liege beim Partner, der eben noch nicht „so weit" sei und sich an derartige Unwichtigkeiten klammere.

Mit zunehmender eigener Praxis und besonders einer vertieften selbstkritischen Analyse werden wir bald aber erkennen, dass die Meditation nicht die eigentliche Übung ist, sondern nur eine – wenn auch sehr wichtige – Vorbereitung auf die wahre Übung: unser Leben. Irgendwann realisieren wir dann, dass es zwischen Meditation und Waschmaschinenbedienung, zwischen unserer buddhistischen Übungspraxis und unserem Alltag als Partner ebenso wie auch als Arbeiter oder Angestellte keinen Unterschied gibt. Das ist dann der Zeitpunkt, an dem wir vom Teilzeit-Buddha zum Ganztags-Buddha werden.

Die Bedeutung von Ritualen

Eine große Zahl von Menschen, die bereits vor uns erfolgreich versucht haben, sich von ihren Problemen zu befreien, schildern in ihren Erfahrungsberichten, wie hilfreich sich der dreistufige buddhistische Lernprozess des Erkennens, Verinnerlichens und Verwirklichens auswirkt. Sie verschweigen allerdings nicht, dass jede Etappe recht unterschiedliche Herausforderungen beinhaltet und spätestens bei der Verwirklichung nicht selten Probleme auftauchen können.

Zuerst erleben wir oft ein Gemisch aus Freude und Frust. Die Steigerung unserer Achtsamkeit führt zu vielen heilsamen Geisteszuständen, ist aber anfangs auch vergleichbar mit der Erstellung einer ersten Bilanz in einem Betrieb, der schon lange nicht mehr untersucht wurde. Zu Beginn bemerken wir daher oft noch mehr Probleme, als wir vermutet hätten. Beispielsweise fällt uns wahrscheinlich auf, wie viele unserer tagtäglichen Handlungen völlig automatisiert und ohne jede Achtsamkeit ablaufen. Wir verfügen über Tausende von erlernten Programmen, die wir ohne Bewusstheit abspulen. Wir essen und merken auf einmal, dass der Teller schon leer ist. Oder ganz plötzlich ist bereits Abend, wo ist nur der Tag geblieben? Das ist der ungute Bereich der ritualisierten Handlungen. Wir spulen ein Muster ab, ohne es zu merken.

Es gibt jedoch auch einen heilsamen Aspekt an Ritualen. Wenn wir diese achtsam ausbilden und in unserem Leben kultivieren, können sie uns sehr hilfreich zur Seite stehen. So können wir unsere Übungspraxis, zum Beispiel die Meditationen, anfangs zu bestimmten Zeiten an bestimmten Orten durchführen. Auch Symbole können uns in dieser Phase dabei behilflich sein, die rechte Achtsamkeit zu kultivieren. Ritualisierte Gebete und Mantras werden ebenso als sehr hilfreich empfunden. Durch das Wiederholen festgelegter Abläufe prägen sich nach und nach hilfreiche und heilsame Muster in uns ein und diese können wir durch Rituale weiter in uns festigen.

Übungstage für die Praxis

Als Ergänzung und Erweiterung der Rituale und ritualisierten Handlungen haben sich auch fest stehende Übungstage als sehr hilfreich erwiesen. Vielleicht können wir mit unserem Partner für jeden Monat, je nach Interesse und Motivation, ein bis vier Übungstage vereinbaren. Das sind spezielle Tage, an denen wir uns in besonderem Maße der Übung in Achtsamkeit widmen. Neben den wichtigen eigenen Erfahrungen, die wir hier sammeln können, bietet der Übungstag auch eine gute Gelegenheit, als Paar eine gemeinsame positive und die Beziehung konstituierende Erfahrung zu machen.

Es ist sehr zu empfehlen, für diesen Tag vorher gemeinsam feste Regeln zu vereinbaren. Diese sollen uns dabei helfen, diese Tage ohne viel Hadern, Zweifel, Überlegungen und Unklarheiten verbringen zu können. Hier folgen zehn Regeln, die sich bereits als sehr hilfreich herausgestellt haben. Jedes Paar kann sich jedoch für eine eigene Zusammenstellung entscheiden.

Regeln für den Übungstag

1. Nicht töten (Tiere eingeschlossen, also eine vegetarische Ernährung)
2. Nicht stehlen, nichts einfordern, Nicht-Gegebenes nicht nehmen
3. Keine sexuellen Handlungen
4. Nicht lügen, keine groben, lauten Reden oder verbale Angriffe
5. Keinen Alkohol oder andere Drogen und Substanzen nehmen, die den Geist trüben
6. Keinen Schmuck tragen
7. Keine Medien nutzen (Fernsehen, Computer, Zeitungen, Bücher, Telefon, Handy)
8. Essen maßvoll und schweigend in Stille genießen
9. Gemäßigte, achtsame Bewegungen, kein Sport
10. Stille Sitzmeditationen und Gehmeditationen regelmäßig über den Tag verteilt

Der Mittlere Weg als Navigationsgerät

Die buddhistische Herangehensweise ist eine durchgängig praktische Methode. Es ist nicht ratsam, einfach nur die Erfahrungen anderer Buddhisten zu übernehmen. Der Prozess der eigenen Aneignung ist stets entscheidend und auch kritisch. Wir nehmen die Lehren zur

Kenntnis und versuchen, selbst einen eigenen Zugang zu ihnen zu bekommen, indem wir zum Beispiel Übungen, die uns ansprechen, auch selbst praktizieren und damit auf ihre Wirkfähigkeit hin kritisch überprüfen. Natürlich übernehmen und verwirklichen wir dann nur Aspekte, die wir für uns selbst als heilsam erfahren haben.

Für die Umsetzung der buddhistischen Prinzipien in unseren Alltag benötigen wir ein gutes Augenmaß. Es ist sehr wichtig, sich ein natürliches Gleichgewicht zu bewahren. Die Füße bleiben auf dem Boden, obwohl der Kopf vielleicht manchmal in höheren Sphären weilt. Der Mittlere Weg ist dafür unser Navigationsgerät.

Wir benötigen auch ein gewisses Maß an Geduld und Beharrlichkeit für die Umsetzung. Allerdings kann ein übertriebenes Engagement alles zunichtemachen. Eine eher absichtslose Haltung zu kultivieren, mit der wir die Befreiung „anstreben", ist das scheinbare Paradoxon, das jeder für sich lösen muss.

Diese Dynamik können wir vor allem während der Meditation in Reinkultur erfahren. Sobald sich eine tiefe Stille einstellt und wir es geschehen lassen, kommen wir immer tiefer in die Meditation hinein. Sobald sich jedoch auch nur ein Gedanke regt, der den Vorgang bewusst zu forcieren wünscht, wird uns der tiefere Zugang verwehrt.

Katrin (33 Jahre) hatte bislang im Leben immer viele Erfolge zu verbuchen, vor allem weil sie, wie sie sagt, nie auf andere warte, sondern selbst immer schnell und viel mache, sehr strebsam und fleißig sei, also durch Leistung zum Erfolg komme.

Dieses Prinzip versuchte Katrin nun auch in ihrer spirituellen Praxis umzusetzen, mit der sie eben erst begonnen hatte. Sie meditierte täglich zweimal eine Stunde. Ohne viel nachzudenken, benutzte sie Formulierungen wie: „Nein, ich kann dir jetzt nicht helfen, ich muss noch meditieren."

Sofort fallen uns dabei zwei wichtige Aspekte auf: Katrin *muss* meditieren. Wie wird sie ihre tägliche Praxis wohl genießen? Des Weiteren benutzt sie die Meditation dafür, um sich der Fürsorge für andere zu entziehen.

Wenn beim Lesen hier Ja-aber-Reaktionen oder andere Emotionen auftauchen, können wir diese wieder wunderbar nutzen, um uns mit unseren Widerständen, unseren Verstandesreaktionen und den aktivierten Persönlichkeitsanteilen vertraut zu machen.

14
Im Kleinen wie im Großen

> Wenn wir uns um die Welt kümmern,
> kümmern wir uns um uns selbst.
>
> – Jack Kornfield –

Als kleinste Zelle stehe ich *immer* in Verbindung mit den größeren Systemen wie Partnerschaft, Familie, Freunde, Gemeinden, Kulturen und Subkulturen, Gesellschaft, Natur und Umwelt. Ich bin ein untrennbarer abhängiger Teilbereich der mich umgebenden Umwelt.

Diese Verbundenheit finden wir in allen Lebenszusammenhängen. Unser Organismus besteht aus vielen einzelnen Teilen und benötigt vielfältige Ressourcen, die uns die Umwelt gibt. Unsere Kleidung, unsere Nahrung, unsere Mitmenschen bilden eine fast unüberschaubare Vernetzung von gegenseitiger Abhängigkeit und Verbundenheit.

Allerdings kann sich unsere Wahrnehmung dieser Zusammenhänge manchmal deutlich verändern. So führt unser Erleben von Schmerz und Kummer uns oft in eine subjektiv empfundene Isolation. Obwohl wir gerade dann vielleicht Zuspruch und Unterstützung gebrauchen könnten, ziehen sich viele von uns in solchen Fällen zurück und fühlen sich einsam und verlassen. Doch auch dann, wenn wir Trost und Zuwendung im Freundeskreis suchen, können diese Emotionen der Isolation selbst im direkten Kontakt mir unseren Freunden auftreten. Gar nicht selten erzeugen und verstärken wir dieses Gefühl sogar noch in uns: Wir fühlen uns einsam und suchen die Einsamkeit.

Es kann Momente oder Phasen im Leben geben, in denen unsere Verbindung zu anderen der Abbildung unten links ähnelt. Wir stehen im Mittelpunkt unseres Lebens und haben die unterschiedlichsten Kontakte zu anderen Menschen.

Dann gibt es wieder Phasen, in denen wir uns zurückziehen, verlassen werden oder in denen unser Gefühl und unsere Wahrnehmung uns suggerieren, wir seien allein. In der rechten Abbildung sehen wir ein relativ abhängiges System: Hier befinden wir uns auch in der Mitte, stehen aber nur noch in Verbindung zu zwei weiteren Bereichen oder Mitmenschen in unserem Leben. Erfahren wir von diesen etwas Gutes, fühlen wir uns wohl, erleben wir etwas Schlechtes, bestehen kaum noch Möglichkeiten für einen Ausgleich.

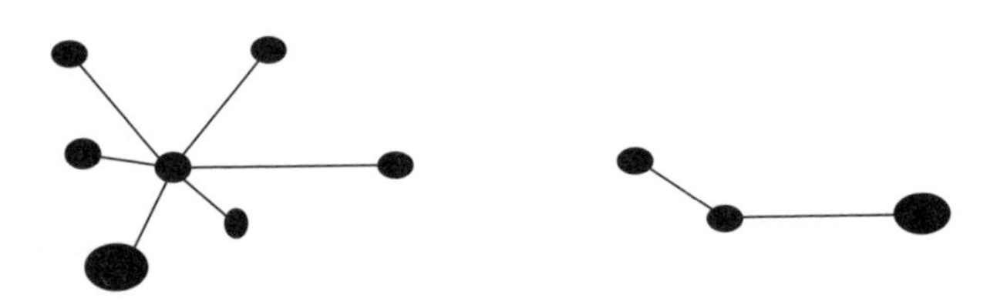

Diese beiden Darstellungen können auch als Abbilder innerer Zustände angesehen werden: Links verfügen wir über eine Vielzahl von Ressourcen, Fähigkeiten und Interessen, rechts verarmen wir auch geistig. Viele Menschen assoziieren ein gesundes Leben mit Verbundenheit und Krankheit mit dem Gefühl von Getrenntsein.

Die buddhistische Herangehensweise unterstreicht natürlich unsere Bemühungen um eine größere Unabhängigkeit von äußeren Einflüssen. Demnach spielt es im Verlauf unserer Übungspraxis keine sehr große Rolle mehr, wie groß unser Freundeskreis ist. Allerdings betont der Buddhismus auch, dass wir unsere Fortschritte nicht einsam für uns horten, sondern damit in die Welt hinausgehen und auf unsere Weise dazu betragen, dass möglichst viele Menschen davon profitieren können.

Darüber hinaus ist die Frage von Nähe und Distanz eines der wesentlichen Themen in unserem Leben und natürlich auch in unseren Beziehungen. Hier das rechte Maß zu finden, dieses mit den uns nahestehenden Mitmenschen auszuhandeln und immer wieder aufs Neue zu justieren ist eine immerwährende Aufgabe. Die Konsequenzen bei Nichtbeachtung sind deutlich spürbar für uns. Von dem „Käfigsyndrom“ bei den Turteltauben haben wir schon in Kapitel 6 gehört.

Vielleicht ist es hilfreich, sich das eigene Schema von Nähe und Distanz einmal genauer anzuschauen: Hole dir doch bitte einen Bleistift und markiere in dem folgenden Schaubild die Position der Menschen, die in deinem Leben eine Rolle spielen. Auf welcher Position, in welcher Entfernung zum Mittelpunkt befinden sie sich?

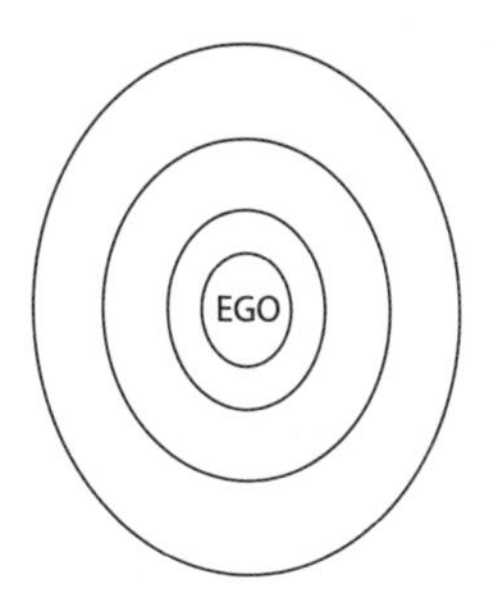

Du selbst, dein Ego, hat einen Körperkreis. Der nächste Kreis ist der Intimkreis, es folgen dann Freundeskreis und Bekanntenkreis. Es gibt natürlich noch weitere Kreise, doch für ein erstes Kennenlernen reicht diese Differenzierung schon.

Wie viele Menschen sind insgesamt vorhanden und wie viele davon in deinen engeren Kreisen? Zu viele? Zu wenige? Gibt es welche, die zu weit oder zu nah sind? Hier jeweils die richtige Nähe herauszufinden, und zwar für jeden Moment, kann eine große Erleichterung bedeuten und einen wesentlich entspannteren Umgang miteinander herbeiführen.

Wenn wir in einer Partnerschaft ein Verhalten anstreben, das zu einem glücklichen Miteinander führen soll, kann es sich vielleicht lohnen, wenn wir unsere Umgangsformen auch in Bezug auf andere Lebensbereiche einmal kritisch beleuchten. Wenn wir zum Beispiel unachtsam oder sogar aggressiv mit anderen Menschen umgehen, hat das dann irgendeinen Einfluss auf unsere Beziehung? Wenn wir versuchen, mit unserem Partner achtsam umzugehen, sollten wir dann auch unsere Umgangsformen mit allen anderen Menschen überdenken? Oder sind private und gesellschaftliche Bezüge zwei völlig getrennte Lebensbereiche? Können wir zum Beispiel mit unseren Arbeitskolleginnen unheilsame Umgangsformen aufrechterhalten und in unseren

Liebesbeziehungen einen völlig anderen Stil umsetzen? Oder gibt es da Zusammenhänge?

Und schließlich: Können wir in einer Person tiefe Liebe *und* tiefen Hass nebeneinander finden?

Sind wir gut oder böse?

Hier ist ein kurzer Ausschnitt, der sinngemäß aus einem Brief zitiert wird:

„… Ich denke jeden Tag an Dich und unsere lieben Kinder. Ich wünschte, ich könnte bei Euch sein, Ihr fehlt mir so sehr. Hoffentlich kann ich bald Urlaub machen, dann könnten wir zusammen ein wenig wegfahren, vielleicht in die Berge. Ich freue mich schon sehr, endlich wieder mit Dir und den Kindern Zeit verbringen zu können. Hier läuft alles wie immer. Die Hampelmänner sind zwar wie immer nervig, aber das ist ja normal. Also meine Liebe, drück´ die Kinder von mir …"

Was ist das für ein Brief? Was für eine Art von Mensch hat ihn wohl geschrieben? Beim Lesen können wir vielleicht mitfühlen, dass es dieser Mensch nicht ganz leicht hat, da er (es handelt sich um einen Mann) anscheinend getrennt von seiner Familie irgendwo in der Ferne arbeiten muss. Aber können wir Rückschlüsse von seinem Schreibstil und seiner Familienbindung auf seinen Charakter ziehen? Er schreibt doch so gefühlvoll und nett. Ist es ein netter Mann?

Der Brief stammt übrigens etwa aus dem Jahre 1943. Der Mann arbeitete als Lageraufseher in einem deutschen Konzentrationslager. Spätestens jetzt dürfte wohl auch klar sein, was oder wen er mit den „Hampelmännern" meinte. Der Amerikaner G. M. Gilbert schreibt dazu sehr Bedeutsames in seinem *Nürnberger Tagebuch,* das Protokolle von Gesprächen mit den Angeklagten in den Nürnberger Prozessen enthält.

Wenn wir uns nur darauf konzentrieren, wie sich ein Mensch in seinem kleinen Umfeld verhält, in seinem Familien- und Freundeskreis, oder vielleicht nur nach seiner äußeren Erscheinung gehen, kann uns dies manchmal schnell auf eine naive Fährte locken: Wer „nett" aussieht, einen „guten" Glauben hat, wer ein „gutes" Familienleben führt, wer einer „guten" Arbeit nachgeht, der wird wohl auch ein guter Mensch sein.

Wir machen es uns zu einfach, wenn wir zum Beispiel behaupten, dass es ausreiche, regelmäßig zu meditieren, kein Fleisch zu essen und innerhalb unserer Partnerschaft auf einen friedvollen Umgang bedacht zu sein. Wir sind in allen Bereichen unseres Lebens gefordert.

Es reicht ebenfalls nicht aus, wenn wir glauben, dass aus einer guten Handlung gleichsam von selbst auch ein gutes Resultat erwächst. Wir leben in sehr komplexen Zusammenhängen mit ebenso komplizierten Wechselwirkungen. Sicherlich kann der Flügelschlag eines Schmetterlings auch etwas Großes bewirken, doch können und dürfen wir uns nicht darauf verlassen.

Hieraus erwächst der Appell, sehr wachsam für unsere Geisteshaltung und unser Handeln zu werden. Wir tragen in uns die unterschiedlichsten Veranlagungen, von der Buddha-Natur über unsere animalischen Instinkte bis hin zur Gewaltbereitschaft. In jedem von uns finden sich alle nur denkbaren Potenziale. Nach buddhistischem Verständnis sind in unserem Speicherbewusstsein alle möglichen Keime angelegt. Hier liegen unsere unheilsamen wie auch unsere heilsamen Möglichkeiten sozusagen auf der Lauer. Ohne Geistesschulung sind es meist *äußere* Bedingungen und Faktoren, die mit darüber entscheiden, welche Aspekte unserer Persönlichkeit sich verstärken und aufkeimen können. Das trifft umso mehr zu, je weniger wir dem als gefestigte Persönlichkeit entgegenzusetzen haben.

Eine der vielen daraus folgenden Konsequenzen ist die Tatsache, dass es eine kleine Anzahl von „unnormalen“ und eine große Masse an „normalen“ Menschen nicht gibt. Wir *alle* tragen sämtliche guten und bösen Potenziale in uns. Wir können die Buddha-Natur in uns realisieren oder wir können uns in unheilsamen Kreisläufen verstricken.

Es ist wichtig, den systemischen Gedanken bzw. das Bewusstsein der allumfassenden Verbundenheit nicht aus den Augen zu verlieren, wenn wir als Individuen agieren, und auch nicht als Paar. Durch unsere Wünsche nach Abgrenzung, durch unsere Neigung, vielleicht stolz auf unsere persönlichen Fortschritte zu sein, können sich manche Gefahren auftun, die sich zum Beispiel in solchen Gedanken äußern wie: „Wir leben als Paar so bewusst, wir ernähren uns so bewusst. Aber das verstehen die anderen sowieso nicht. Die meisten sind so dumm und ignorant.“

Sicherlich benennt unser Verstand uns die spürbaren Unterschiede in unserer eigenen Entwicklung, doch genauso auch die Differenzen, die zu anderen Menschen entstehen. Die sich daraus oft fast zwangsläufig ergebenden Bewertungen müssen wir sehr achtsam reflektieren. Jeder ist auf seinem Platz oder besser gesagt auf seinem eigenen Weg und mit seiner eigenen Geschwindigkeit unterwegs. Hier bieten sich uns viele Möglichkeiten, unseren Respekt und unsere Wertschätzung für uns und alle anderen zu sichern.

Gerade in der Liebe und in der Liebesbeziehung sind derart tief gehende und tief angelegte Instinkte, Impulse und Emotionen aktiv, dass wir hier eine besondere Achtung und Klarheit entwickeln müssen. Die Emotionen, die wir in intensiven Liebesbeziehungen erleben, erreichen so tiefe Schichten in uns, dass wir nicht selten Seiten an uns kennenlernen, die wir vorher nie vermutet hätten. Da wird vielleicht ein rationaler Mensch plötzlich zutiefst eifersüchtig, ein eher kühler Mensch impulsiv. Ein Introvertierter erlebt seine Leidenschaften. Ein Ängstlicher wird zum Tiger, ein Mäuschen zur Löwin. Nachher wundern wir uns dann über uns selbst. So etwas kennen wir doch gar nicht an uns, und damit ist bewiesen, der Partner hat das bewirkt.

Kerstin (48 Jahre) und Bernd (48 Jahre) müssen sich regelmäßig auf unangenehme Art über sich wundern. Sie leben schon seit einigen Jahren als Buddhisten, versuchen die Laiengebote einzuhalten und sich positiv in ihrem Umfeld einzubringen. Aber dann gibt es diese „mysteriösen" Aussetzer. Durch Kleinigkeiten entstehen in unregelmäßigen Abständen immer wieder große und zum Teil exzessive Streitereien, die beide völlig irritieren. Kerstin und Bernd identifizieren sich sehr mit den buddhistischen Idealen. Sie halten an den buddhistischen Regeln für ihren Alltag sehr genau fest. Langsam wird ihnen bewusst, dass sie Prüfungen erhalten, die ihnen verdeutlichen, dass sie ihren unheilsamen Anteilen bisher noch zu wenig Achtsamkeit entgegenbringen. Deshalb können diese zurzeit noch gelegentlich unkontrolliert ausarten.

Wir müssen einen realistischen und selbstkritischen Blick auf uns werfen und erkennen, wie viel heilsames, aber auch unheilsames Potenzial in jedem von uns steckt. Wenn wir einen positiven Weg einschlagen, müssen wir unbedingt stets auch die in allen Menschen schlummernden negativen Anteile achtsam im Blick behalten. Die Wahrnehmung unserer spirituellen Fortschritte kann uns keine Sicherheit geben, dass sich damit gleichzeitig auch die negativen Aspekte auflösen. Das werden sie nämlich nicht tun. Sie begleiten uns noch lange.

Wir können hier auch nur wenig als Reserve auf ein „Pluskonto" schaffen. Selbst wenn wir dem erwachten Zustand schon sehr nahe sind oder ihn vielleicht schon hin und wieder realisiert haben, können wir auch diese Befreiungserfahrungen nicht konservieren. Eine gute Entscheidung und wir erfahren vielleicht einen befreiten Moment; eine schlechte Entscheidung und wir stecken bis zum Hals im menschlichen Leiden.

Wir sind auf allen Ebenen untrennbar verbunden

Wir versuchen herauszufinden, wie wichtig es ist, einen guten Umgang zu pflegen, mit uns selbst wie auch übergeordnet, mit unseren Partnern, Familien und noch größeren Systemen, wie Vereinen, Gruppen, Gemeinschaften, Gesellschaften und Nationen bis hin zur Natur im Allgemeinen und auch im konkreten Sinne. Auch kleinere und vermeintlich weniger wichtige, untergeordnete Einheiten sind hier einbezogen: Wie gehen wir mit Schwächeren, mit Kindern und alten Menschen, wie mit Tieren und Pflanzen um?

Wir versuchen das buddhistische Verständnis der untrennbaren Verbundenheit zu verinnerlichen und zu verwirklichen. Das grundlegende buddhistische Prinzip der Leerheit und wechselseitigen Abhängigkeit haben wir in Kapitel 8 bereits kennengelernt. Wenn wir diese buddhistische Weisheit auf unsere Umwelt anwenden, erkennen wir den systemischen und insbesondere auch den modernen ökologischen Charakter des Buddhismus.

Es wurde auch schon erwähnt, dass dieses Prinzip der untrennbaren Verbundenheit rational nicht ausreichend vermittelt werden kann. Wir benötigen konkrete Handlungsanweisungen, um unsere eigenen, ebenfalls konkreten Erfahrungen damit machen zu können. Nur auf diesen Weg können wir die buddhistischen Wahrheiten zum Beispiel in Bezug auf unsere Verbundenheit selbst prüfen und dann auch für uns integrieren und umsetzen. Auf dieser Basis ist es dann beispielsweise nicht mehr möglich, nur auf die Familie positiv zu reagieren und andere grausam zu behandeln. Eine klare Trennung zwischen Freund und Nicht-Freund gibt es dann nicht mehr.

Einer von mehreren Gründen, der den Sinn solcher Überlegungen verdeutlicht, ist unsere eigene dringende Hilfsbedürftigkeit. Wir müssen uns nämlich tief in dieser Welt und in ihren verschiedenen Ebenen heilsam verankern. Wir benötigen soziale und psychosoziale Bezüge, in denen wir gehalten werden und auf die wir heilsam einwirken können. Diese Dynamik muss sowohl konkret in unserem Alltag realisiert werden als auch in unserem Bewusstsein. Durch unsere buddhistische Übungspraxis können wir die Erkenntnis und die Wahrheit unserer untrennbaren Verbundenheit mit allen anderen ganz direkt erfahren.

Die Art und Weise, wie wir unsere Liebesbeziehung kultivieren, wie wir zum Beispiel lernen, auf eine heilsame Art mit Konflikten umzugehen, kann auch eine Wirkung auf der größeren gesellschaftlichen Ebene entfalten. Wir kultivieren als Paar einen zunehmend friedfertigeren und heilsameren Umgang miteinander. Als Individuen und auch gemeinsam als Paar gehen wir auf andere Menschen zu und pflegen vielleicht verschiedene Freundschaften und Beziehungen, die wir ebenso fördern können, wie wir unsere Umgangsformen mit uns selbst und unserem Liebespartner stetig verbessern.

Sicherlich können viele Menschen ihre oft recht unterschiedlichen Verhaltensweisen sehr ausgewählt einsetzen und dementsprechend in den jeweiligen Situationen bestimmte Anteile bei sich abspalten. Es erscheint recht lohnenswert, sich im Hinblick darauf einmal selbstkritisch zu hinterfragen.

Der Aspekt, der hier unter anderem vermittelt werden möchte, ist der buddhistische Appell, die eigenen spirituellen Fortschritte nicht selbstsüchtig für sich zu horten, sondern sie weiterzugeben und auf diese Weise zu verwirklichen. Wir tragen also unser Wissen und unsere Erfahrungen auf eine heilsame Art in die Welt hinein. Damit beginnen wir natürlich im kleinen Kreis, mit dem Liebespartner, der Familie, engen Freunden und auch den Bekannten und Kollegen. Im weiteren Verlauf erweitern sich die Kreise vielleicht immer mehr. Nun können wir auch mit Fremden und weniger freundlichen Mitmenschen auf eine buddhistische Art, nämlich achtsam, verständnisvoll, mitfühlend und liebevoll geduldig, umgehen. Vielen Menschen ist dieses Wissen vielleicht erst einmal nur über rationale Vermittlung zugänglich, um dann aber durch eine regelmäßige Übungspraxis auch eigenständige Erfahrungen damit machen zu können.

Das Kleine wächst zum Großen

Die moderne Wissenschaft spricht in diesem Zusammenhang vom „Schmetterlingseffekt“: Aufgrund des Flügelschlages eines Schmetterlings kann sich mittels systemischer und chaotisch-systemischer wechselwirksamer Faktoren eine sehr große Wirkung zeigen. Das heißt, auch wenn wir vielleicht nur im kleinen Kreis heilsame Umgangsformen praktizieren, können wir davon ausgehen, dass sich diese Veränderungen in anderen Bereichen und entfernteren Regionen bemerkbar machen können.

Manche Konflikte verfolgen wir im Fernsehen oder, wenn wir in dem davon betroffenen Gebiet leben, am eigenen Leibe. Da stehen Staatsführer und verkünden, dass sie den Gegner jagen und verfolgen werden, bis er aufgibt. Wir sind fassungslos, wenn wir beispielsweise erfahren, wie Jugendliche mit Waffengewalt ihren Frust ausagieren, und realisieren nicht, dass gewählte Volksvertreter ganz ähnliche Strategien verfolgen. Auch ein „gerechter“ Krieg ist eben immer noch ein Krieg und eine sehr unheilsame Art, mit Konflikten umzugehen.

Leider hat das auch unübersehbare unheilsame Auswirkungen. Erinnern wir uns daran: Keine Tat ohne Ursache, keine Tat ohne Wirkung. Hinzu kommt noch, dass die möglichen Folgen und die Ebenen, auf denen wir Wirkungen wahrnehmen, sehr unterschiedlich und manchmal auch erst mit größerer Verzögerung spürbar sind. China hat zum Beispiel den Tibetern durch die Invasion in Tibet großes Leid zugefügt. Der 14. Dalai Lama zeigt trotzdem Mitgefühl gegenüber den Chinesen und überlässt sich keinen unheilsamen negativen Emotionen. Damit ist der Dalai Lama für sehr viele Menschen auch im Westen ein wichtiger

Symbolträger für Frieden geworden und erfüllt eine Vorbildfunktion für unseren Umgang mit Konflikten. Vielleicht liegt darin ein Stück Weisheit, die wir für uns alle nutzbar machen können.

Man könnte sogar noch etwas Gutes im Schlechten sehen, denn durch diese Entwicklung ist der tibetische Buddhismus sehr weit in die Welt hinausgetragen worden. Die buddhistischen Prinzipien finden durch diesen schicksalhaften Impuls also eine große Verbreitung auf unserem Planeten. Die buddhistischen Prinzipien der untrennbaren Verbundenheit aller Wesen untereinander und mit der sie umgebenden Natur, die Grundwerte der Friedfertigkeit und Gewaltlosigkeit, der Appell, kein Lebewesen bewusst zu töten, die Umgangsformen des tiefen Mitgefühls und des Respekts füreinander gehören zu den bekanntesten und wichtigsten Grundlagen des Buddhismus, die uns in unserer heutigen Zeit sehr hilfreich zur Seite stehen können.

15
Abschließende Gedanken

> Streng genommen gibt es überhaupt
> keine erleuchteten Menschen,
> nur erleuchtetes Handeln.
>
> – Suzuki Roshi –

Die buddhistische Lehre besitzt die faszinierende Eigenschaft, *holistisch* zu sein. Das bedeutet, dass bereits im kleinsten Detail alles enthalten ist. Greife also einen kleinen Bereich, vielleicht ein Thema oder ein Kapitel heraus, vertiefe dich darin und erkenne, dass im Kleinen stets das Große enthalten ist.

Wenn wir uns für unsere Partnerschaft Hilfe und Inspiration wünschen, benötigen wir dafür nicht sämtliche buddhistischen Lehren und Übungen.

Da in diesem Buch vielleicht nicht alle Bereiche gleich interessant für uns sind, greifen wir uns einfach ein uns ansprechendes Thema heraus. Egal welcher Aspekt unser Interesse weckt, in diesem Detail werden wir, wenn wir uns hineinvertiefen, die gesamte buddhistische Lehre mit allen wichtigen Elementen erkennen.

Die Frage, ob Bücher unser Leben verändern können, werden verschiedene Menschen wohl unterschiedlich beantworten. Generell sollten wir uns vielleicht nicht zu sehr darauf verlassen. Wir benötigen zwar die Inspiration, den zündenden Funken, doch die Verinnerlichung und dann die Umsetzung sind wohl von noch entscheidenderer Bedeutung.

Vermutlich werden wir mit den Beschreibungen und Ideen dieses Buches auch wieder unseren Verstand füttern. Diese Problematik ist hier bereits ausführlich beschrieben worden. Die von uns genutzten

Anregungen dürfen also nicht dazu dienen, unseren Verstand weiter ungezügelt zu stärken, sondern sollten uns darin unterstützen, ein heilsames Handeln zu festigen und dann unbedingt auch umzusetzen. Wir benötigen meistens nicht noch mehr Wissen, sondern eine Art des Zugangs, der es uns ermöglicht, dem Ziel der Befreiung näher zu kommen.

Das übergeordnete Ziel ist für Buddhisten stets die *Befreiung*. Sicherlich ist es für alle Menschen schon ein großer Fortschritt, wenn wir mehr Leichtigkeit und Freiheit erfahren können. Befreiung bedeutet ein relativ leicht umsetzbares Ziel, das wir mit ein wenig Geduld für uns selbst und andere erreichen können. Ein Festhalten daran oder der Glaube an einen dauerhaften Zustand der Befreiung kann uns aber wieder in die Irre führen. Daher ist es sehr wichtig, das Ziel nie aus den Augen zu verlieren. Wenn wir als Individuen oder als Paare Probleme haben, sollten wir uns nicht allzu intensiv mit der Suche nach den Ursachen und komplizierten Analysen beschäftigen. Wer im Loch sitzt, sollte aufhören zu graben! Richten wir besser möglichst oft unsere Aufmerksamkeit auf das Ziel, das im Hier und Jetzt liegt.

Allerdings ist es sehr wichtig zu beachten und soll daher nochmals erwähnt werden, dass der buddhistische Heilungs- und Praxisansatz stets *dreistufig* ist und aus (1) dem Erkennen und Verstehen, (2) dem Vertiefen und Verinnerlichen und (3) dem Verwirklichen und Umsetzen besteht. Lediglich das Erkennen und Bespiegeln einer Problematik kann uns in die Irre führen und das Problem vielleicht sogar verfestigen.

Zum Abschluss dieses Buches soll hier besonders auf den Punkt 3 hingewiesen werden: Wir müssen unsere Fortschritte, unsere heilsamen Impulse und Ideen achtsam in die Tat umsetzen. Auch unsere Liebesbeziehung lebt nicht so sehr dadurch, was wir denken, sondern durch das, was wir tun und natürlich auch unterlassen.

An dieser Stelle können wir nun einige Grundsätze zusammenfassen:

- Probleme, Konflikte, Sorgen, Nöte etc. sind normal und ganz menschlich. Jeder Mensch ist davon betroffen.
- Probleme, Konflikte etc. werden immer wieder auftauchen. Wir müssen vorsorgen.

- Leiden führt zu immer tieferer Unbewusstheit, hier drohen viele Gefahren.
- Wir erkennen unsere Anhaftungen, unsere Widerstände und Verblendungen und halten unsere selbstkritische Bewusstheit darauf gerichtet.
- Wenn Probleme auftauchen, sorgen wir dafür, dass wir es nicht noch schlimmer machen.
- Alle Emotionen sind in uns, sie gehören zu uns. Wir sind für sie verantwortlich. Wir üben uns darin, immer unabhängiger von äußeren Reizen zu werden.
- Alle Emotionen spüren wir auch auf der körperlichen Ebene. Wir erlernen konkrete Techniken zur Linderung von Spannungen und zur geistigen Klärung.
- Loslassen und sich öffnen: Wir tragen unsere Fortschritte auf eine achtsame Weise in unsere Beziehung.
- Loslassen und sich öffnen: Wir werden uns auch mit unserem Partner nicht abkapseln.
- Von der Theorie in die Praxis: Die Verwirklichung der Lehre in unserem Alltag ist entscheidend.
- Wir behalten das oberste Ziel, *die Befreiung*, immer im Blick.

Es gibt Schriften aus der Tiefe der Lehre.
Es gibt keine Schriften aus der Tiefe der Leere.
– M. E. –

Uns steht ein recht spannender Weg bevor, der uns durch paradoxe Situationen hindurchführen wird: Wir wollen uns befreien. Wir wollen in das „Verwehen und Auslöschen" eintreten und immer schneller wieder dahin zurückfinden. Diesen Weg können wir gemeinsam gehen, mit einem Partner in einer Beziehung. Wir wollen einbezogen sein, verbunden, in Verbindung miteinander. Befreit verbunden.

Vielleicht kann unsere Liebe zu unserem Partner es uns durchaus ermöglichen, den Zustand der Befreiung öfter und schneller herbeizuführen. Eine achtsame und bewusste Liebe führt uns zu einer heilsamen Geisteshaltung und kann somit unsere Befreiung fördern. Wenn wir in uns eine Liebe erhalten können, die im Sein und nicht im Haben ruht (siehe Kapitel 1), und wenn wir mithilfe unserer buddhistischen Übungspraxis gelernt haben, unseren ruhigen klaren Geist wahrzunehmen, dann können wir immer wieder in der Liebe und in der Befreiung ruhen und im Verlauf unserer regelmäßigen Übungen auch immer schneller dahin zurückkehren.

Auf unserem eigenen Weg hin zum „Erlöschen" können wir auch von starken Empfindungen der Loslösung und Verlassenheit überwältigt werden. Sicherlich kann unser Partner das nicht ganz ausgleichen, aber dennoch wird eine Halt bietende Beziehung in solchen Krisen oft als hilfreich erlebt.

Dieses Buch möchte einige Anhaltspunkte geben, die wir für uns und unsere Partnerschaft auf dem Weg zur Befreiung nutzen können. Derartige Beschreibungen mit Hilfe von Worten stoßen aber immer an ihre Grenzen. Der wichtigste Schritt ist unsere eigene Bewegung hin zu einer regelmäßigen heilsamen Umsetzung und damit verbunden dann unsere ganz persönliche eigene Erfahrung. Allerdings können wir auch alles „richtig" machen und jede Übung umsetzen und dennoch das Ziel verfehlen. Auch dieses Buch kann nicht bewirken, dass wir das

Ziel erreichen, und nicht einmal die Lehre Buddhas kann das. Alles verweist lediglich auf den eigentlichen Zielpunkt, die Buddha-Natur, die wir immer schon in uns tragen. Diese Veranlagung zu aktivieren ist unser Ziel. Das Gespür dafür müssen wir selbst entwickeln und zulassen. Vertrauen und etwas Mut können helfen für unseren Absprung in die Leere.

Mögen alle Wesen glücklich sein und die
Ursachen von Glück besitzen.
Mögen alle Wesen frei sein von Leiden und
den Ursachen des Leidens.
Mögen alle Wesen Freude und die Ursachen
der Freude besitzen.
Mögen alle Wesen im Gleichmut verweilen,
frei von Anhaftung und Ablehnung.

Literaturhinweise

Die buddhistische Literatur ist sehr umfangreich. Regelmäßig entstehen neue moderne Werke, zudem erscheinen auch immer mehr zeitgenössische Übersetzungen der klassischen alten buddhistischen Texte. Wir finden damit einen immer leichteren Zugang zu den klassischen alten Texten, doch ebenso auch zu modernen Auslegungen, alltagstauglichen einfachen Lebenshilfen, Bücher zu einzelnen Aspekten der Lehre etc.

Auch andere Medien zum Thema Buddhismus sind mittlerweile verfügbar geworden. So existiert eine große Zahl an CDs und DVDs mit Vorträgen, Filmen, Meditationsanleitungen und Musik etc. Das hat den Vorteil, dass wir uns je nach aktueller Verfassung auf unterschiedliche Aspekte und auf verschiedene Differenzierungsgrade der buddhistischen Lehre und Praxis einlassen können.

Jeder Leser kann sich bei der Literatursuche entweder auf die eigenen Vorlieben und seine Intuition verlassen oder auch gerne den Rat von buddhistischen Lehrern und buddhistischen Psychotherapeuten in Anspruch nehmen.

Besondere Literaturempfehlungen

Im vorliegenden Buch werden an einigen Stellen bestimmte Themen nur angedeutet und aufgrund des Themenschwerpunktes nicht weiter vertieft. Für eine Vertiefung eignet sich das Buch *Buddhistische Psychotherapie* von Matthias Ennenbach (Windpferd Verlag 2010). Es möchte Leserinnen und Leser ansprechen, die sich für Buddhismus, Psychotherapie, Spiritualität und Wissenschaft interessieren oder ganz allgemein für unsere Chancen einer Weiterentwicklung. Darüber hinaus könnte es für Menschen interessant sein, die in den unterschiedlichsten Heilberufen tätig sind.

Für ein erstes Kennenlernen der buddhistischen Themen kann das Buch *Wie Siddartha zum Buddha wurde* von Thich Nhat Hanh empfohlen werden. Hier wird in Romanform das Leben und die Lehre von Buddha sehr unterhaltsam und doch tiefgründig dargestellt.

Für eine Vertiefung der buddhistischen Psychologie eignet sich das Buch *Das weise Herz* von Jack Kornfield, in dem der Buddhismus sehr anschaulich und praxisnah mit vielen Beispielen dargestellt wird.

Das Buch *Die Reden des Buddha – Mittlere Sammlung* in der Übersetzung von Karl Eugen Neumann ist ein Klassiker. Hier finden wir 152 Lehrreden *(Sutras)* von Buddha. Die Übersetzung ist alt und schön. Um sich auf die Sprache und Wortwahl einzulassen, sollten wir uns ein wenig in das Buch warmlesen.

Ebenfalls ein Buch zum Thema Buddhismus und Partnerschaft ist *Buddhas Anleitung für eine glückliche Partnerschaft* von Maren Schneider.

Weitere Literaturempfehlungen

Allione, Tsültrim: *Den Dämonen Nahrung geben*
Brahm, Ajahn: *Die Kuh, die weinte*
Brahm, Ajahn: *Nur dieser Moment*
Chödrön, Pema: *Wenn alles zusammenbricht*
Chodron, Thubten: *Es ist Dein Ärger*
Dalai Lama: *Das Buch der Menschlichkeit*
Dalai Lama: *Harmonischer Geist – vollkommenes Bewusstsein*
Dalai Lama: *Die Lehren des tibetischen Buddhismus*
Dalai Lama: *Die Liebe – Quelle des Glücks*
Dalai Lama: *Ratschläge des Herzens*
Dalai Lama: *Die Vier edlen Wahrheiten*
Dalai Lama mit Viktor Chan: *Die Weisheit des Verzeihens*
Dalai Lama, Howard C. Cutler: *Die Regeln des Glücks*
Frasch, Albrecht: *Eine neue Dimension – Geist und Psyche; psychologisch und psychotherapeutisch relevante Aspekte des Tibetischen Buddhismus*
Goleman, Daniel: *Dialog mit dem Dalai Lama*
Govinda, Anagarika: *Die psychologische Haltung der frühbuddhistischen Psychologie*
Gunaratana, Mahathera Henepola: *Die Praxis der Achtsamkeit*
Jung, Carl Gustav: *Zur Psychologie westlicher und östlicher Religion*
Khema, Ayya: *Das Größte ist die Liebe*
Kornfield, Jack: *Das Tor des Erwachens*
Ladner, Lorne: *Die verlorene Kunst des Mitgefühls; Psychologie und Buddhismus im Dialog*
Nydahl, Ole: *Buddha und die Liebe*
Nydahl, Ole: *Das große Siegel*
Shantideva: *Der Weg des Lebens zur Erleuchtung – Das Bodhicharyavatara*
Sogyal Rinpoche: *Das tibetische Buch vom Leben und vom Sterben*
Thich Nhat Hanh: *Das Herz von Buddhas Lehre*
Thich Nhat Hanh: *Körper und Geist in Harmonie*
Tolle, Eckhart: *Jetzt! Die Kraft der Gegenwart*
Trungpa, Chögyam: *Achtsamkeit, Meditation und Psychotherapie; Einführung in die buddhistische Psychologie*
Yongey Mingyur Rinpoche: *Buddha und die Wissenschaft vom Glück*
Yongey Mingyur Rinpoche: *Heitere Weisheit*
Zotz, Volker: *Mit Buddha das Leben meistern*

Über den Autor

Dr. Matthias Ennenbach arbeitet seit rund 20 Jahren in Kliniken, Krankenhäusern, Psychiatrien, psychosomatischen Rehakliniken sowie privaten Einrichtungen und eigener Praxis. Neben einem Abschluss als Diplom-Psychologe, psychotherapeutischen Fachausbildungen zum approbierten Psychologischen Psychotherapeuten und der Promotion an der medizinischen Fakultät der Universität München ist der Autor langjährig praktizierender Buddhist. Seine buddhistische Ausbildung basiert auf Seminaren, Unterweisungen, Konferenzen, Meditationsretreats, Lektüre, Tempelbesuchen und Teilnahme an buddhistischen Zeremonien in Asien und Deutschland. In seiner therapeutischen Arbeit in Kliniken und privaten Einrichtungen war es ihm möglich, die östlich-buddhistische und die westlich-psychotherapeutische Behandlungsform zu einer heilsamen und erfolgreichen Praxismethode zu integrieren.

Die Buddhistische Psychotherapie (BPT) ist eine „neue" Behandlungsform mit tief reichenden Wurzeln. Sie möchte Anleitung, Inspiration und Hilfe sein. Gemeinsam mit der gleichnamigen Buchveröffentlichung des Autors, die 2010 im Windpferd Verlag erschienen ist, versteht sich die buddhistische Psychotherapie als Integrationsprojekt mit dem Wunsch, unsere westlichen „Psychotherapie-Landschaften" mittels bewährter buddhistischer Lehren und Übungen zu befruchten.

Weitere Informationen (Termine, Literatur, Konzepte, Kontakte etc.) zur buddhistischen Psychotherapie können abgerufen werden unter:
www.BuddhistischePsychotherapie.de